고령소비자 보호

한국소비자법학회 編

세창출판사

| 머리말 |

고령소비자가 소비자보호의 관점에서 특히 문제되는 이유는 이 연령대의 소비자가 갖는 특성에 기인한다. 즉, 고령소비자는 다른 연령대의 소비자와 비교하여 특히 신체적·경제적·정신적 제약을 가진 소비자층에 해당한다. 신체적으로는 건강문제에 직면해 있고, 경제적으로는 노후대비가 되어 있지 않은 경우 경제적 어려움에 봉착하기 쉬우며 자산을 확보하고 있는 경우에도 그 운용에 있어서 세심한 주의가 필요한 세대이기도 하다. 또한 정신적으로도 외로움과 소외감을 느끼기 쉬우며 판단력과 사리분별력이 결여되기 쉬운 세대이다. 이와 같은 특성 때문에 고령소비자는 다른 연령대와 비교해 볼 때 거래에 대한 합리적 판단력을 결여하는 경우가 많고 사업자의 기만적이고 악질적인 상술의 희생이 되기 쉽다.

본서는 고령소비자문제의 현황을 파악하고 법적 보호방안을 강구하기 위한 목적에서 기획되었다. 본서는 (사)한국소비자법학회의 2016년도 추계학술대회(대주제: "고령소비자피해의 효율적 예방 및 구제를 위한 법·정책 현황 및 과제")에서 발표된 7개의 논문을 대상으로 하여 이를 하나의 책으로 묶은 것이다. 본서는 내용적으로 다음과 같은 세 가지 부분으로 구성되어 있다.

첫째, 우리나라 고령소비자문제의 현황과 외국법제의 현황을 소개하는 부분이다. 배순영 선임연구위원의 논문("고령사회, 고령소비자문제와 종합대응")에서는 사회과학적인 시각에서 고령소비자문제의 현황과 과제를 망라적으로 제시한다. 김현수 교수의 논문("미국, 일본의 고령자 및 소비자 관련 법제와 시사점")과 박신욱 교수의 논문("私法의 영역에서 고령자의 보호에 대한 비교법 연구")에서는 미국·일본 및 EU에서의 고령소비자법제의 현황을 소개하고 우리법에의 시사점을 제시한다.

둘째, 국가 및 지방자치단체의 정책수립 및 추진이라는 관점에서의 대응방안을 제시하는 부분이다. 최병록 교수 논문["고령소비자보호를 위한 법제도 및 조례(경북 등) 등의 개선방향"]에서는 법제도 및 조례의 개선방향이라는 관점에서 문제점과 개선방안을 종합적으로 제시하고 있고, 고형석 교수 논문("고령소비자보호를 위한 국가 및 지방자치단체의 역할 제고방안")에서는 고령소비자정책이라는 관점에서 국가 및 지방자치단체의 역할에 대해 논하고 있다.

셋째, 고령소비자보호를 위한 법적 관점에서의 구체적인 대응방안을 제시하는 부분이다. 이승진 선임연구원과 지광석 연구팀장의 공동논문("고령소비자의 금융거래에 관한 권익 향상 방안")에서는 특히 금융거래에서의 고령소비자문제의 현황과 대응방안을 제시하고 있고, 서종희 교수 논문("고령소비자피해예방 및 구제에 관한 민사법의 내용과 한계")에서는 민사법적인 관점에서 고령소비자문제에 대한 민사법적 대응방안의 한계를 극복하기 위한 대안으로서 후견계약의 가능성을 제시한다.

본서는 한국소비자법학회의 학술총서 시리즈의 다섯 번째 출판물이다. 2017년은 한국소비자법학회가 창립된 지 10주년이 되는 뜻 깊은 해이다. 아직 소년이지만 학술연구에 관한 한 기존의 어느 학회에 못지않은 열정과 능력을 갖추고 있다고 자부한다. 이 뜻깊은 해에 다섯 번째 학술총서를 발간하게 된 것을 기쁘게 생각한다. 고령소비자보호의 문제를 심도 있게 다룬 전문서적이 부족한 상황에서 모쪼록 본서가 이 분야의 관련 연구자와 실무자들에게 도움이 되기를 바란다.

　이 책이 발간되기까지 많은 분들의 희생과 노력이 있었다. 우선 본서의 기획에 동조하고 옥고의 출판을 승낙해 주신 저자들께 학회를 대표하여 감사의 말씀을 전한다. 무엇보다 학회 출판이사로서 헌신적으로 수고해 준 성준호 박사의 노고에 깊은 감사를 드린다. 아울러 학회장을 보필하여 학회를 이끌어 주고 있는 상임이사진 여러분께도 이 지면을 빌려 감사의 말씀을 전하고 싶다. 어려운 출판환경 속에서도 한국소비자법학회의 학술총서 시리즈를 계속하여 발간해 주고 있는 세창출판사의 이방원 사장님과 임길남 상무님, 그리고 편집부 여러분에 대한 감사의 말씀도 잊을 수 없다.

2017년 12월
학회를 대표하여 서희석

| 차 례 |

고령사회, 고령소비자문제와 종합대응

배순영*

Ⅰ. 문제제기

　　고령자수 증가 및 100세 시대 도래, 고령자의 경제력 상승 및 고령단독가구의 보편화 등으로 인해 고령자의 소비자 역할이 점점 더 증대되고 있다. 우리나라 고령친화산업은 2015년 기준 약 40조 원 시장으로 성장했으며(한국보건산업진흥원, 2015), 고령자 주택연금 등 새로운 시장도 활성화되고 있다.

　　그런데 고령소비자가 증가하고 소비규모가 커지면 그 과정에서 고령소비자가 겪게 될 문제도 커질 수밖에 없다. 1372 소비자상담센터에 접수된 60세 이상의 소비자상담건수는 지난 2010년 14,572건

---

* 한국소비자원 정책연구실 선임연구위원.

에서 2015년 33,864건으로 약 2.3배 증가했는데(〈표 1-1〉), 이는 동 기간 인구수 증가폭을 상회하는 것이다. 또한 소비자상담에서 고령자가 차지하는 비중이 점차 증가 추세에 있다. 일본의 경우 소비자상담에서 고령소비자 비중(35.2%)이 고령자 인구 비중(25.7%)에 비해 높은 것을 감안할 때(배순영·김재영, 2016) 향후 우리나라 고령소비자들의 소비자상담, 소비자 문제 증가도 지속적으로 증가될 것으로 보인다. 이 경우 악질상술로부터의 보호라는 전통적 고령소비자 문제 외에도 고령용품의 안전 문제, 적정 가격 및 품질 문제, 각종 상품에서의 고령자 친화적 표시·정보 문제, 디지털 시장에 걸맞은 노후 소비생활교육 문제 등 다차원의 문제가 증가될 것으로 예상된다.

이러한 배경하에 본 연구는 고령사회 진입을 앞둔 시점에서 고령소비자의 역할 및 문제를 새롭게 살펴보고, 그간의 우리나라 관련 법 및 정책을 파악하고, 고령화속도가 빠른 일본의 관련 정책대응을 살펴보면서 고령사회에서의 고령소비자 문제 대응방안을 제시해 보고자 한다.

〈표 1-1〉 60세 이상의 소비자상담 건수 및 구성비[1]

구분	2010년	2011년	2012년	2013년	2014년	2015년
60세 이상 소비자상담건수	14,572	25,097	31,638	35,789	34,102	33,864
전체소비자상담 중 구성비(%)	5.4	6.1	6.4	7.0	7.7	8.7

출처: 1372 소비자상담센터 연도별 소비자상담동향 자료

---

1) 1372 소비자상담센터. 전체 상담건수 중 연령이 확인된 상담건수만을 대상으로 산출.

Ⅱ. 고령사회, 우리나라 고령소비자의 현황

관련된 각종 데이터 수집 및 분석을 기반으로 우리나라 고령소
비자의 특성을 크게 인구·사회적 특성, 소득·소비 규모, 소비자문
제 특성으로 구분하여 정리하면 다음 〈표 2-1〉과 같다.

〈표 2-1〉 한국 고령소비자의 특성 요약[2]

	지표	특성	근거
A. 인 구 사 회 적 특 성	1. 65세 이상 고령자 인구	662만 명, 인구 8명 중 1명	통계청
	1-1. 80세 이상 초고령자	125만 명, 고령자 5명 중 1명	통계청
	1-2. 베이비 부머	712만 명 2020년 65세 진입 시작	통계청
	2. 65세 이상 고령자 가구	385만 가구, 5가구 중 1가구	통계청
	2-1. 노인부부가구	노인의 45% (2014 노인실태조사)	보건복지부
	2-2. 노인단독가구	노인의 23% (2014 노인실태조사)	보건복지부
	3. 거주 지역	76.6% 도시 거주(2014 기준)	통계청
	4. 건강 상태	48%가 나쁘다고 생각	통계청
	5. 기대 수명	60세 이후 24.0년	통계청
	5-1. 기대 건강수명	60세 이후 18.3년	통계청
	6. 교육 수준	고졸이상 인구 22% (50~65세는 68%가 고졸 이상)	통계청
	7. 가구주 평균 은퇴 연령	61.7세	통계청
B. 소 득 /	1. 순자산	우리나라 전체 가계의 33% 점유	통계청
	2. 월평균소득	비고령자 가계소득의 63%	UN 세계노인복지지표

---

2) 특별한 언급이 없는 한 2015년을 기준으로 함.

소비규모	3. 연금소득 수령자 비율	77.6%	UN 세계노인복지지표
	3-1. 공적연금수령비율	39.6% (2014)	통계청
	4. 월평균소비지출	비고령자 가계지출의 63.8%	UN 세계노인복지지표
	5. 소득/소비규모 만족자 비율	10.5% (전체가구와 비슷)	한국의 소비생활지표
	6. 소비지출 상위 품목	식비, 주거·광열·수도, 교통, 보건, 기타 등 기초적 지출	통계청
	7. 노인빈곤율	48.5%	OECD
C. 소비자문제특성	1. 소비자불만 경험률	30.3%, 전체 연령(39.3%) 비해 낮음	한국의 소비생활지표
	2. 소비자문제 상담 건수	연 3만3천 건, 전체의 8.7%	1372 소비자상담통계
	3. 소비자문제 상담 상위 품목	건강식품, 병의원서비스, 기타서비스, 이동통신 기기·서비스, 보험	1372 소비자상담통계
	4. 소비자피해 경험률	11.9%, 전체 연령(13.5%) 비해 낮음	한국의 소비생활지표
	5. 주요 소비자피해 품목	유사보험, 병의원서비스, 이동통신, 민영보험, 간편복	한국소비자원
	6. 주요 소비자피해 영역	품질 대비 비싼 가격, 피해발생시 대응 어려움 등에서 타 연령보다 민감 혹은 높음	
	7. 방문판매 등 기만상술로 인한 소비자피해	35.5% 경험, 전체 연령(24.1%) 비해 높음	한국소비자원
	8. 소비자피해액 추정	1인당 연간 약 35만 원(2014년), 전체 연령보다 적음	한국의 소비생활지표
	9. 안전 위해 경험	중상해자 비율, 전체 연령의 5배	한국소비자원 CISS

10. 소비자교육 참여 경험	9.3%, 전체 연령(10.4%) 비해 낮음	한국의 소비생활지표

먼저 우리나라 고령소비자의 인구·사회적 특성을 살펴보면 다음과 같다. 2015년 현재 65세 이상 고령소비자는 인구 8명 중 1명인 662만 명이며, 향후 2015년경이면 인구 5명 중 1명으로 증대될 예정이다. 고령자 가구는 현재 이미 5가구 중 1가구에 해당되며, 이 중 절반가량은 노인부부가구, 1/4가량은 노인단독가구이다. 또한 4명 중 3명이(77.6%) 도시에 거주하며, 절반가량이(48%) 자신의 건강상태가 나쁘다고 생각하고 있다. 60세 이후 기대수명은 약 84세이며, 가구주 평균은퇴연령은 61.7세이다. 교육수준은 22%만이 고졸이상이나, 베이비부머 세대의 경우는 이의 3배가 넘는 68%가 고졸이상이다.

다음으로 우리나라 고령소비자의 소득·소비규모를 살펴보면 다음과 같다. 고령소비자의 순자산은 우리나라 전체 연령에 비해 많으나, 월평균소득은 비고령자 소득의 63%에 그치고 있다. 연금소득 수령자비율은 78%, 공적 연금수령비율은 40% 정도이다. 한편 월평균 소비지출은 비고령자 소비지출의 64% 수준이며, 주요 지출품목은 식비, 주거·광열·수도, 교통, 보건 순이다. 소득·소비규모에 대해 만족하는 고령소비자는 1/10 정도로 비고령자와 유사한 수준이다.

끝으로 우리나라 고령소비자의 소비자문제 특성을 살펴보면 이러하다. 소비자불만경험률은 30.3%로 전체 연령에 비해서는 낮고, 1372 전국단일상담망에 접수된 소비자상담건수는 2015년 연간 약 3만 3천건으로, 주요 상담품목은 건강식품, 병의원서비스, 기타서비스, 이동통신 기기 서비스, 보험 등이다. 소비자피해경험률은 11.9%로 이 역시 전체 연령에 비해서는 낮으며, 주요 피해품목은 유사보험, 병의원서비스, 이동통신, 민영보험, 간편복 등이다. 방문판매 등으로 인한 소비자피해는 타 연령에 비해 높으며, 1인당 연간 소비자

피해액은 약 35만원이다. 소비자 위해 안전사고 경험은 타 연령보다 높으나, 소비자교육 등 문제해결을 위한 방안 참여는 타 연령보다 낮다.

이를 바탕으로 향후 전망 및 시사점을 도출하면 다음과 같다.

첫째, 한국 고령소비자는 향후 인구상으로나 가구상으로나 급속히 증가할 것이다. 상대적으로 고학력이고 경제력도 있는 베이비부머세대 액티브 시니어가 주요 집단으로 등장하고 80세 이상 초고령자도 역사상 유래가 없을 정도로 큰 비중을 차지하게 될 것이다. 이에 따라 엑티브 시니어의 예방 건강서비스 수요 증대, 초고령자의 의료서비스, 요양서비스 요구 증가에 적극 대응할 필요가 있을 것이다. 또한 평균은퇴연령과 기대건강수명에 약 17년 정도의 갭이 존재한다는 측면에서 소득·소비여건을 개선하기 위한 다양한 노력이 필요할 것으로 보인다. 물론, 기초연금확대 등 정부의 복지정책 강화에 따라 고령자의 소득, 소비지출, 순자산 수준은 향후 전반적으로 증가될 예정으로 보이나, 고령자층이 그 어느 연령층보다 상대적 소득격차가 큰 폭임을 감안하여 투트랙의 서비스 가격 정책 등 다각도의 정책적 대응이 중요하다.

둘째, 고령소비자는 소비지출 중 식비, 주거·광열·수도비, 의료비 비중이 높아, 고령사회가 심화될수록 이들 시장의 합리적 개선 노력이 필요하다. 즉, 고령층 소비생활의 필수적인 제품에 대해서는 다양한 인센티브를 통해 합리적 가격형성을 독려할 필요가 있으며, 고령자제품 가격비교사이트 등을 통해 관련 정보가 활성화될 수 있도록 관심을 가질 필요가 있다. 또한 고령자를 새롭게 성장하는 고령친화식품 시장 및 주택시장의 프로슈머로 참여시켜 고령친화시장의 소비자지향성을 개선하는 방안을 적극 검토할 필요가 있다. 이는 불만·요구에 대한 사업자대응을 중요하게 생각하는 고령자에게 고령친화산업에의 접근성을 강화할 수 있을 것이다.

셋째, 고령소비자의 불만·요구를 효과적으로 수용할 수 있는 고령자상담센터를 설치하는 데 기업 및 공공기관의 적극적 노력이 필요하다. 특히 악덕상술로 인한 소비자 피해예방을 위한 정부차원의 장치가 필요하다. 액티브 시니어 60대 소비자들은 디지털사회적 응력 등을 기반으로 소비자피해가 평균에 비해서 적으나 70대, 특히 80대 이상 소비자들의 피해, 특히 악덕상술로 인한 피해가 큰 것으로 나타나고 있다. 또한 디지털에 익숙한 베이비부머의 고령자 진입을 앞두고 이들의 소비자목소리를 적극적으로 반영할 채널을 다각도로 강화할 필요가 있다.

III. 고령소비자와 고령소비자 문제

1. 고령소비자의 개념 및 연관 이슈

고령소비자는 가장 단순하게는 '고령의 소비자'로서 돈, 건강, 외로움, 3대 문제에 노출된 소비자를 의미한다(일본소비자청, 2009). 이러한 3대 제약으로 인해 이들은 상대적으로 소비시장에서 선택폭이 적고 정보의 비교 및 접근이 어려우며(허민영, 2015), 소비자역량에서도 특히 거래역량에서 타 연령소비자보다 더 낮게 나타난다(손지연, 2014).

그렇지만 고령소비자는 동질적인 집단이 아니다. 또한 고령소비자는 연령 간 차이 못지않게 연령 내 차이가 크다. 인구-세대-연령 효과 요인을 분해하여 그 변화를 살펴본 석상훈(2010)에 따르면 인구구조의 변화에 따른 연령의 소비격차 설명력이 높아지고 있어 고령자를 동일집단으로 접근하는 정책에는 한계가 있음을 보여 주었다. 특히 소비생활의 디지털화로 ICT 활용능력은 고령자를 취약계층으로 볼 것인가 아닌가의 중요 기준인데, 베이비부머 고령자는 정

보기술력에서 그 이전 고령자와 차별적 특성을 보이고 있다(한국정
보문화진흥원, 2007). 1990년~2015년 언론기사에서 나타난 '노인', '고
령자', '고령소비자' 키워드를 분류해 본 결과에서도 유사한 경향이
나타난다(배순영, 2016). 만 65세 전후의 건강하고 활동성 높은 '액티
브시니어(Active Senior)' 고령 전기에는 근로소득 창출이나 노후자금
마련, 고령자 참여, 건강, 소비트렌드, 고령친화산업 등의 이슈가 많
이 검색되는 반면 본격적 고령화에 접어들었으나 여전히 건강성과
활동성을 어느 정도 유지하는 고령 중기의 경우 고령자 참여나 소비
트렌드, 고령친화산업, 건강의 이슈도 많지만 동시에 고령자피해나
안전 이슈도 증가하고 있었다. 고령 후기에 접어들게 되면 고령자주
택이나 가족지원과 같은 주제가 부각되며 의료서비스 분야나 환자식
같은 의존생활을 위한 상품 이슈가 증가하는 것으로 나타난다.

2. 고령소비자 문제의 개념 및 범주

고령소비자 문제는 고령자문제와 소비자문제의 접점에서 개념
화할 수 있으며, 양 측면의 공통 영역에서 출발하여 구체화해 갈 필
요가 있다.

고령자문제는 일본 소비자청의 경우, '돈', '건강', '외로움'을 고령
자의 3대 苦로 파악하고 이를 대분류로 하여 세부 문제를 파악해 가
고 있다(2009). 물론 최근 노후연금 등으로 고령자의 경제적 안정이
담보된 복지선진국에서는 '건강(Health)', '가족(Family)', '여가(Leisure)'
를 고령기의 3요소로 꼽히기도 한다(Euromonitor international, 2014).
하지만 고령자문제에 대한 선행 연구 다수에서 고령시기의 문제를
크게 경제적 측면, 건강 측면, 사회적 관계측면 등으로 구분하고 있
다(정경희, 2016).

이에 덧붙여 평균수명이 늘어남으로 인해 길어진 노년기에 대
한 체계적 준비가 하나의 과제 영역으로 대두되고 있다. 즉, 고령사

회에서는 지금까지의 연령차별적 사회에서 벗어나 연령통합적 사회 구성 원리를 구현하여야만 구조적 지체 없이 지속적인 사회·문화·경제적 발전이 가능하므로(정경희, 2004), 고령시기를 새로운 인생 도전기로 보고 고령자들이 사회적으로는 지속적인 성장 동력으로 역할 할 수 있고 개인적으로는 자율성이 인정되는 높은 수준의 삶의 질을 유지하기 위한 '변화도전' 문제가 전형적 영역에 덧붙여 새로운 영역으로 추가되게 된다([그림 3-1]). 이에는 노후설계, 디지털경제 적응, 고령친화시장에서의 소비자권익 등이 해당된다. 특히 고령친화시장에서의 소비자권익이란 고령친화상품 및 서비스 구매 과정에서의 소비자피해 우려, 즉, 요양서비스, 의약품 및 의료기기 소비과정, 건강식품 소비, 고령자주택, 고령자 개호서비스 등에서의 소비자관점에서의 권익 찾기를 의미한다.

[그림 3-1] 고령자 문제의 주요 4대 영역과 관련 소비자이슈

문제	돈	건강	외로움	변화 도전
이슈 (잠정)	고령일자리 창출 고령친화상품 가격	의료지원 강화 표시 건강 정보	돌봄서비스 여가서비스 참여	노후설계 디지털경제적응 고령시장에서의 권익

한편 우리나라의 저출산·고령사회를 대비하기 위해서 가장 중요한 사항을 담아 지난 2005년 제정한「저출산·고령사회 기본법」에서는 고령사회에서의 문제 및 정책영역을 크게 9가지로 구분하고 있다. 즉, 고용과 소득보장, 건강증진과 의료제공, 생활환경과 안전보장, 여가·문화 및 사회활동 장려, 평생교육과 정보화 및 노후설계, 취약계층노인 등 배려, 가족관계와 세대 간 이해증진, 경제·산업 등 구조대응, 고령친화산업의 육성이 그것이다(〈표 3-1〉).

〈표 3-1〉 저출산 고령사회 기본법에서 제시된 주요 고령사회 문제 영역

이슈 분야	의 미
1. 고용과 소득보장	- 고령자가 일할 수 있는 환경 조성 - 연금제도 등 노후소득보장체계 구축 - 경제적으로 안정된 노후생활
2. 건강증진과 의료제공	- 주요 건강위험요인 고려, 고령자 건강 증진 시책 강구 - 노인 의료 · 요양제도 확립 · 발전
3. 생활환경과 안전보장	- 노후생활에 필요한 기능과 설비를 갖춘 주거와 이용시설 마련 - 재해 · 범죄 등으로부터의 고령자보호
4. 여가 · 문화 및 사회활동장려	- 노후 여가 및 문화 활동 기반 조성 - 자원봉사 등 노인 사회활동 참여 기반 조성
5. 평생교육과 정보화, 노후설계	- 고령자 평생교육프로그램 개발 · 시행 - 고령자 정보격차해소 시책 개발 - 노후설계 상담 및 교육 시책 강구
6. 취약계층노인 등 (배려)	- 여성노인 · 장애노인 등 취약계층 노인 특별 배려 - 도시 · 농어촌 지역 간 노인 격차 배려
7. 가족관계와 세대간 이해 증진	- 노인이 가정과 사회에서 존경받을 수 있도록 환경 조성 - 세대 간 교류활성화 및 이해 증진
8. 경제 · 산업 등 (구조 대응)	- 인구 고령화에 따른 경제 · 산업구조 및 노동환경 변화 대응
9. 고령친화산업의 육성	- 고령화에 걸맞은 상품 및 서비스 수요 변화 대응 기반 구축 - 고령자 필요용품 · 용구 개발 및 보급

이러한 고령자문제의 대부분이 소비자영역 및 소비자문제와 공통영역을 가지고 있는데, 특히 소비생활의 기반이 되는 고용과 소득보장 영역, 소비자안전 영역과 연결되는 건강 및 의료제공 영역, 고령소비시장의 바탕이 되는 고령친화산업의 육성 등은 밀접한 관련이 있다고 할 수 있다. 또한 노후의 안전한 생활환경과 평생교육 등도 소비자권리 등과 연관시켜 볼 때 관련성이 높은 분야라 할 수 있

을 것이다.

　한편 소비자문제는 시장에서의 소비자지향성이 충분히 확보되지 못하거나 소비자권리의 실현이 충분히 이루어지지 못해서 발생하는 문제이므로, 소비자지향성 기준 및 소비자권리를 기준으로 가장 잘 파악될 수 있다.

[그림 3-2] 소비자지향성 기준에 따른 고령 소비자문제의 5대 영역

문제	관련 이슈 (잠정)
안전/건강	고령자 안전기준 고령자 관련 긴급위해정보 고령자의 의료서비스 및 건강 상품 접근성
거래/ 선택권	차별적 거래 제한 철폐 상품 및 서비스 선택 용이성 고령친화상품시장의 소비자관점 반영
정보제공	표시, 광고제도 적정성 비교정보(가격, 품질 등) 이용 용이성 라벨링 가독성 및 이해용이성
교육	피해예방 교육 소비생활정보 활용 교육
피해구제	피해구제 신속 용이성, 접근성 사기예방 시스템

　[그림 3-2]는 소비자지향성 기준을 근거로(박성용·송민수, 2008, 송민수 외, 2011) 고령소비자 문제의 5대 영역을 구분하고 관련 이슈를 정리한 것으로, 고령소비자 문제 영역 역시 소비자문제 영역과 유사한 방식으로 정리될 수 있음을 보여 준다. 다만 앞서의 고령자

문제 이슈를 감안한다면 이러한 영역 구분에 추가하여 고령소비자 주거환경, 고령소비자 참여기회 영역, 고령친화산업의 성장 등의 영역을 감안할 필요가 있다.

이상의 논의를 바탕으로 고령소비자 문제의 범주를 크게 9개 영역으로 구분하고 그 구체적 내용을 요약 정리하면 다음 〈표 3-2〉와 같다. 이는 소비자기본법에 제시된 소비자의 8대 권리 및 책무를 바탕으로 고령자 문제 및 소비자문제의 이슈들을 범주화하고, 각 범주에서 발생할 수 있는 문제를 고령소비자 문제의 차원으로 구성한 것이다. 이에 따라 고령소비자 문제의 범주 및 내용은 다음과 같다.

첫째, 고령소비자 안전문제의 경우 상품의 성분·함량·구조 등에서 고령자 안전기준 마련이 부족한 것, 물품 및 서비스에서의 고령자 위해방지 미흡, 의료·건강서비스에서의 소비자안전 미확보 등이 세부 내용으로 포함될 수 있다.

〈표 3-2〉 고령소비자 문제의 범주 및 내용

문제 분야	주요 내용
고령소비자 안전	- 상품의 성분·함량·구조 등에서 고령자안전 기준 마련 미흡 - 물품 및 서비스관련 고령자 위해방지 부족 - 의료·건강서비스 등에서의 안전 미확보
고령소비자 정보	- 물품 및 서비스 표시·광고의 고령자 적정성 부족 - 고령소비자의 합리적 선택을 위한 정보 접근성 미흡
고령소비자 선택권	- 불공정한 거래조건 및 방법으로부터의 부당한 피해 예방 부족 - 방문판매·다단계판매 등 특수한 거래의 범죄로부터 고령자보호 미흡 - 고령친화산업의 활성화 등을 통한 고령소비시장 선택권 증대 부족
고령소비자	- 국가, 지자체, 사업자의 사업 활동 등에서 고령소비자의 의

의견반영	견 반영 미흡 - 고령친화상품 · 서비스 이용 및 개선활동 참여 여건 부족
고령소비자 피해보상	- 물품 등의 사용으로 인한 고령자 피해에 신속 · 공정한 보상 부족 - 고령 소비자문제 원스톱 상담망 등 접근성 제고 부족
고령소비자 교육	- 고령소비자 악질상술 등 예방교육 부족 - 노후의 합리적 소비생활을 위한 교육 미흡
고령소비자 단체조직 · 활동	- 고령소비자 권익 증진을 위한 단체 및 조직 구성과 활동 여건 부족
고령소비자 생활환경	- 고령자에게 안전하고 쾌적한 생활환경 미흡 - 고령자주거시설 및 요양서비스 등에서의 고령소비자 관점 반영 부족 - 여가 및 문화시설에서의 고령소비자를 위한 관점 반영 부족
고령소비자 책무 실천	- 소비자 권리의 정당 · 적절한 행사 미흡 - 스스로 권익추구를 위한 지식 · 정보 습득 노력 미흡 - 자주적 · 합리적 소비행동 및 친환경적 소비생활 실천 미흡

둘째, 고령소비자 정보문제의 경우 물품 및 서비스 표시 · 광고의 고령자 적정성 부족, 고령소비자의 합리적 선택을 위한 정보 접근성 부족 등이 세부 내용으로 포함될 수 있다.

셋째, 고령소비자 선택권 문제의 경우 불공정한 거래조건 및 방법으로부터 부당한 피해를 적절히 예방하지 못한 것, 방문판매 · 다단계 판매 · 할부판매 등 특수한 거래의 범죄로부터 고령자 보호가 미흡한 것, 고령친화산업의 활성화 등을 통해 고령소비시장의 선택권 확보가 부족한 것 등이 세부 내용으로 포함될 수 있다.

넷째, 고령소비자 의견반영 문제의 경우 국가, 지자체, 사업자의 사업활동 등에서 고령소비자의 의견을 반영하고, 고령친화상품 서비스 이용 및 개선활동에 참여하는 것 등이 미흡한 것 등이 세부 내용으로 포함될 수 있다.

다섯째, 고령소비자 피해보상 문제의 경우 물품 등의 사용으로 인한 고령자 피해에 대해 신속하고 공정한 보상을 하지 못하는 것, 고령소비자문제에 대한 원스톱 상담망 같은 시스템적 체계가 구축되지 않은 것 등이 세부 내용으로 포함될 수 있다.

여섯째, 고령소비자 교육 문제의 경우 고령소비자 악질상술 등 예방교육 부족, 합리적 노후소비설계를 위한 교육 미흡 등의 문제가 포함될 수 있다.

일곱째, 고령소비자 단체조직·활동 문제의 경우 고령소비자의 권익증진을 위한 단체 및 조직과 활동의 부족 등이 문제에 포함될 수 있다.

여덟째, 고령소비자 생활환경 문제의 경우 고령자에게 안전하고 쾌적한 생활환경이 되기 위한 고령자 주거시설 및 요양서비스에서의 고령소비자관점을 반영하는 것, 여가 및 문화 환경이 소비자지향적으로 구축되지 못한 것 등이 문제로 포함될 수 있다.

끝으로 고령소비자 책무실천 문제는 고령소비자가 스스로의 권리를 정당히 행사하지 못하거나 스스로의 권익추구를 위한 지식과 정보 습득 노력이 부족한 것, 자주적 합리적 소비행동 및 친환경적 소비생활 실천이 미흡한 것 등이 세부 내용으로 포함될 수 있다.

3. 고령소비자 문제 대응 관련 선행 연구

2000년 이후 고령 소비자문제 대응 관련 선행연구를 살펴보면 문제 분야별로 다양한 정책대안을 제시하고 있다(〈표 3-3〉). 이를 분야별로 간략히 살펴보면 다음과 같다.

먼저 고령소비자 안전과 관련해서는 "취약계층 안전 확보 방안 (2005)"에서는 고령자 안전관련 현황 및 사례, 소비자의 안전의식, 노인용품, 식품, 의약품, 화장품 등 고령소비자관련 상품의 안전 확보 방안을 살펴보고, 대응방안으로는 노인안전문제 종합대책 마련, 노인소비자 대상 안전교육 및 캠페인 실시, 안전정보 관리체계 강화 및 기관 간 공유, 노인용품에 대한 제도적·행정적 개선, 노인용품 관련 사업자 행태 개선, 저출산·고령사회 위원회에 소비자전문가 참여 등을 제안하고 있다. 또한 "고령소비자 위해감축 방안(2007)"에서는 소비생활영역별 고령자 안전실태, 고령자 위해예방 및 감축 방안을 살펴보고 있으며, 대응방안으로는 고령자 생활안전정책의 수요자중심으로의 전환, 가정 내 고령자 위해예방 교육 프로그램 개발, 고령자 생활안전을 위한 범정부적 지원 강화, 지역특성을 고려한 위해 예방대책 강구 및 홍보, 고령자 위해예방 및 감축을 위한 통합 시스템 구축 등을 제안하고 있다.

다음으로 고령소비자 정보와 관련해서는 "고령화사회 대비 상품정보 개선방안(2006)"에서는 국내외 고령친화용품 관련 표시 관련 법률 현황 및 실태, 소비자 인식, 사업자 및 소비자인식제고를 위한 방안을 살펴보고, 대응방안으로는 표시에 대한 고령소비자 교육 및 정보제공 강화, 표시에 대한 사업자 교육 강화, 소비자상담실 등 소비자정보를 상품표시에 부착, 우수고령제품 관련 표시 부착, 소비자 이해도 제고를 위한 표시내용 표현기준 마련, 표기항목 규제기준 위반 사업자 단속 강화, 가독성을 고려한 글자체 및 크기, 디자인 개선 등을 제안하고 있다. 또한 "노인 장기요양기관 온라인 소비자정보 제공연구(2012)"에서는 노인장기요양기관의 정보제공 실태, 온라인 정보 활용실태 및 제공 사례 비교, 온라인 정보제공 개선 방안 등을 살펴보고, 대응방안으로는 노인장기요양기관의 온라인 정보제공 의무주체 변경, 방식 개선, 정보통신매체를 통한 노인장기요양보험제도 홍보 강화 등을 제안하고 있다.

고령소비자 교육과 관련해서 "노인소비자를 위한 소비자교육프로그램 개발(2001)"에서는 노인소비자교육 현황, 교육요구, 노인소비자 프로그램 체계 구성 및 내용 등을 살펴보고, 대응방안으로는 노인소비자교육 프로그램 및 내용 사례를 제안하고 있다.

고령소비자 피해구제와 관련해서는 "고령소비자 보호를 위한

성년후견제도의 도입방안 연구(2005)"에서는 성년후견제도 도입 필
요성, 성년후견제도에 대한 비교법적 고찰, 성년후견제도 입법 방향
제언 등을 살펴보고, 대응방안으로는 임의후견제도 도입, 현행 후견
제도 정비, 민법 개정안 등을 제안한다. 또한 "고령소비자 피해구제
활성화 방안 연구(2006)"에서는 고령소비자의 소비자문제 및 피해
고찰 및 현황, 우리나라의 고령소비자피해 대응현황, 일본의 고령자
소비자피해대응 정책 등을 살펴보고, 대응방안으로는 일본의 고령
자 소비자피해대응체계를 참고한 (가칭)고령소비자보호네트워크 협
의체 구축 운영, 소원법의 소비자규정 강화, 고령소비자를 비려하는
방문판매법의 개정, 의료소비자피해구제 강화 등을 제안하고 있다.
이외에도 "고령소비자 거래관련 소비자 피해 실태조사(2011)"에서는
홍보관 판매를 중심으로 한 고령소비자 피해실태 조사결과 제시 및
개선방안을 제시하고 있다.

〈표 3-3〉 고령 소비자문제 관련 주요 선행 연구 정리

분야	제목	주요 내용	비고
고령자 안전	● 취약계층(고령자) 안전확보 방안 연구	- 고령자 안전에 관한 이론적 검토, 고령자 안전관련 피해 현황 및 사례, 고령소비자의 안전의식 및 안전행동, 고령소비자의 안전 확보 방안, 특히 노인용품, 식품, 의약품, 화장품 분야 제언	2005.12 백병성
	● 고령자 위해감축 방안에 관한 연구	- 고령자 생활경제 전반 실태, 소비생활 전반에 대한 고령자 안전의식, 소비생활 영역별 고령자 안전실태, 고령자 생활안전사고 실태, 고령자 위해예방 및 감축 종합 시스템 구축 등 정책 제언	2007.12 황정선
고령자 표시 정보	● 고령화 사회 대비 상품선택정보 개선방안	- 고령자표시에 관한 선행연구, 국내외 고령 친화용품과 관련된 표시관련 법률 현황, 고령친화용품 표시실태(공산품,	2006.12 송순영

		화장품, 의료기기), 고령소비자의 표시 인식 실태, 사업자 및 소비자 대상 표시 인식 제고를 위한 방안 제시	
	● 노인 장기요양기관 온라인 소비자 정보 제공 연구	- 노인장기요양기관의 정보제공실태, 노 인장기요양기관 온라인정보 활용실태, 일본의 현황 및 사례 비교, 노인장기요 양기관의 온라인 정보제공 정책 제언	2012.12 김도년
고령 소비자 교육	● 노인소비자를 위한 소비자교육 프로그램 개발	- 노인소비자교육 현황, 노인소비자의 소 비자문제와 교육 요구, 노인소비자교육 프로그램 체계 구성, 소비자교육 내용	2001.12 송순영
고령 소비자 피해 구제	● 고령소비자 보호를 위한 성년후견 제도의 도입방안 연구	- 고령소비자문제와 성년후견제도 도입 필요성, 성년후견제도에 대한 비교법적 고찰, 성년후견제 입법 방향 제언	2005.6 장수태
	● 고령소비자 피해 구제 활성화 방안 연구	- 고령소비자의 소비자문제 및 소비자피 해고찰, 고령소비자의 소비자피해 현 황, 외국의 고령소비자 피해 대응 현황, 우리나라 고령소비자 피해 대응 현황, 일본을 참고한 (가칭)고령소비자보호네 트워크 구축 등 행정적 조치, 법적 조치 제언	2006.7 송순영
	● 고령소비자 거래 관련 소비자피해 실태조사	- 고령소비자 및 피해 일반 현황, 우리나 라와 일본의 관련법, 홍보관 판매를 중 심으로 한 고령소비자피해 실태조사	2011.7 황진자
법제도 인프라, 등	● 취약계층 소비자 보호대책 평가 및 개선	- 어린이, 노인, 장애인, 다문화, 북한이 탈주민 등 관련, 그간의 소비자보호대 책 현황 및 평가, 향후 대책 방안 제시	2011.7 송순영 강성진
	● 취약소비자 보호 법제 개선방안 연구	- 어린이, 장애인, 다문화, 노인 등 취약 소비자 관련 보호법제 현황 및 개선방안	2014.12 김성천
	● 금융상품 판매 에서의 고령소비자 보호방안	- 고령소비자 특성과 피해현황, 금융상품 불완전 판매와 고령자 보호	2011.12 황진자

고령소비자 법·제도 인프라 관련해서는 "취약계층 소비자보호 대책 평가 및 개선(2011)"에서는 어린이, 노인, 장애인, 다문화, 북한 이탈주민 관련 기존 정책을 살펴보고, 이를 평가하며 향후 개선방안을 살펴보고, 대응방안으로는 "노인소비자의 소비자 거래 및 안전에서의 안심 확보"를 주요 정책방향으로 한 거래 분야의 방문판매법 개정, 노인요양시설 표준약관 개정, 실버타운 운영 관리 감독 강화, 실버타운 보증금 보호방안 마련, 안전 분야에서는 소비자안전에 대한 정부 및 지자체, 교육기관, 민간단체 등과의 정보공유 강화를, 정보 분야에서는 고령친화산업 전반에 대한 정보제공 강화, 한국 소비자원 T-gate에서 고령친화용품 및 서비스 가격 및 상품비교 정보 제공을, 피해구제 분야에서는 고령소비자 전용 상담전화 개설을 제시하였다. 또한 "취약계층 소비자보호법제 개선방안 연구(2014)"에서는 취약소비자보호체계, 취약소비자보호 국내 법제 현황, 취약소비자보호 비교법적 동향, 취약소비자 권익증진을 위한 법적 개선방안 등을 살펴보고 있는데, 대응방안으로 취약소비자보호 체계정립 및 소비자법제 개선, 민법 및 기타 법제의 개선 등을 제안하고 있다. 특히 소비자법제 개선과 관련하여 소비자기본법에 '기본적 보호를 받을 권리' 도입, 국가 및 지자체의 취약소비자 보호 책무 추가, 소비자분쟁해결기준에 고령자 배려 규정 신설, 사업자의 부당한 소비자거래행위 지정고시의 취약소비자 기준 신설, 방문판매법 개선, 소비자거래법 제정, 지자체 소비자보호조례 개선 등을 제안하고 있다. "금융상품 판매에서의 고령소비자 보호방안(2011)"에서는 고령소비자에게 가장 많이 발생하는 금융상품 불완전 판매에서의 보호방안을 제시하고 있다.

이러한 대응 방안들은 5~10년이 경과되는 과정에서 이미 개선·완료된 것도 있고, 여전히 미개선인 것도 있다. 이를 현재의 환경에서 재조명해 보고 이제 어느 정도 수용되어 폐기되어도 되는 방안, 둘째, 지속적으로 추진해야 할 방안, 셋째, 미처 제안되지 못했거나 고령소비자 관련 환경이 바뀌어 새롭게 추진해야 할 방안으로 구분하여 발전시킬 필요가 있을 것이다.

IV. 우리나라의 고령소비자 관련 법 및 정책

1. 우리나라 고령소비자 관련 법

우리나라의 고령소비자 관련법은 11개로 손꼽을 수 있는데 이의 주요 내용을 간략히 정리하고(〈표 4-1〉) 향후 개선방안을 제시하면 다음과 같다.[3]

첫째, 우선 소관부처에서 보건복지부 소관법이 5개, 공정거래위원회 소관법이 4개, 그 외 산업통상자원부 기술표준원 1개, 행정안전부 1개로 나타나 보건복지와 소비자를 접점으로 한 법령에서 보건복지분야 법령 비중이 높았다.

둘째, 고령소비자 관련법의 주요 내용분야를 보면 총괄 분야, 안전, 거래, 정보, 교육, 고령친화산업 등 고령소비자 관련 분야를 대체적으로 커버하고 있는 것 같다. 그러나 고령소비자 분야 중에서는 상대적으로 고령자 상담 및 피해구제 영역에 대한 법제가 부족하다고 보이며, 고령자에 특정된 법이 존재하지 않고 여러 법에 산재함으로 인해 실제 고령소비자 문제를 해결하려고 할 때 효율적으로 적용되지 못할 경우가 발생할 수 있다.

셋째, 보건복지 분야의 고령소비자 관련 법령은 최근 보건복지부를 통해 활발히 제정되고 있는 것으로 나타난다. 보건복지부는 지난 2005년에 저출산·고령사회기본법을 제정하여, 복지적 관점에서

---

3) 관련법 도출 과정 및 세부사항은 배순영 외(2016), 고령소비자문제 종합대응방안 보고서 제4장 참고.

만 바라보던 고령자 문제의 패러다임을 사회적 관점으로 넓혔다. 또한 동법의 조항들을 발전·확장시켜 고령친화산업지원법과 최근에는 노후준비지원법을 제정하였다. 물론 신규 법제정이 행정적 비용을 증가시키는 등 능사는 아니지만 기존 법령에서 충분히 취지를 담아낼 수 없을 때 새로운 법제정을 통해 특정 분야의 정책을 뒷받침할 수 있도록 하는 것은 고령소비자 정책 추진에 매우 유용한 모멘텀으로 작용할 수 있다. 다음 절에서 다루게 될 일본 소비자청 및 미국 연방위원회에서도 최근 신규 법제정이 활발히 모색되고 있어 우리나라 소비자정책당국이 참고할 필요가 있다고 생각된다.

〈표 4-1〉 고령소비자 관련법의 고령소비자 관련 주요 내용

	법령명	소관부처	고령소비자 관련 주요 내용
1	소비자기본법	공정거래위	어린이, 노약자, 장애인, 결혼이민자 등 안전취약계층에 대한 우선적 고려, 사업자의 부당한 소비자거래행위 지정고시를 통해 고령소비자 보호
2	방문판매 등에 관한 법률	공정거래위	고령소비자가 타 연령 소비자보다 많이 이용하는 방문판매, 다단계판매, 전화권유판매 등에 대해 청약철회, 금지행위 등의 규정 및 특수판매에서의 소비자보호지침을 통해 고령소비자를 보호
3	할부거래에 관한 법률	공정거래위	고령소비자가 타 연령 소비자보다 많이 문제가 되는 선불식 할부거래의 계약체결전 정보제공, 소비자의 청약의 철회, 금지행위 등을 통해 고령소비자를 보호
4	표시·광고의 공정화에 관한 법률	공정거래위	부당한 표시·광고행위의 금지 등의 규정 및 중요표시정보 고지제도를 통한 고령자 피해다발 상품 정보제공 등을 통해 고령소비자를 보호
5	노인복지법	보건복지부	국가 및 지방자치단체로 하여금 노인의 보건 및 복지증진 시책을 강구·추진하게 하고 건강진료, 노인복지시설 설치 운영 등을 통해 고령소비

			자 지원
6	저출산·고령사회 기본법	보건복지부	고령자 소득보장, 건강증진과 의료제공, 생활환경과 안전보장, 여가문화 및 사회활동의 장려, 평생교육과 정보화, 노후설계, 취약계층 노인보호, 고령친화적 산업의 육성 등을 위한 시책 강구를 규정하여 고령소비자를 지원
7	고령친화산업 진흥법	보건복지부	고령친화제품 소비자의 건전한 조직 활동 지원 및 육성, 소비자의 생명·신체 및 재산상의 위해방지, 소비자불만 및 피해에 대한 신속·공정한 구제조치 등을 통해 고령소비자를 보호
8	노후준비지원법	보건복지부	국가와 지방자치단체가 노후준비지원을 위한 시책을 수립·시행하게 하고, 노후준비지원 종합정보시스템을 설치하여 노인소비자를 지원
9	노인장기요양 보험법	보건복지부	장기요양급여에 관한 사항을 규정하여 노후의 건강증진 및 생활안정을 도모하여 고령소비자를 지원
10	제품안전기본법	산업통상 자원부 (국가기술 표준원)	어린이·노약자·장애인 등 안전취약계층을 배려하여야 한다(제4조 제2항)고 규정하면서 고령소비자를 보호
11	국민안전교육진흥 기본법	행정안전부	노인복지시설 거주자 및 이용자에 대하여 안전교육 실시, 평생교육강좌에 안전교육 프로그램 지원 등을 통해 고령소비자를 지원

2. 우리나라 고령소비자 관련 정책

우리나라 고령소비자 관련 정책을 살펴보기 위해 고령자정책과 소비자정책에서 대표적인 기본계획과 소관부처 업무계획, 그리고 고령소비자 관련 대표 기관인 한국소비자원의 관련 사업 내용을 검토하면 다음과 같다.

먼저 고령자정책 분야의 '저출산·고령사회 기본계획'에서는 범부처 공통계획답게, 고령소비자의 기반인 노후 소득보장, 노후일

자리 관련 서비스, 노후생활지원, 고령자 안전, 고령자를 위한 주
거·교통 등 생활환경 개선, 고령친화산업 활성화, 건강 및 의료분
야 대응 등 거의 전 생활영역의 과제를 포괄하고 있다. 특히 제2차,
제3차 저출산 고령사회 기본계획을 추진하는 과정에서 고령친화산
업 활성화 기반 마련, 노후생활지원서비스 인프라 구축 등 고령자의
소비생활측면이 강조된 과제 내용도 증가하고 있어 고령자와 소비
자 간 접점이 증가하고 있는 것을 알 수 있다.

〈표 4-2〉 제3차 저출산 고령사회 기본계획에서의 소비자관련성 과제

과제 개요	소관부처
1. 노후소득 보장 강화	
1-2. 주택·농지연금 대폭 확산	
(1) 주택 연금 대폭 활성화를 위한 노후 소득 증대	금융위
1-3. 퇴직·개인연금 활성화	
(2) 퇴직·개인연금 확산 정착	고용부/금융위
1-4. 노후 준비 여건 확충	
(3) 노후준비지원 확대	복지부
2. 활기차고 안전한 노후 실현	
2-1. 고령자 건강생활 보장	
(4) 낙상·약화 사고, 약물 오남용 예방 관리 강화	복지부
(5) 노인의료비 부담 경감	복지부
(6) 포괄·간호간병 서비스 확대	복지부
(7) 장기요양보험제도 고도화	복지부
2-2. 고령자 사회참여 기회 확대	
(8) 고령친화형 콘텐츠 개발	문체부
(9) 고령자 문화·여가 인프라 개선	복지부
(10) 계층별 맞춤형 평생교육 활성화	교육부
2-4. 고령자 친화적 주거환경 조성	
(11) 고령자가 안전하고 편리하게 살기위한 주거 여건 마련	국토부
2-5. 고령자 안전 및 권익 보장	
(12) 노인 안심생활 지원	복지부

(13) 고령운전자 안전관리 강화	경찰청
3. 여성, 중·고령자, 외국인력 활용 확대	
3-2. 중·고령자 근로기반 확대	
(14) '고령' 기준 재정립을 위한 사회적 합의방안 마련 추진	복지부
4. 고령친화경제로의 도약	
4-1. 고령친화산업의 신성장 동력 육성	
(15) IT 연계 스마트 케어 활성화	복지부
(16) 고령친화 관광산업 육성	복지부
(17) 고령친화 식품산업 육성	복지부
(18) 전 산업에 걸친 유니버설 디자인 지원체계 강화	산업부
(19) 고령친화산업 육성을 위한 거버넌스 확립	복지부
(20) 고령친화산업 인식 증진 및 소비활성화 기반 마련 　- *고령소비자 상담센터 개설(~2017)*	복지부
(21) 고령친화제품·서비스의 표준·인증 활성화	복지부/산업부
(22) 사용자 중심 고령친화제품 개발 기반 강화	복지부/산업부
(23) 고령친화 R&D 중장기 종합계획 수립	미래부/복지부

　　그러나 고령친화산업이나 노후생활 등에서도 고령소비자를 위한 정보제공이나 노후소비생활 영역 같은 중요부분이 누락되어 있고, 무엇보다 소관부처로서 공정위 등 소비자기관의 참여가 부재하였다. 이러한 경향은 보건복지부의 업무계획을 검토했을 때도 마찬가지 결과였다. 노인을 보호하기 위한 읍면동 단위의 복지서비스 체계 구축, 노인 응급서비스 체제 구축 등에서 전국 17개 지역의 소비생활센터와의 연계 및 협력이 추진된 사례가 나타나지 않았다.

　　한편 소비자정책 분야에서의 기본계획과 소관부처 업무계획을 살펴보면, 일단 고령소비자와 관련된 과제의 절대량이 매우 부족하다. 이는 그간 소비자정책이 주제 혹은 영역별 계획 성격이 커서 대상별 정책개발이 표면적으로는 제시되지 않고 있기 때문이며, 또 한편으로는 고령자가 소비자로서의 역할이 상대적으로 미미하여 다양한 정책이 개발되지 못한 점도 있다. 따라서 고령소비자를 취약계층의 관점에서 보고 소비자피해가 많은 상조서비스, 방문판매 등 특수

거래, 통신서비스, 고령자 안전, 소비자상담 등에서 고령소비자 보
호 관점의 과제들이 나타나고 있다.

〈표 4-3〉 제3차 소비자정책 기본계획(2015~2017)에서의 고령소비자 관련 정책

중점과제	추진과제	세부계획	소관 부처 및 기관
맞춤형 소비자 교육 및 복지 지원 확대	생애주기별, 대상별 소비자 교육 활성화	(1) 생애주기별 소비자교육 활성화 (2) 사회적 배려계층 맞춤형 소비자교육 확대	공정위 소비자원 교육부
	서민소비생활 맞춤형 복지 지원 확대	(3) 서민소비생활 맞춤형 복지지원 및 정보 제공강화 (4) 서민 맞춤형 소비자상담 활성화	공정위 소비자원 문화부 법무부 환경부
소비자 관련 비교정보 및 빅데이터 활용	소비자관련 빅데이터 생산·활용 지원	(5) 생애주기별 소비자문제해결을 위한 정보 플랫폼 구축 (6) 건강보험 빅데이터 분석을 통해 유용한 의료 정보 제공	공정위 소비자원 농식품부 보건복지부
정보비대칭 시장의 소비자 거래 개선 및 소비자 지향성 제고	새로운 거래 방식에 따른 정보비대칭 해소 및 소비자보호	(7) 방문판매·다단계판매 분야 정보신뢰성 강화 (8) 건전한 상조시장 질서 확립	공정위 소비자원 행정안전부
소비자피해 구제의 접근성·전문성 제고	소비자피해 감축 및 예방 체계 강화	(9) 취약계층 피해예방교육 및 이동상담	공정위 소비자원 지자체

그러나 고령소비자 문제에 직접적으로 대응하는 상담 및 피해
구제 체계가 구축되어 있지 않고 고령소비자 교육과 관련해서도 주
내용은 악질상술에 대한 고령자 교육이 주된 내용인 것으로 나타난
다. 물론 최근 고령자용 제품에 대해서도 비교정보를 제공하고 고령
물품에 대한 안전성 검사를 시도하는 등 고령소비자 역할 증대에 따

라 관련 과제 영역이 확대추세에 있다.

향후 소비자정책 영역에서 고령소비자 정책은 고령소비자의 소비자상담 접근성을 높이기 위한 상담시스템의 체계화나 고령친화산업에서의 정보제공 강화, 노후소비생활 개선 측면에서의 고령소비자 교육, 고령소비자 지역단위 네트워크 구축 등에서 구체적인 정책을 수립할 필요가 있는데, 이는 국가 "저출산 고령사회 기본계획"의 큰 틀 속에 연계되어 추진될 필요가 있다. 즉, 고령사회 대응 주요 소관부처인 보건복지부와의 연계를 통해 기존 인프라를 활용한 정책 간 시너지 확대 및 내실화를 꾀할 필요가 있다.

V. 일본의 고령소비자 문제 및 정책 대응

1. 일본의 고령소비자 현황 및 문제

일본은 지난 2006년 초고령화사회로 접어들었으며 2012년 이후 총인구의 감소 등으로 2015년 현재 전체 국민 4명 중 1명(약 3천 3백만명)이 65세 이상인 국가이다(〈표 5-1〉). 이로 인해 65세 이상 고령자가 미치는 사회적 영향력 역시 매우 크며 고령자 및 소자녀화 정책이 국가전체 정책의 중심에 있다 해도 과언이 아니다. 이에 따라 2016년 5월 제3차 아베 내각은 '1억 총활약 사회'라는 슬로건 하에 50년 뒤에도 1억 명의 인구를 유지하기 위한 액션플랜과 담당 조직, 총괄 기구를 설립한 바 있다.

고령소비자 문제 역시 지속적 증가 추세에 있다. 65세 이상 고령 소비자상담은 지난 5년간 큰 폭으로 증가해 2015년 기준 고령소비자 상담은 전체 소비자상담의 35.2%에 이른다. 이는 고령자 인구 성장률도 초과하는 추세로, 특히 고령자 연령집단별로 볼 때 85세 이상 초고령 소비자의 상담 증가가 두드러져 최근 치매 등 인지적으로 미약한 소비자의 문제 증가 경향을 살펴볼 수 있다.

〈표 5-1〉 우리나라와 비교한 일본 고령화 상황 및 고령소비자 상담 건수

구분		한국	일본
사회 특성	초고령사회(20%) 진입	2026년 예상	2007년
인구 구성	65세 이상 인구수 (2015년 기준)	662만 명 - 전체 인구의 13.1%	3,384만 명 - 전체 인구의 26.7%
	80세 이상 인구수	125만 명	1,002만 명
	노인 단독 가구수	385만 가구	1천2백만 가구
소비자 상담*	연간 고령소비자상담 건수(2015년 기준)	3만3천 건	22만8천 건 (악질상술 관련 4.4만 건)
	전체 소비자상담에서 고령소비자상담 비중	8.7%	35.2%

출처: (한국) 1372 소비자상담센터, (일본) 2015 소비자백서

〈표 5-2〉 일본 고령자 소비자상담의 상위 5품목

	2013년 상담		2014년 상담	
	항목	건수	항목	건수
1	건강상품 (전반)	21,290	상품 일반	22,968
2	상품 일반	18,079	성인정보사이트	14,521
3	기타 건강상품	12,370	펀드형 투자상품	9,353
4	펀드형 투자상품	11,825	광섬유 인터넷케이블	6,622
5	성인정보사이트	8,670	디지털 콘텐츠(전반)	6,425

자료: 일본 소비자백서 2015

한편 2014년 일본 고령 소비자의 소비자상담 상위 5위 상품은 상품 일반, 성인정보사이트, 펀드형 투자상품, 광섬유 인터넷설비 시설, 디지털 콘텐츠 전반으로 나타나고 있다. 이는 2013년과 비교하면 건강식품 관련 상담이 대폭 줄고 상품일반, 성인정보사이트 관

런 상품은 증가한 것이다(〈표 5-2〉). 이를 고령자 연령별로 세분화해 보면 60, 70대에 비해 80대는 건강식품, 신문구독, 이불류 등 전통적 유형의 문제를 가지고 있음이 나타난다(〈표 5-3〉).

〈표 5-3〉 일본 고령자 연령별 소비자상담의 상위 10품목

	60대	70대	80대
1	디지털콘텐츠	상품 일반	상품 일반
2	상품 일반	디지털콘텐츠	공사 · 건축
3	인터넷 접속회선	펀드형 투자상품	신문 구독
4	공사 · 건축	공사 · 건축	펀드형 투자상품
5	무료대출 사채	인터넷 접속회선	건강식품(전반)
6	부동산 대출	무료대출 사채	기타 건강식품
7	펀드형 투자상품	투자 기타서비스	디지털 콘텐츠
8	상담 기타(전반)	상담 기타(전반)	인터넷 접속회선
9	수리서비스	신문 구독	이불류
10	투자 기타서비스	부동산 대출	역무 기타서비스

출처: 배순영 외(2016), 고령소비자 소비생활 및 소비자문제 한일 비교

한편 고령 소비자의 평균 계약금액과 소비자상담 시 평균 기 지출액은 비고령 소비자보다 많아 소비자피해 시 손실액이 더 클 수 있다. 일본 고령 소비자의 평균 계약금액은 2014년 현재 166만 엔으로, 비고령자의 103만 엔에 비해 높은 편이다. 또한 고령 소비자가 피해를 입을 경우 고령 소비자는 물론 국가경제 전반에 부담을 더 크게 미칠 수 있다. 관련하여 일본 국민생활센터는 2015 일본 노인의 날을 맞아 고령소비자 대상 10대 악질상술에 대해 발표하고 사회적 인식을 촉구한 바 있다.

2. 일본의 고령소비자 관련법

일본의 고령소비자 관련법을 살펴보기 위해 소비자청 소관 법률 35개 중 주요 3개 법안에서의 고령소비자 관련부분을 검토하였다.4)

(1) 소비자기본법(消費者基本法)

1968년 법률 78호로 제정된 일본의 소비자기본법은 일본 소비자정책의 근간이 되는 법으로 기본적 시책, 관련 행정, 소비자정책위원회 등 국가 소비자행정 구조에 대해 규정한다. 동법에는 고령자를 특별히 언급한 규정은 존재하지 않지만 제2조 기본이념의 제2항에서 "소비자의 자립을 지원함에 있어 소비자의 안전 확보 등에 관해서는 사업자에 의한 적정한 사업 활동의 확보를 도모하는 것과 동시에, 소비자의 연령 등 기타 특성이 배려되어야 한다."고 규정함으로써 고령소비자 보호를 강조하고 있다.

(2) 특정상거래에 관한 법률(特定商取引に関する法律)

1976년 법률 57호로 제정된 일본의 특정상거래에 관한 법률은 방문판매, 통신판매 및 전화권유판매, 다단계마케팅, 특정 지속적인 용역의 제공, 업무제공 유인판매 거래 등을 포괄하는 법이다.

고령소비자와 관련된 대표적 조항은 재권유 금지(제3조의2), 금지행위(제6조), 과량 매매의 청약철회(제9조의2), 방문판매계약 및 전화권유판매의 취소(제9조의3), 연쇄판매계약의 취소(제24조의2), 업무제공 유인판매계약의 취소(제58조의2), 방문구입(제5장의2) 등이 있다. 또한 소비자취소권의 경우 업자의 오인유발행위에 의한 방문판매계약 및 전화권유판매의 취소(제9조의3 제1항, 제24조의2), 연쇄

---

4) http://www.caa.go.jp/soshiki/legal/index1.html

판매계약의 취소(제40조의3), 업무제공 유인판매계약의 취소(제58조의2) 등이 있다. 방문구입의 경우 물품인도거절에 관한 고지(제58조의9), 금지행위(제58조의10), 청약철회(제58조의14) 등이 있다.

그런데 최근 특정상거래에 관한 법률은 고령소비자보호를 위해 일부 개정되었다. 즉, 고령화의 진전을 비롯한 사회경제정세의 변화 등에 대응하여 특정상거래에서 거래의 공정화 및 구입자 등의 이익 보호를 도모하기 위해, 업무정지명령을 받은 법인의 임원 등이 해당 정지 명령받은 범위의 업무에 일정기간은 새로운 업무의 시작 등을 금지할 수 있도록 함과 동시에, 전화권유판매에 대해 통상 필요한 분량을 현저히 넘는 상품의 매매계약의 청약철회 등 제도 창설 등의 조치를 강구할 필요가 있어, 일본 내각부가 지난 2016년 3월 4일 일부 개정안을 제출했고, 무수정 전원일치로 중의원에서 5월 10일 가결, 참의원에서 5월 25일 가결, 6월 3일 공포된 것이다(배순영·김재영, 2016, 이승진, 2016, 김성천, 2016).

주요 개정 내용은 승낙을 하지 않은 자에 대한 통신판매 팩시밀리 광고의 제공 금지 등 신설(제12조의5), 전화권유판매 관련 통상 필요한 분량을 현저히 넘는 상품의 매매계약 등의 청약철회 등의 제도 신설(제24조의2), 업무정지명령제도의 강화(제8조 제1항 등), 업무금지명령제도의 창설(제8조의2 제1항 등), 방문판매 등에서 계약의 청약 및 그 승낙의 의사표시의 취소제도의 정비(제9조의3 등), 부실고지를 한 법인에 대한 벌금의 상한선을 300만 엔 이하에서 1억 엔 이하로 인상하고 업무정지명령 위반에의 징역형의 상한성을 2년에서 3년으로 상향 조정하는 등 벌칙 강화(제70조부터 제74조까지) 등이다.

금번 개정은 악질사업자 등에 대한 계약취소기간이 6개월에서 1년으로 연장되고, 벌금 인상 및 업무금지명령제도가 도입된 것 등에서 고령자 피해자구제의 관점에서 의미가 크므로 향후 우리나라 방문판매 등에 관한 법률의 개정 논의에 참고가 될 수 있을 것이다(김성천, 2016).

(3) 소비자계약법(消費者契約法)

2010년 법률 61호로 제정된 일본의 소비자계약법에서는 소비자 계약의 청약 또는 그 승낙의 의사 표시의 취소(제4조) 조항을 두고 있는데, 이는 고령소비자보호에 밀접한 관련이 있다. 즉, 중요사항에 대해 사실과 다른 것을 말했거나 말한 것이 사실이라고 오인하게 허위고지 하거나(제4조 제1항 제1호) 불확실한 사실에 대한 단정적 판단을 제공한 경우(제4조 제1항 제2호), 중요사항 중 소비자에게 불이익이 될 수 있는 사실을 제공하지 않은 경우(제4조 제2항), 소비자가 자신의 주거지 등에서 퇴거요청을 했음에도 불응한 경우(제4조 제3항) 등에서 해당 계약을 취소할 수 있다. 또한 여기서 제4조 제1항 제1호 및 제2항의 '중요사항'에 대해서 "소비자계약의 목적이 되는 물건의 품질, 용도, 기타내용, 물건의 대가, 기타 거래 조건 등"으로 광범위하게 규정함으로써 소비자취소권의 실효를 강화하였다.

또한 금년 6월 3일 제190회 국회에서 소비자계약법의 일부개정을 통해 고령소비자의 권익을 강화하였다. 즉, 고령화의 진전을 비롯한 사회경제정세의 변화 등에 대응하여 소비자의 이익옹호를 도모하기 위해, 무효로 하는 소비자계약조항의 유형을 추가하고, 취소권의 행사기간을 연장하는 등의 조치를 강구한 것이다(배순영·김재영, 2016, 이승진, 2016, 김성천, 2016). 구체적 사항은 다음과 같다. 첫째, 과량의 소비자계약 취소 신설(제4조 제4항)하여, 소비자가 해당 소비자의 통상 분량 등을 현저하게 넘는 것을 알고 청약 또는 승낙의 의사표시를 한 때에는 이를 취소할 수 있도록 하였다. 둘째, 중요사항의 범위를 추가하여(제4조 제5항) 해당 소비자의 생명, 신체, 재산 기타 중요한 이익에 대해 손해 또는 위험을 회피하기 위해 통상 필요하다고 판단되는 사정을 고지하도록 하였다. 셋째, 취소권을 행사하는 소비자의 반환의무 특칙을 만들었으며(제6조의2) 넷째, 취소권의 행사기간을 추인일로부터 6개월에서 1년으로 연장하였다(제7조 제1항), 다섯째, 사업자의 손해배상책임을 면제하는 조항 확대(제

8조 제1항 제3호 및 제4호)하고, 여섯째, 소비자의 해제권을 포기하게
하는 일부 조항의 무효를 신설하였다(제8조의2).

이번 일부개정안, 특히 과량 계약의 취소 신설 및 취소기간 연
장 등은 향후 우리나라 약관의 규제에 관한 법률, 방문판매 등에 관
한 법률, 전자상거래 등에서의 소비자보호에 관한 법률 등의 개정
논의에 참고가 될 수 있을 것이다(김성천, 2016).

(4) 소비자안전법(消費者安全法)

2009년 법률 50호로 제정된 일본의 소비자안전법은 총칙(제1조
-제5조), 기본방침(제26조·제17조), 소비생활상담 등(제10조-11조, 19
조), 소비자사고 등에 관한 정보의 수집 등(제12조-제14조), 소비자 안
전조사위원회 및 소비자사고 등에 대한 조사 등(제15조-제22조, 제23
조-제31조), 소비자피해의 발생 또는 확대의 방지를 위한 조치(제38조
-제45조), 잡칙, 벌칙 등 총 8개의 장으로 구성된 소비자안전 및 안심
을 위한 법이라 할 수 있다.

동법에 고령자를 구체적으로 지칭한 조항은 없지만 제2장 제2
호 기본이념에서 "소비자안전 확보에 관한 시책의 추진은 사업자에
의한 적정한 사업 활동의 확보를 배려하면서 소비자 수요의 고도화
및 다양화 기타 사회 경제 정세의 변화에 적확하게 대응해, 소비자
의 편의 증진에 기여하는 것을 취지로 이루어져야 한다."고 하면서
고령화에 따른 고령소비자 안전·안심 문제를 보다 주의깊게 다루
도록 독려한다. 또한 소비생활상담체계 구축에 대해서 중앙정부의
역할, 광역지자체의 역할, 시정촌의 역할, 각 지역단위의 협의회 등
연계체계 구축 등에 대해 세부적 조항을 두어 일상생활에서 발생하
는 고령소비자문제 미연예방에 도움이 되는 시스템 구축에 기여하
고 있다.

(5) 소비자교육의 추진에 관한 법률(消費者敎育の推進に関する法律)

2012년 법률 61호로 제정된 일본의 소비자교육의 추진에 관한 법률은 소비자교육의 기본이념과 지역 소비자교육의 실시 등에서 고령자를 구체적으로 언급함으로써 고령소비자 보호를 강화하고 있다.

먼저 소비자교육의 기본이념을 제시한 제3조 제3항에서는 "소비자교육은 유아기부터 고령기까지의 각 단계에 따라 체계적으로 이루어짐과 동시에 연령, 장애의 유무 기타 소비자의 특성을 고려한 적절한 방법으로 이루어져야 한다"고 규정하여 고령소비자의 교육의 중요성을 확인해 주고 있다.

또한 지역의 소비자교육 실시에 대해서는 제13조 제1항에서 "국가, 지방공공단체 및 독립행정법인 국민생활 센터는 지역에서 노인, 장애인 등에 대한 소비자교육이 제대로 이루어지도록 하기 위해 민생위원법(쇼와 23년 법률 제195 8호)에 정하는 민생위원, 사회복지법(쇼와 26년 법률 제45 5호)에 정하는 사회복지주사, 개호 복지사, 기타 노인·장애인 등이 지역에서 일상생활을 영위하기 위하여 필요한 지원을 할 자에게 교육의 실시, 정보의 제공 기타 필요한 조치를 강구하여야 한다"고 규정하여, 고령소비자에 대한 교육은 물론 고령소비자를 위해 일하는 자의 효과적 대응을 지원하고 있다.

3. 일본의 고령소비자 관련 정책 및 대응체계

(1) 일본의 고령소비자 관련 정책

지난 2004년 고령사회로 진입한 일본은 제1기 소비자기본계획 수립(2005~2009)에서부터 고령소비자 관련 정책을 추진해 왔다. 제1기 소비자기본계획은 3대 기본방향, 9대 중점과제로 이루어졌는데, 이 중 '시급한 소비자문제의 기동적·집중적 대응' 기본방향의 '소비자로부터 불만상담을 활용한 문제의 미연방지·확대방지' 중점과제에서 고령 소비자 피해예방을 추진하였다. 이를 추진할 조직체로 내

각부 주도로 '고령 소비자보호 네트워크'를 구축하고 국민생활국 소
비자기획과에 연락협의회를 두어 주도적 활동을 지원하였다(2005.
12). 고령 소비자보호네트워크 연락협의회의 목적은 고령소비자 문
제에 관한 기초 정보를 공유하고, 고령소비자 관련 가족이나 종사자
들에게 악성상술의 새로운 수법 및 대처 방법 정보제공을 실시할 수
있는 구조를 구축하는 것이다. 이에는 노인복지단체(10개), 소비생활
단체·기관(3개), 유관 중앙부처(5개), 지자체(5개) 등 23개 기관이 참
여하였다.5) 현재 동 네트워크는 '고령자·장애인·어린이 소비자보
호네트워크'로 확대·통합되어 국민생활센터 주도로 운영되고 있다.

　현재 추진 중인 일본 제3기 소비자기본계획(2015~2019)에서는
고령소비자 관련 정책이 확대되어 6대 세부과제로 반영되었다(〈표
5-4〉). 제3기 소비자기본계획은 6대 중점과제 22개 세부과제로 이루
어졌는데, 이 중 6대 중점과제 전반의 8대 세부과제에 고령소비자
관련 과제가 추진되고 있다. 주요 내용은 고령자 안전을 위한 사고
정보 수집 및 활용, 상품표시 개선, 특정상거래법·소비자계약법 등
의 개정, 성년후견제도를 활용한 고령소비자 권리보호, 고령자 대상
악질 상술 예방 강화, 노인 소비자교육, 고령 소비자피해구제 촉진,
치매노인 보호 등 지방의 보호네트워크 수립 촉진 등이 그것이다.

---

5)　·노인복지단체(10): (재)개호노동안전센터, (재)전국노인클럽연합회, (사)
　전국사회복지협의회, (사)치매가족모임전국재택간호지원센터, 전국홈헬퍼
　협의회, 전국민생위원아동위원연합회, 전국노인복지시설협의회, 일본개호지
　원전문원협회, 일본재택간호협회
　·소비생활단체 및 기관(3): 국민생활센터, (재)소비자교육지원센터, (사)전
　국소비생활상담원협회
　·유관 중앙 부처(5): 내각부 국민생활국, 경제산업성 소비경제부, 후생노동
　성, 국토교통성 종합정책부, 경찰청 생활안전국 생활대책실
　·지자체(5): 가나가와 현 소비생활과, 사이타마현 소비생활과, 지바현 소비
　자행정추진실, 도교도 소비생활종합센터, 홋카이도 소비생활센터.

〈표 5-4〉 일본의 제3기(2015~2019) 소비자기본계획에서의 고령 소비자 부분

중점 과제	세부 과제
1. 소비자의 안전 확보	- 사고 등의 정보수집 및 발생·확대 방지 ■ 사업자의 정보, 어린이·고령자 사고 정보 등의 수집 강화와 적절한 주의 환기
2. 표시의 충실과 신뢰의 확보	- 상품·서비스에 따라 표시의 보급·개선 ■ 가정용품, 주택, 미용 의료 등의 표시 규칙의 정비 운용
3. 적정한 거래의 실현	- 횡단적인 법령의 엄격한 집행 검토 ■ 특정상거래법, 소비자계약법의 검토 ■ 성년후견제도의 활용에 의한 고령자·장애인의 권리 옹호 - 상품·서비스별 거래의 적정화 ■ 고령자 거주이전 촉진선금 등의 본연의 자세 검토 - 범죄의 미연 방지·단속 ■ 특수 사기 등의 단속 강화
4. 소비자가 주역이 되어 선택·행동할 수 있는 사회 형성	- 소비자 교육 추진 ■ 생애단계에 따라 체계적인 소비자 교육
5. 소비자피해구제 및 이익보호의 틀 정비	- 피해 구제, 불만 처리, 분쟁 해결 촉진
6. 소비자행정체제 정비	- 지방의 체제 정비 ■ 치매 노인 등의 주시 네트워크 등 촉진

출처: '배순영(2015), 일본의 제3기 소비자기본계획의 주요 내용 및 시사점' 자료를 기반으로 재구성

　　이러한 고령 소비자보호 관련 정책에 따라 최근 일본 내각부 소비자위원회 및 소비자청은 2016년 초부터 고령 소비자보호를 위해 「특정상거래에 관한 법률(特定商取引に関する法律)」 및 「소비자계약법(消費者契約法)」 개정 노력을 추진하고 있는데, 지난 1월 7일 관련 논의를 발의했으며 3월 4일 관련 개정안을 국회에 제출하였다. 이는 고령소비자 등이 필요 이상으로 대량의 상품 및 서비스를 강매당할 경우 이의 구제를 확대하기 위한 것이다. 지금까지 고령소비자 등이

불필요하게 대량의 상품을 강매당하는 사례에 대해 방문 판매에만 계약 해지가 가능했으나 향후는 전화 권유에 의한 계약도 해제할 수 있도록 하고(특정상거래법 개정 검토), 상품을 필요 이상으로 구입하게 된 경우에 매장 판매 등 어떤 거래 형태도 취소할 수 있도록 하는 것이다(소비자계약법 개정 검토).

한편, 일본 소비자정책 추진의 주무부처인 소비자청은 2012년 '고령소비자 대응 기본방침'을 수립하고(9.14) 사업자와 소비자를 대상으로 다양한 정책을 유관부처 협력하에 추진하고 있다(〈표 5-5〉).

〈표 5-5〉 일본 소비자청의 고령소비자 대응 기본방침

1. 사업자에 대한 정책	
과제 개요	소관부처
(1) 악질 사업자에 대한 대응 강화 • 악질 생활사범 등에 대한 중점적인 단속 실시 • 새로운 수법 공표, 문서로의 경고, 악질 사업자명 공표 등 적극 실시	경찰청, 소비자청, 국토교통성, 금융성, 경제산업성
(2) 노인소비자를 배려한 상품·용역 제공의 촉진 • 방문 판매, 통신 판매 고충처리 등의 원활화 • 전기통신사업자에 의한 모집 적정화 및 소비자지원 활동의 촉진 • 승합버스 전복사고 방지대책, 식품 질식사고의 재발 방지대책 추진	경제산업성 총무성, 소비자청 국토교통성, 소비자청
2. 노인소비자에 대한 정책	
과제 개요	소관부처
(1) 보급 계발, 주의 환기 철저 • 문제의 미연 방지를 위한 주의 환기 추진 • 소비자교육추진에 관한 기본 방침에서의 고령자 지원 메뉴 검토, 각종 이벤트(소비자교육 축제, 지방소비자그룹포럼 등)에서 지역의 대처 사례 정보 공유	내각부, 소비자청, 경찰청, 금융성 문부과학성, 소비자청

• 집회소 등에서 '배달 강좌' 실시(목표 25,800건)	
• 고령자나 주위 분들을 위해 최신의 수법 등을 알리는 메일 매거진 전달 수·등록 건수 확대(목표 27회 22,000건)	소비자청 소비자청
• 리콜 정보의 주지 및 강화를 위한 시책 추진	소비자청, 경제산업성
(2) 모니터링 체제 강화	
• 악성전화권유 격퇴 시범사업(전화 모니터링/통화 녹음) 실시	소비자청
• 케어매니저나 홈헬퍼 노인의 권리 옹호와 소비생활센터와의 연계에 관한 연수 실시	후생성
• 성년후견제도의 이용 촉진을 위한 지자체 지원	후생성
• 지역에서 노인소비자 모니터링 관련 활동 보급 촉진	소비자청
(3) 상담 체제 강화	
• 소비생활상담창구의 신설 지원과 지방자치단체의 활동 지원(2015년까지 해당 인구 99% 커버 → 100%)	소비자청
• 전국 공통의 소비자핫라인 주지 철저	후생성
• 고령자전용 전화상담 110번 전국각지에서 실시	소비자청
• 출장 순회법률 상담 실시	법무부
• 리모델링 공사 등에 대한 소비자상담 실시	국토교통성
(4) 피해구제 강화	
• 소비자단체소송제도의 보급, 활용 등	소비자청

사업자에 대한 정책은 악질사업자에 대한 대응 강화와 노인소비자를 배려한 상품·용역 제공의 촉진이 주가 되며, 경찰청을 비롯하여 경제산업성, 총무성, 국토교통성 등 유관부처가 주도하고 소비자청이 참여한다. 또한 소비자에 대한 정책은 문제의 사전방지를 위한 주의환기 철저, 악성전화권유 등 모니터링 체제를 강화, 노인소비자 대상 상담체제 및 피해구제 강화 등이 골자이며 주로 소비자청이 주도하고 내각부, 경제산업성, 후생성, 법무부 등이 참여하고 있다. 이와 관련된 구체적 추진상황을 일부 살펴보면 지난 2012년 10

월에는 내각부 정부홍보실, 소비자청, 경찰청, 금융기관이 연계하여 "노인 소비자문제 미연 방지 계발 캠페인"을 실시하였다. 70세 이상 고령자에 대한 방문판매나 전화권유에 의한 상술이 점차 교묘해짐에 따라 고령자피해를 간과할 수 없는 상태가 되자, 노다 총리의 지시에 따라 이루어진 것으로, 10월 1일 도쿄시에서 킥오프 이벤트를 시작으로 TV, 신문 등 다양한 매체도 이용하여 소비자에게 주의환기정보 제공에 노력하였다.

[그림 5-1] 고령자 소비자문제 정부 홍보사이트(2012년 개설)

또한 고령자 전용 상담전화를 개설하여 고령소비자 상담 및 피해구제를 촉진함과 동시에 고령소비자 피해정보를 적극적으로 파악하였는데, 전국 도도부현 및 정령 지정도시의 소비생활센터 64개를 표본으로 조사한 결과6) 고령자 및 고령자 주변인들에게 특별 상담

---

6) 표본의 대표성을 위해 각 도도부현에서 1개, 정령지정도시에서 각 1개를 선

을 실시하거나 실시 예정인 소비생활센터는 전체의 31.3%인 20개소
로 나타난다(일본 국민생활센터, 2009).

(2) 일본의 고령소비자 관련 대응 체계

일본은 지속적 고령소비자 피해예방을 위한 대응조직으로 '고
령소비자 피해예방 네트워크7) 및 네트워크 연락협의회'를 구축하였
다(2005.12).

먼저 고령자 피해예방 네트워크란 복지단체, 경찰, 변호사회 등
관계자 또는 지자체의 타 부서와 연계하여 고령소비자 피해예방을
위한 상시체계를 구축함과 동시에 소비자상담 대행 및 사회적 보고
체계를 만드는 것이다. 즉, 지역 포괄지원센터, 사회복지협의회, 개
호사업관계자, 민생위원, 자치회 관계자, 지역 자원봉사자 등을 고
령소비자 피해예방네트워크 활동가로 요청하고 지역 경찰과도 연계
하여 대응체계를 확보하는 것이다.

이러한 네트워크를 통해 고령자 주변인들의 대행 상담신청이
증가하여 2015년 현재 고령자 소비자상담 중 고령자가 직접 신청한
건은 20% 미만이며 80% 가량이 고령자 외 가족, 주변인, 고령소비자
피해방지네트워커가 대행 신청하고 있다(일본 소비자청 소비자백서,
2015). 이에 따라 고령소비자 문제 인식이 고령자 개인의 영역을 넘
어 사회적ㆍ지역적 영역으로 확대되었으며 방문판매 등 악질상술로
인한 고령자 자살과 같은 극단적 결과를 예방하는 성과가 있었다.

정해 총 64개 소를 대상으로 조사 및 자료 수집하였다.
7) 일본어로는 '高齢消費者見守りネットワーク' 이를 직역하여 '고령소비자 지
   켜네트워크'라고 하거나 '고령소비자보호네트워크', '고령소비자 피해감시네
   트워크' 등 다양한 번역도 가능하나, 본 연구자는 활동 내용에 근거하여 '고령
   소비자 피해예방네트워크'라는 용어가 가장 적절하다고 판단한다.

[그림 5-2] 일본의 지역단위 고령소비자보호 체계

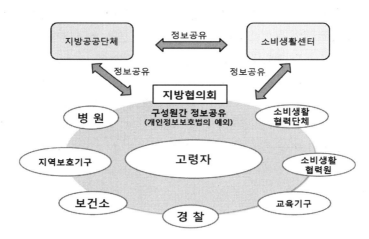

또한 네트워크의 원활한 운영을 위해 정부에서 주도하여 '고령소비자 피해예방네트워크 연락협의회(이하 연락협의회)'8)를 설치하였다. 이는 지난 2005년 12월 내각부 소비자위원회에 처음 설치되어 현재 소비자청이 운영하고 있다. 운영 목적은 고령소비자 문제에 관한 기초 정보를 공유하고, 고령자 가족이나 네트워크 참여자들에게 악성 상술의 새로운 수법과 대처 방법 등의 정보 제공 및 교육을 실시하여 네트워크 구조를 구축 및 강화하는 것에 있다. 연락협의회 제1차 회의 참석자는 크게 노인복지단체(10), 소비생활단체(3), 중앙부처(5), 지자체(5) 등 23개 기관 28명이 참석하였다. 이후 내각부 소비자위원회는 소비자청에 대해 소비자행정부서 이외에, 지역 포괄지원센터, 개호지원 전문원, 민생위원 등 노인과 가깝게 지내는 사람이나 도도부현 경찰, 소비자 단체, 사업자 단체 등 다양한 주체가 노인에 대한 주의 환기·주시하는 체계를 만들고, 지역단위에서도 여러 주체가 긴밀하게 협력하여 수행 체제 보급에 노력을 요구하면

---

8) 高齢消費者見守りネットワーク連絡協議会.

서 네트워크 연락협의회는 지역단위에서도 개설되게 되었다. 또한 연락협의회를 운영하는 소비자청과 국민생활센터는 '피해예방 네트워크 메일 매거진'9) 발송을 통해 관련 정보 공유, 핵심콘텐츠 배포, 참여자 역량 업그레이드 프로그램 운영 등 네트워크 지원책을 마련하였다. 2006년 8월부터 매월 발간된 메일 매거진은 2016년 7월 현재 총 258호가 발간되어 국민생활센터 홈페이지의 별도 메뉴에 탑재되어 언제나 활용가능하다. 이와 함께 일본 소비생활센터 전역에서 고령소비자 네트워크 참여자를 위한 무료 출장강좌 및 정보제공을 실시하였다. 이는 전단지 배포(43개소, 67.2%), 홈페이지 게재(43개소, 67.2%), 센터 뉴스 게재(33개소, 51.6%) 등으로 나타난다.

4. 소 결

초고령국가 일본은 고령소비자를 위한 수직·수평적 보호 및 예방체계를 구축해 왔다. 즉, 정부 유관부처와 협력하여 고령소비자 상담을 전국적으로 실시하고, 지자체·유관부처·소비자단체와 협력하여 고령소비자 피해예방 네트워크를 구축해 왔다. 또한 이를 지원하기 위해서 2005년 12월, 소비자청 내에 고령소비자 피해예방 네트워크 연락협의회를 개설하고 약 10년간 정례적 회의를 지속해왔다. 이러한 행정적 노력은 이를 지원하는 법적 인프라가 잘 갖추어졌기 때문으로, 소비자안전법, 소비자교육의 추진에 관한 법률 등은 고령소비자를 포함한 전 연령 소비자들의 소비자보호와 예방에 기반을 제공하고 있다. 우리나라는 일본의 이러한 피해예방 대응체계를 벤치마킹할 필요가 있다.

---

9) 見守り新鮮情報 メールマガジン.

VI. 고령소비자 문제 대응 방향 및 과제

1. 고령사회 고령소비자 정책의 방향

(1) '취약계층 보호'정책에서 '고령소비자 권익보장 정책'으로의 전환

소비자정책기본계획(2015~2017년)에 포함된 고령소비자 관련 정책은 '취약계층 피해예방교육 및 이동상담' '사회적 배려계층 맞춤형 소비자교육 확대' 등 보호적 측면에 국한되어 있는데, 이는 고령소비자를 신체적·경제적·사회적 취약계층으로 보는 접근방법이라고 할 수 있다.

이는 가장 필요하고 기본적인 접근법에는 틀림없지만, 이 경우 고령사회 진입에 따라 양적·질적으로 다양해지고 있는 고령소비자들의 현실을 간과하기 쉽게 된다. 향후 고령소비자는 베이비부머 세대의 진입에 따라 경제적·정보적·시장경제 경험측면에서 타 연령층에 비해 부족하지 않은 집단이 될 것이며 현재의 고령자보다 더 다각도의 소비생활을 하게 될 것이다.

현행		개선방향
▷ 취약계층 소비자보호 관점 ▷ 소비자피해예방, 안전, 교육 등 일부 분야의 산발적 대응 실시 ▷ 보호정책	⇨	▷ 고령소비자 권익 보장 관점 ▷ 소비자피해예방, 안전, 소비자정보, 고령친화산업, 역량강화교육 등 전 분야의 일관된 종합 방침 마련 ▷ 보호-예방-참여 정책

따라서 앞으로 추진할 고령소비자 정책의 기본 관점을 '취약계층 보호'에서 '고령소비자의 권익보장'의 차원으로 전환할 필요가 있다. 즉, 고령소비자에 대한 보호와 지원을 중심으로 정책이 이루어

질 것이 아니라, 이들이 겪는 현실에서의 소비자문제를 기초로 이들의 소비자권익을 보장한다는 차원에서 일반 소비자정책에서와 같이 보호-예방-참여정책을 다각도로 도출하는 작업이 필요하다.

(2) 100세 고령사회에 걸맞는 소비자정책 통합 거버넌스 구축

다양한 배경을 지닌 고령자가 존재하게 되는 100세 고령사회에서는 고령자 관련 사회 각 부문의 다양한 주체들이 함께 협력할 수 있는 기반을 만드는 것이 더욱 중요해진다. 고령소비자 정책의 경우 공정거래위원회뿐 아니라 보건복지부, 여성가족부, 교육부, 문화체육관광부, 행정안전부 등 다양한 부처가 관련되어 있는 만큼 부처 간 협의체 구성을 통한 지원체계가 뒷받침되어야 한다. 중앙 부처뿐 아니라 지역 복지행정과의 연계도 필수적이다.

관련하여 일본의 경우 '고령소비자 피해예방 네트워크' 구축에 있어 복지단체, 경찰, 변호사회 등 관련 부처, 지자체 단위의 지역 포괄지원센터, 사회복지협의회, 개호사업관계자, 민생위원, 자치회 관계자, 지역 자원봉사자, 편의점 종사자 등까지 고령소비자 피해예방 네트워크 활동가로 초대하여 대응체계를 확보하고 있다. 또한 이러한 네트워크를 촉진하기 위해 소비자청 소비자교육·지역협력과 및 국민생활센터가 주도로 '네트워크 연락협의회'를 지난 2005년부터 정례적으로 개최하고 있다.

이는 최근 설립된 우리나라 국민연금공단의 '노후준비지원센터'의 경우도 마찬가지여서 노후 재정 관리를 비롯한 건강, 여가, 대인관계 등 노후준비 교육을 위해 해당 콘텐츠와 관련된 다양한 전문기관과 연계체계를 구축하고 있을 뿐 아니라, 중앙의 노후준비지원센터에 덧붙여 153개 지역에서도 노후준비지원센터를 개설하여 종합적인 노후준비 협업 거버넌스를 구축해가고 있다(국민연금공단, 2016).

따라서 고령소비자 정책의 추진에 있어서는 고령소비자들에 대

한 사회적 안전망을 촘촘히 하고 보다 효율적 서비스를 제공하기 위한 통합 거버넌스를 형성하는 것이 무엇보다 중요하다.

현행		개선방향
▷ 부처별 고령소비자정책 수행체계 ▷ 고령소비자들의 피동적 정책 수용	⇨	▷ 보건-소비자정책 연계 거버넌스구축 ▷ 고령소비자들의 능동적 참여와 일자리 창출

2. 고령소비자 정책 대응 과제

(1) 고령자정책과 소비자정책의 연계체계 구축 및 협업사업 추진

지금까지 고령자정책과 소비자정책 간 접점은 고령자 피해를 전제로 한 보호의 시각에서 주로 접근되어 오거나 건강식품 및 의료서비스와 같은 복지 서비스 영역에 국한되었다. 그러나 고령친화산업시장이 성장하고 금융, 여가, 문화 분야로 상품 및 서비스의 구매가 확장되고, 최근에는 보건복지부 산하 국민연금공단을 거점으로 노후설계지원서비스가 본격화되면서 양 정책 간 접점 혹은 협업 공간은 점차 더 확대되고 있다. 고령자정책과 소비자정책의 연계와 협력 사업은 두 정책의 가장 기본이 되는 주요 계획 간 관계를 검토하고, 두 정책이 중첩되거나, 상호 보완 시 시너지를 낼 수 있는 핵심 공통영역을 파악하는 것이 가장 먼저이다. 그 다음으로, 핵심 공통영역에 속하는 고령자정책과 소비자정책을 분석하며, 환경 변화에 따른 새로운 트렌드나 주목해야 할 이슈의 경우에는 이를 포함한 정책적 방향성을 도출한다. 이를 바탕으로 고령사회에 적합한 새로운 과제 혹은 개선방안을 결정하고 이를 추진하면 된다.

이러한 맥락하에 현재 추진 중인 제3차 소비자정책기본계획과 제3차 저출산·고령사회기본계획에서 내용 상 접점이 많은 정책을

뽑으면(〈표 6-1〉), 이는 노후소비생활 복지지원 및 정보제공 강화,
맞춤형 평생교육 확대, 의료 정보 효율화와 스마트케어 활성화, 고
령자 대상 소비자상담 및 상담센터 개설이 그것이다. 또한 소비자정
책기본계획과 저출산·고령사회 기본계획의 포괄적 연계를 통한 인
프라 구축도 필요하다(〈표 6-1〉).

〈표 6-1〉 제3차 소비자정책기본계획과 저출산·고령사회기본계획의 공통 영역

제3차 소비자정책 기본계획	제3차 저출산·고령사회 기본계획
- 서민소비생활 맞춤형 복지지원 및 정보제공 강화 - 사회적 배려계층 맞춤형 소비자교육 확대 - 건강보험 빅데이터 분석을 통한 유용한 의료정보 제공 - 취약계층 피해예방 교육 및 이동 상담	- 노후준비지원 확대 - 장기요양보험제도 고도화 - 맞춤형 평생교육 활성화 - 노인안심 생활지원 - IT를 활용한 스마트 케어 활성화 - 고령친화산업 활성화 거버넌스 확립 - 고령친화산업 소비활성화 및 소비자 상담센터 개설

〈표 6-2〉 소비자정책기본계획과 저출산·고령사회기본계획의 연계 과제 및 관련 부처·기관

성격	과제	관련부처	관련 기관
보호	• 고령자 대상 소비자상담 및 상담센터 개설	복지부, 공정위	한국보건산업진흥원 (고령친화산업지원센터) 한국소비자원
예방	• 노후소비생활 복지지원 및 정보제공 강화 • 맞춤형 평생교육 확대	복지부, 공정위 (교육부)	국민연금공단 (노후준비지원센터) 한국소비자원 평생교육기관
참여	• 의료정보 효율화와 IT 스마트 케어 활	복지부,	사회보장정보원

	성화	공정위, 소비자원	한국소비자원 각종 의료기관
인프라	• 소비자정책기본계획과 저출산·고령사 회 기본계획의 연계 및 포괄적 협력	복지부 공정위	한국보건사회연구원 (기본계획 운영) 한국소비자원

단기적으로는 〈표 6-2〉에 제시된 과제 중 기본계획 일정상 단기적으로 추진해야 하는 과제부터 먼저 추진할 수 있을 것이다. 예를 들면 현재 '고령소비자 상담 및 상담센터 개설'은 저출산·고령사회 기본 계획상 2017년부터 개설하기로 명시되어 있는데, 이러한 과제부터 우선적으로 협업을 할 수 있다. 이 경우 매년 시행하는 시행계획에 각 부처가 각각 동 사업을 배치하고 추진할 수 있다. 중장기적으로는 향후 제4차 소비자정책 기본계획, 제4차 저출산·고령사회 기본계획에 연계체계를 강화하기 위한 양 계획 입안과정에 서로 참여하는 것이 필요하다.

(2) '(가칭) 국가 고령소비자 종합계획' 수립

소비자정책의 근간이 되는 소비자정책기본계획은 소비자정책을 주요 영역별 혹은 주제별 정책 수립으로 이끌기에는 적절하지만, 해당 주제에 포섭되지 않는 이슈나 어린이, 고령자, 장애인, 결혼이민자 등 정책 대상별 목표 수립을 어렵게 하고 정책 사각지대를 만들 수 있다.

이러한 점에 주목하여 일본은 지난 2012년 9월 고령소비자 문제 예방을 정책 목표로 하는 「소비자 안심 액션 플랜(消費者安心アクションプラン)」을 공표한 바 있다. 이의 계기는 일본 제2차 소비자 기본계획의 일부 개정안을 다루던 과정에서(제9회 소비자정책회의, 2012.7.20), 노후자금에 대한 악질상술이 증가하고 관련된 고령소비자 상담이 급증함에도 불구하고 고령소비자에 대한 정책이 전략적

으로 추진되고 있지 못함을 개선하려는 데 있었다. 그 결과 '고령소
비자 문제 예방'은 '식품 및 방사능의 안전'과 함께 당시 노다 총리의
특별 지시로 별도 시책이 수립되게 되고, 기존 소비자기본계획의 관
련 내용을 훨씬 더 촘촘하게 보강할 수 있었다([그림 6-1]). 고령소비
자 특별시책으로 인해 2012년~2013년 고령소비자가 국가적 주목을
받을 수 있었고, 고령자 대상 악질상술을 근절하기 위한 정부 부처
간, 중앙-지방 간 합동캠페인이 촉진될 수 있었다. 무엇보다 고령소
비자보호를 위한 정책을 사업자 대응정책과 고령소비자 대응정책으
로 이원화하여 각각 5개, 15개 등 총 20개 이상의 과제를 발굴함으
로써 고령소비자가 안심하고 시장에서 활동할 수 있도록 세분화하
였다. 이렇듯 특정 이슈나 대상에 타깃화된(Targeted) 별도 시책은
해당 정책의 실효성을 증진시킨다.

[그림 6-1] 일본의 제2차 소비자기본계획에서의 고령소비자 정책(좌)과
소비자안심전략 고령소비자 보호 방침에서의 정책(우)

세부 과제	1. 사업자에 대한 정책
- 사고 등의 정보수집 및 발생 · 확대 방지 ■ 사업자의 정보, 어린이 · 고령자 사고 정보 등의 수집 강화와 적절한 주의 환기	(1) 악질 사업자에 대한 대응 강화 ● 악질 생활사범 등에 대한 중점적 단속 ● 새로운 수법 공표, 문서로의 경고, 악질 사업자명 공표 등 적극 실시
- 횡단적인 법령의 엄격한 집행 검토 ■ 특정상거래법, 소비자계약법의 검토 ■ 성년후견제도의 활용에 의한 고령자 · 장애인의 권리 옹호	(2) 노인소비자를 배려한 상품 · 용역 제공 촉진 ● 방문판매, 통신판매 고충처리 등의 원활화 ● 전기통신사업자에 의한 모집 적정화 및 소비자 지원 활동의 촉진
- 상품 · 서비스별 거래의 적정화 ■ 고령자 거주이전 촉진선금 등의 본연의 자세 검토	● 승합버스 전복사고 방지대책, 식품 질식사 고의 재발방지대책 추진
	2. 노인소비자에 대한 정책
- 범죄의 미연 방지 · 단속 ■ 특수 사기 등의 단속 강화	(1) 보급 계발, 주의 환기 철저 ● 문제의 미연 방지를 위한 주의 환기 추진 ● 소비자교육추진에 관한 기본 방침에서의 고령

- 소비자 교육 추진 　■ 생애단계에 따라 체계적인 소비자 교육 - 지방의 체제 정비 　■ 치매 노인 등의 주시 네트워크 등 촉진	자 지원 메뉴 검토, 각종 이벤트(소비자교육 축제, 지방소비자 그룹 포럼 등)에서 지역의 대처 사례 정보 공유 ● 집회소 등에서 '배달강좌' 실시(목표 25,800건) ● 고령자나 주위 분들을 위해 최신의 수법 등을 알리는 메일 매거진 전달 수·등록 건수 확대 (목표 27회 22,000건) ● 리콜정보의 주지 및 강화 시책 추진

(2) 모니터링 체제 강화
● 악성전화권유 격퇴 시범사업(전화 모니터링/통화녹음) 실시
● 케어매니저나 홈헬퍼 노인의 권리 옹호와 소비생활센터와의 연계에 관한 연수 실시
● 성년후견제도의 촉진을 위한 지자체 지원
● 지역에서 노인소비자 모니터링 활동 보급

(3) 상담 체제 강화
● 소비생활상담창구의 신설 지원과 지방자치 단체의 활동 지원(2015년까지 해당 인구 99% 커버 → 100%)
● 전국 공통의 소비자핫라인 주지 철저
● 고령자전용 전화상담 110번 전국 실시
● 출장 순회법률 상담 실시
● 리모델링 공사 등에 대한 소비자상담 실시

(4) 피해구제 강화
● 소비자단체소송제도의 보급, 활용 등

　　　고령소비자 특별 정책 수립 내용은 우선, 현재의 저출산 고령사회 기본계획과 소비자정책 기본계획을 포괄하면서 선행 연구의 결과 및 제언을 통해 추출된 18개 고령자 정책과제를 담아낼 필요가 있다. 즉, 고령소비자 보호-예방-참여의 3가지 차원의 18개 과제를 세부과제별 대상별로 구분하여 담아낼 필요가 있다.
　　　또한 본 연구를 통해 제시되는 고령소비자 상담 및 피해구제 정

책 과제, 고령자 안전 · 건강 정책, 소비자친화적 고령친화산업을 위
한 과제, 고령소비자 중심적 표시 · 정보제공 정책, 고령소비자 교육
과제 등 5개 분야별 각 3개~8개의 과제를 검토하여 수용할 수 있을
것이다.

또한 고령소비자 관련 제반 선행연구에서 제안된 정책들을 담
아낼 필요가 있다. 이경아 · 황미진은 복지정책과 소비자정책의 연계
방안의 하나로 고령자대상 소비자정보제공, 거래/피해구제, 안전/품
질 등 3개 차원에서 고령친화제품 표시제도 개선, 노인 1인가구 거
래피해 실태조사 및 모니터링 강화, 노인 1인 가구 1372 핫라인 서
비스 제공 검토 등 3개 과제를 제시하고 있다. 이 중 앞서 제시된 과
제와 공통적인 부분은 심화시키고 차별적인 부분을 발굴하여 새로
운 고령소비자정책으로 담아낼 수 있을 것이다.

특히 연령집단별, 성별, 학력별, 지역별 차별성을 고려하여 정
책 내용을 세분화할 필요가 있다.

〈표 6-3〉 복지정책과의 연계가 가능한 고령소비자 정책 사례

	과제	관련부처
소비자 정보 제공	(1) 고령친화제품 표시제도 개선 ● 노인 일상생활 장애정도, 생활공간별 관점의 표시방법 개선 안 마련 ●「중요한 표시 · 광고사항 고시」에 고령친화제품 제조 · 판매 업 포함 검토(현재, 어린이용품 제조 · 판매업 포함)	복지부, 공정위
거래/ 피해 구제	(2) 노인 1인가구 거래피해 실태조사 및 모니터링 강화 ● 통신 · 금융 · 의료부문 피해실태를 조사하고 피해예방 및 관리 강화 방안의 연구/조사 및 모니터링 필요	복지부, 공정위 (금융위)
안전/ 품질	(3) 노인 1인가구 '1372핫라인 서비스' 제공 검토 ● 지역 상담센터 및 교육기관과 연계하여 안전피해 실태를 조 사/연구하고, 눈높이 맞춤형 '1372핫라인 서비스' 제공과 접 근성 강화 고려	복지부, 공정위, 소비자원

이경아 · 황미진(2013), 복지시대의 소비자정책 연계관련 주요 추진과제

(3) 고령소비자 정보 · 자료 온라인 플랫폼 구축

현재 추진 중인 제3차 소비자정책 기본계획(2015~2017)에서는 '생애주기별 소비자정보제공 플랫폼 구축' 과제를 통해 고령소비자의 문제 및 생활정보가 집적될 수 있는 여지를 만들고는 있으나, 현재 공정거래위원회 소비자정책 홈페이지, 한국소비자원, 스마트 컨슈머 홈페이지 등 어느 곳에서도 일본의 경우와 같이 고령소비자 관련 정보가 집적되고 있지 않다. 고령소비자관련 상담 관련 데이터, 피해예방주의보, 각 지역 고령소비자상담 소식 및 활동자료 등을 월 1회 메일링 서비스를 통해 제공하고 온라인상에 이러한 자료가 집적될 수 있는 장소를 마련함으로써 고령소비자 문제 종사자들의 편익을 제고할 필요가 있다.

관련하여 일본은 지난 2005년 말 '고령소비자 피해예방 네트워크 연락협의회'를 구성한 이래 소비자청 및 국민생활센터 홈페이지에 별도 메뉴를 설치하고 고령소비자 관련 정보를 집적해 왔다. 즉, 소비자청과 국민생활센터는 홈페이지에서 '테마별 메뉴'를 설치하여 일종의 정보거점을 마련. 이에 고령자 관련 주목정보, 상담사례, 관련 기사, 고령자 관련 상품정보, 리콜정보, 교육 정보, 유관부처 관련 소식 등 소비자정책 내용 중 고령자에 관련된 정보를 맞춤형으로 제시한다. 또한 지난 2012년부터 매년 발간하는 소비자백서에 고령소비자 부분을 배정하여 매년 고령자 소비자피해상담 데이터 및 변화 동향을 탑재하고 있어 고령소비자문제에 대한 사회적 인식제고를 촉구하고 있다.

고령소비자의 관련 정보를 한곳에서 집적하여 통합정보를 제공하게 되면 관련 정보 공유, 핵심콘텐츠 배포, 참여자 역량 업그레이드 프로그램 운영 등에 매우 유용한 역할을 할 수 있다. 현재 대표적인 온라인 소비자정보사이트는 세부정보가 일반 성인 위주로 제공되다 보니 고령소비자 선택정보나 안전정보, 피해예방정보로는 기능하지 못하고 있다. 또한 각 정부부처의 다양한 정보들을 집적하고 소비자가 직접 참여해 정보를 생산하는 '소비자톡톡'도 운영하고 있어 고령자 눈높이에 맞는 맞춤형 정보제공 도입의 한계 및 고령자 관련 기관 사이트와의 통합정보제공은 어려운 실정이다. 보건복지부가 운영하고 있는 보건복지포털 복지로(www.bokjiro.go.kr)의 경우에도 대상별 복지정보를 한눈에 볼 수 있게 디자인되어 있으나 관련 정보검색 외에 다른 기관의 고령자 관련 정보는 지원하지 못하고 있다.

고령소비자 정보·자료 원스톱 온라인 플랫폼의 구축 방법은 이러하다.

첫째, 단기적으로는 현재의 스마트컨슈머 사이트의 고령소비자 정보 연계성을 강화하고 한국소비자원 홈페이지상에 고령소비자 정보자료 메뉴를 만들어 관련 자료를 집적하는 방법이 사용될 수 있다.

먼저 고령소비자정보 연계성 강화에서는 스마트 컨슈머 사이트가 고령자 및 은퇴 분야와 관련된 더 많은 정보를 제공할 수 있도록 정보 공유 연계를 꾸준히 높힐 필요가 있다. 예를 들어, 사회보장정보원(www.ssis.or.kr), 노후준비지원사이트인 '내연금'(csa.nps.or.kr), 노인장기요양보험(www.longtermcare.or.kr) 사이트 등과 협력하는 등 기존 네트워크와의 연계 강화를 우선적으로 실시하는 것이다. 이에는 특히, 신소비자 계층으로 조명된, '노인 1인가구'를 고려할 필요가 있다. 고령친화산업지원센터(www.esenior.or.kr) 등에서 제공하는 고령자 복지용구 및 시설 정보와의 연계 강화 방안을 모색하고 한국IT복지진흥원(www.bokjinara.or.kr)과 협력하여 무료PC보급 사업의 추진 시 비교정보 사이트를 기본 즐겨찾기로 제공하거나, 노인 1인가구를 위한 '1372핫라인' 서비스를 유선 및 인터넷 전화로 발신할 수 있도록 조치하는 방안도 검토할 필요가 있다(이경아·황미진, 2013).

또한 한국소비자원 홈페이지상에 고령소비자 메뉴를 만들어 정보를 집적하는 일은 현재 일본 국민생활센터에서 하는 방식을 벤치

마킹 하면 된다. '어린이·고령자 피해예방 네트워크'라는 배너 및 별도 메뉴를 만들고, 2006년 8월부터 매월 발간된 고령자용 메일 매거진 등을 탑재하여 고령소비자 관련 업무 종사자들이 언제나 활용 가능하도록 되어 있다[10] 또한 고령자용 제품의 리콜정보도 일반 성인제품과 별도 분류하여 어린이제품과 함께 탑재하여 관련 종사자들의 편의를 제고하고 있다.

둘째, 중장기적으로는 현제 제3차 소비자정책기본계획에서 제시한 대로 생애주기별 소비자정보 제공 플랫폼을 온라인상에서 구축할 필요가 있다. 이 경우 연령별/지역별/성별 등 다양한 고령소비자집단의 요구를 반영하고 소비자피해정보뿐 아니라 제품 및 서비스 관련 소비생활정보도 더 풍부히 탑재할 수 있을 것이다.

이와 관련하여서는 생애주기별 차별적인 소비자정보제공 대상 품목을 파악하고자 한 오수진·황은애(2016)의 결과를 참조할 수 있는데, 자녀 없는 독립 노인가구의 소비자정보 요구는 7대 생활 분야 10개 품목에서 더 높게 나타난다. 즉, 7대 생활 분야란 식생활, 정보통신서비스, 보건의료서비스, 주생활, 금융·보험, 문화여가서비스, 경조사지원서비스이며, 10개 품목이란 인터넷서비스, 스마트폰, 이동통신서비스, 병의원서비스, 치과, 주택수리 인테리어서비스, 건강질병 보험, 자동차보험, 국외 여행, 상조서비스를 말한다. 이를 바탕으로 고령소비자가 필요로 하는 상품 및 서비스 정보를 발굴하여 제공할 필요가 있다.

또한 이를 개설 예정인 소비자행복드림 및 스마트컨슈머, 각종 복지포털 사이트와 연동될 수 있도록 해야 한다. 또한 지역 고령소비자를 위한 지자체와 소비생활센터 간 협력체계 구축도 필요할 것이라 생각된다.

---

10) 2016년 7월 현재 총 258호가 발간되어 국민생활센터 홈페이지의 별도 메뉴에 탑재되어 있다.

참고 문헌

김기향(2016), 고령친화산업 현황 및 동향, 한국소비자원 고령소비자문
　　제연구단 제1차 인사이트세미나 자료집(미간행).

김도년(2012), 노인 장기요양기관 온라인 소비자정보제공 연구, 한국소
　　비자원정책연구보고서.

김성천(2014), 취약소비자 보호법제 개선방안 연구, 한국소비자원 정책
　　연구보고서.

김시월 · 조향숙(2015), 예비노인소비자 · 노인소비자의 사회적 참여소
　　비의 유형화 및 삶의 만족도에 미치는 효과, 소비자정책교육연구 제
　　11권 3호.

김홍석 · 김태석 · 한경수(2010), 홍보관 등 특설판매업에서의 소비자 보
　　호방안에 관한 연구, 한양법학회, 한양법학 31.

남수정(2013), 중고령층 소비자와 일반 소비자의 디지털 리터러시 비교:
　　성별, 학력, 소득, 지역의 조절효과 검증, 소비자정책교육연구 제9권
　　4호.

배순영(2015), 글로벌 소비자정책 리포트 2015. 8-9. "일본 70세 이상 고
　　령자상담 연간 20만건".

배순영(2016), 고령자 소비자문제 및 소비생활여건 분석, 한국소비자원
　　고령소비자문제연구단 제1차 인사이트 세미나 자료집(미간행).

배순영(2016), 고령소비자 문제 핵심이슈 및 정책과제, 고령소비자문제
　　종합대응방안 모색 세미나 자료집.

배순영 · 김민아(2011), 일본의 소비자문제와 소비자정책, 일본 소비자
　　청 번역자료집, 한국소비자원 정책자료집.

배순영 · 김재영(2016), 일본의 고령소비자 동향 및 시사점, 소비자정책
　　동향 제67호.

배순영 · 오수진 · 유현정 · 김정은 · 구혜경 · 조혜진(2016), 고령소비자

문제 종합대응체계 구축방안 연구, 한국소비자원 정책연구 보고서.

배순영·오수진·황미진(2016), 고령소비자의 소비생활 및 소비자문제 특성 한일 비교, 소비자정책동향 제68호.

배순영·지광석·황미진(2015), 제3차 소비자정책 기본계획 수립 연구, 한국소비자원 정책연구보고서.

백병성(2005), 취약계층의 안전확보 방안 연구, 한국소비자원 정책연구 보고서.

석상훈(2010), 인구구조의 고령화와 소비격차, 한국노년학 제30권 4호.

손지연(2014), 한국의 소비자역량지표, 한국소비자원 정책연구보고서.

송순영(1999), 노인소비생활실태 및 소비자문제연구, 한국소비자원 정책연구보고서.

_____(2006), 고령 소비자 피해구제 활성화 방안 연구, 한국소비자원 정책연구보고서.

_____(2006), 고령소비자정책의 발전 방향, 소비자문제연구 30.

오민정·정진철(2011), 고령소비자 연구동향과 향후 연구방향성 제안에 관한 연구, 한국산업경제학회 추계학술대회 발표논문집, 2011.12.

오수진·황은애(2016), 생애주기별 소비자이슈대응을 위한 소비자정보 제공체계 개발 연구, 한국소비자원 정책연구보고서, 2016.7.

이경아·황미진(2013), 복지국가시대의 소비자정책 방향 연구, 한국소비자원 정책연구보고서.

이소정·정홍원·이지혜(2011), 저출산고령화 시대의 노인인력 활용 패러다임 모색—연근제도와 고령자 경제활동의 관계를 중심으로, 한국보건사회연구원 연구보고서, 2011-37-10.

이창옥(2016), 고령 소비자교육 추진 현황 및 향후 발전방안, 한국소비자원 고령소비자문제연구단 제2차 인사이트 세미나 자료집(미간행).

저출산·고령사회위원회(2015), 제3차 저출산·고령사회 기본계획.

정경희(2004), 인구고령화와 연령통합사회, 사회연구 2004년 제1호.

_____(2011), 백세시대의 노인의 연령기준 관련 논점과 정책적 함의,

보건복지포럼 통권 제180호.

_____(2013), 고령화 시대의 노년기 준비의 의의와 과제, 보건복지포럼 2013.10.

_____(2016), 우리나라 고령자 지표 소개 및 정책활용, 한국소비자원 고령소비자문제연구단 제2차 인사이트 세미나 자료집(미간행), 2016. 5.

조성남(2004), 에이지 붐 시대─고령화 사회의 미래와 도전, 이화여자대 학출판부, 2004.5.

조혜진 · 김민정(2014) 한국 중고령 가계의 주거부담 결정요인, 소비자 정책교육연구 제10권 2호.

최현자 · 주소현 · 조혜진 · 김민정(2012), 금융위기 전후 도시근로자 가 계의 은퇴준비도 변화: 2006년과 2009년의 비교, 소비자정책교육연구 제8권 1호.

통계청(2015), 2015 고령자통계.

통계청 · 금융감독원 · 한국은행(2015), 2015년 가계금융 · 복지 조사 결 과, 2015.12.21.

한국보건산업진흥원(2012), 2012 고령친화산업 욕구조사, 2012.9.

_____(2015), 고령친화산업 시장동향, 연구 2015-1.

_____(2015), 미국 고령사회정책 추진현황 출장결과보고, 2016.6.

한국소비자원 빅데이터분석단(2016), 고령소비자 리플렛 관련 고령소비 자 분석 자료, 2016.6.

_____ 소비자안전국(2015), 고령자 안전사고 위해사례 동향 분 석, 2015.10.

허민영 · 정영훈(2015), 2015 한국의 소비자시장평가지표, 한국소비자 원 정책연구보고서.

_____(2015), 소비자정책동향 소비자통계리포트 15-09호.

황은애 · 정영훈(2015), 2015 한국의 소비생활지표, 한국소비자원 정책

연구보고서.

황정선(2007), 고령소비자 위해감축 방안 연구, 한국소비자원 정책연구 보고서.

황진자(2011), 고령소비자 거래관련 소비자피해 실태조사: 홍보관 판매를 중심으로, 한국소비자원 조사연구보고서.

Stöver, Britta(2013), The power of elderly consumers: How demographic change affects the economy through private household demand in Germany' EcoMod Conderence 2013.

Baek Eun Young(2010), Consumer Studies: Information Sources for Investment Decisions of U.S. Elderly Consumers, International Journal of Human Ecology 11권 2호.

Euromonitor International(2014), 「Challenges and Opportunities in Targeting the Senior Consumer」.

Fair, Ray C. and Kathryn M. Dominguez (1991). Effects of the changing.

u.s. age distribution on macroeconomic equations. American Economic Review 81(5).

MOON, MARILYN(1990), Consumer Issues and the Elderly, The Journal of Consumer Affairs Vol. 24, No. 2 (Winter 1990).

MILLER, NANCY H.(1986), Elderly consumers: problems and behaviours, Journal of Consumer Studies & Home Economics, March 1986, Volume 10, Issue 1.

NCOA(2014), How and Why Fraud Affects Different Communities: Older Adults, 2014.10.

US FTC(2011), Consumer Fraud in the United States, 2011 The Third FTC Survey.

_____(2015), Prepared Statement of the Federal Trade Commission on Fighting Fraud Against the Elderly, An Update.

野澤正充(2014), 超高齢社会と消費者の保護.

日本国民生活センター(2009), 高齢者・障がい者等の消費者被害防止の
ための取り組み アンケート調査報告.

_____(2009), 「高齢者被害特別相談(高齢者110番)」実
施結果.

_____(2014), 高齢者の消費生活相談の状況について,
2014.4.

消費者庁(2013) 消費者政策課 高齢者の消費者トラブルの防止のための
施策の方針(平成25年 4月26日)概要.

_____(2016), 消費者白書(平成28年版).

한국소비자원 사이트 www.kca.go.kr

한국 1372 소비자상담센터 www.ccn.go.kr

한국 소비자위해감시시스템 http://www.ciss.go.kr/www/index.do

일본 소비자청 사이트 www.caa.go.jp

일본 국민생활센터 사이트 http://www.kokusen.go.jp

일본 정부 고령자 보호 캠페인 사이트

http://www.gov-online.go.jp/tokusyu/korei_syohisya/index.html

미국 연방거래위원회 사이트 www.ftc.gov

미국, 일본의 고령자 및 소비자 관련 법제와 시사점*

김현수**

Ⅰ. 들어가며

우리나라는 전 세계적으로 가장 빠른 고령화 사회가 진행되는 것으로 평가되고 있다. 고령자는 실업, 장애, 질병 등과 같이 특수한 개인에게 발생한 사회적 위험의 결과가 아니라 누구나 생애과정(life-course)이 진행되는 동안 도달하게 된다.[1] 고령자가 되더라도

---

* 이 글은 필자가 작성한 연구보고서 "김현수, 사회적 취약계층의 신상보호를 위한 법제정비 방안 연구—고령자 보호를 중심으로(2014)"의 내용의 일부를 전재(轉載), 요약, 수정, 추가(Ⅳ. 2)한 것입니다.
** 한남대학교 법학부 조교수, 법학박사(J.S.D.), 미국 뉴욕주 변호사.
1) 우리나라에서는 2000년 고령인구가 전체 인구의 7%를 넘어선 이후 고령자에 대한 국가·사회적 관심이 증가하고 관련 정책 수요가 다양하게 요구됨에

소비자로서의 사회경제 활동은 당연히 지속적으로 필요하게 된다. 그러나 고령자들은 심리적 소외감, 낮은 정보수준, 정신능력의 약화 등 취약 소비자로서의 특성을 가지고 있기 때문에 고령소비자 문제는 지속적으로 증가가 예상된다. 이는 비단 우리만의 문제가 아니라 미국, 일본에서도 마찬가지라고 할 수 있다.

이 글에서는 고령화의 진전에 따른 고령소비자 문제를 소재로, 미국과 일본에서의 관련 법제도의 현황을 살펴보고 우리 법에 대한 시사점을 탐색한다. 특히 이 글에서는 그간 상대적으로 관심이 소홀했던 고령소비자의 사회경제적 활동의 기반이 되는 고령자법(elder law)으로 관점을 확대하여 미국과 일본에서의 고령자 법제의 전체상의 검토를 중심으로, 국내 고령자법제의 특징을 살펴본다. 이어 고령소비자를 대상으로 하는 악질적인 거래에서의 계약체결과정의 적정화와 고령소비자만을 고객으로 형성된 시장의 거래에서 계약내용의 적정화를 위한 관련 법제의 개선방향을 검토한다.

II. 고령사회의 진전과 소비자 문제

1. 고령사회의 진전과 생활환경의 변화

(1) 고령사회의 진전과 현황

인구통계에서는 총인구 중 65세 이상 인구가 차지하는 비율이 고령화율을 의미하며, 이 비율이 7% 이상인 경우를 고령화사회(Aging Society), 14% 이상인 경우를 고령사회(Aged Society), 그리고 20% 이상인 경우를 후기 고령사회(post-aged society) 또는 초고령사

따라 2003년 이후 매년 노인의 날(10월 2일)에 '고령자 통계'를 제공해 오고 있다. 통계청, 2014 고령자 통계, 2014.9. 참조.

회라고 한다. 우리나라는 65세 이상의 인구가 차지하는 비율이 1960년 2.9%(73만 명)에서 지속적으로 증가하여, 2010년에는 11% (545만 명), 2030년에는 24.3%(1,296만 명), 그리고 2060년 40.1% (1,762만 명) 수준으로 2010년에 비하여 3배 이상 급격하게 고령화가 진행될 것으로 예상된다.[2]

국제적으로 비교하여도 우리나라의 65세 이상 고령(노인)인구 의 비율은 2010년 현재 10명 중 1명꼴로 일본, 이탈리아, 독일 등의 5명 중 1명에 비하여 낮은 편이지만, 2050년에는 10명 중 4명에 이 르러 독일이나 이탈리아보다도 높아져 세계 최고 수준에 이를 것으 로 예상된다.[3]

세계 최고 수준으로 진행되는 고령화와 함께 고령자가 가지는 특성에도 변화가 진행 중이다. 우리나라에서는 2010년부터 이른바 베이비붐 세대[4]가 은퇴를 시작하여 2020년부터는 고령자 세대로 진 입하게 된다. 이들 베이비부머는 과거에 비하여 상대적으로 교육 수 준이 높고, 사회에 대한 참여 욕구 수준 역시 높은 점에서 과거와는 다른 양상을 보일 것으로 전망된다.

이와는 대조적으로 우리나라의 출생률은 세계 최저수준에 이르 고 있다. 「2011년 저출산 · 고령화사회 기본계획」에 의하면, 우리나 라의 합계출산율은 OECD 국가 중 최저수준으로 2009년 1.15명에 이르고 있으며, 주 출산연령 여성인구의 감소, 모(母)의 평균 출산연

---

2) 통계청, 장래인구추계(2010 인구주택총조사 기준): 2010년~2060년, 2012.2, 38면. "2015년 65세 이상 인구는 전체 인구(내국인)의 13.2%를 차지하는 656만 9천 명으로 10년 전인 2005년 436만 5천 명보다 약 220만 4천 명 증가 하였다." 통계청, 2016 고령자 통계, 2016.9.29, 13면.

3) 대한민국 정부, 2011-2015 제2차 저출산 · 고령사회 기본계획『새로마지 플 랜 2015』, 2010, 7면; 통계청, 장래인구추계(2010 인구주택총조사 기준): 2010년~2060년, 2012.2, 44면.

4) 1955년에서 63년 사이에 출생한 자를 가리키는 것으로 약 712만 명으로 추 정된다. 대한민국 정부, 2011-2015 제2차 저출산 · 고령사회 기본계획『새로 마지 플랜 2015』, 2010, 96면.

령 상승과 같은 구조적 요인으로 당분간 출생아 수의 증가는 기대하기 어려울 것으로 전망하고 있다.[5]

(2) 고령사회의 진전에 따른 생활환경의 변화

고령자가 증가하는 사회에서는 사회경제적 영향 이외에도 고령자의 생활환경 또한 변화를 겪을 수밖에 없다. 이러한 변화는 고령자의 주택, 소득, 고용 및 취업, 건강 등에 관한 사항이 포함된다. 이하에서는 통계청이 발표한 「고령자 통계」를 중심으로 이와 관련한 내용을 살펴본다.

[표 1] 고령자가 경험하는 어려움[6]

(단위: %)

	경제적인 어려움	직업이 없거나 고용이 불안정	소일 거리 없음	건강 문제	외로움 소외감	가족 으로 부터 푸대접	사회 에서의 경로 의식 약화	일상 생활 도움 서비스 부족	노인 복지 시설 부족	기타	어려움 없음
2009	60.5	7.3	15.1	70.7	19.2	1.0	6.9	4.9	12.6	1.2	-
2011	56.6	7.9	15.0	66.7	14.9	1.2	8.8	5.2	11.2	1.1	-
2013	53.0	6.5	13.3	65.2	14.1	1.3	7.2	4.1	10.1	0.3	8.5
남 자	50.6	9.5	15.9	60.2	10.5	1.6	8.9	2.9	11.2	0.1	10.7
여 자	54.7	4.4	11.5	68.7	16.7	1.1	6.0	4.9	9.3	0.5	7.0
65~ 69세	52.8	9.7	15.7	58.8	10.7	1.4	9.2	2.9	10.1	0.3	11.2
70~ 79세	53.5	5.9	12.9	66.9	13.3	1.0	6.6	4.2	10.2	0.3	8.0
80세 이상	52.1	2.5	10.1	71.9	23.6	2.0	5.2	5.8	9.7	0.3	5.2

---

5) 대한민국 정부, 2011-2015 제2차 저출산·고령사회 기본계획 『새로마지 플랜 2015』, 2010, 6면.
6) 통계청, 2014 고령자 통계, 2014.9, 35면.

1) 주택문제

주택은 고령자의 의식주 생활 중 가장 오랜 시간을 머무르는 장소인 반면, 가장 많은 비용이 필요한 요소라는 점에서 고령자의 생활에서 가장 중요한 기본적인 전제조건이라고 할 수 있다.7) 따라서 고령자의 주거 환경에 따른 신체적, 정신적, 환경적 변화 역시 관련 정책에 중요한 영향을 미칠 수밖에 없다. 한편, 고령자 1인 가구 또는 부부 거주 가구의 수가 증가함에 따라, 고령자의 주거이동, 주거 공간의 적합성, 신체특성 등을 고려하여 재가노인지원정책과 노인 전용주거시설과 관련한 고령 친화적 주택정책이 추진되고 있다.8) 2014년 고령자 통계에 의하면, 고령자의 자가 비율은 74.8%, 베이비부머에 해당하는 준고령자(50세~64세)의 자가 비율은 66.1%로 나타나고 있다.9) 그러나 「노년 가구의 주거이동」과 관련한 설문조사 결과에 의하면, 주거이동 희망 비율은 4.5%로 낮아 대부분이 현재의 주택에서 거주하기를 선호하고 있는 것으로 나타났다.10)

2) 소득

지속적인 소득은 고령자의 생활에서 또 다른 중요한 전제조건이 된다. 고령자의 소득과 관련하여 객관적 소득 수준은 "2013년 가구주 연령이 60세 이상인 가구의 월평균 소득은 269만 원으로 전국 가구(416만 원)의 64.7% 수준"으로 나타났다.11) 특히 이러한 문제는

---

7) 권오정, "노인세대를 위한 주거시설 현황과 노후 주거대안 탐색," 한국 FP학회 Financial Planning Review, 제5권 제2호, 2012.5, 68면("주거는 누구에게나 중요하나 특히 노인들에게 주거문제는 더욱더 중요하다. 노인들은 은퇴로 인한 경제활동의 중단과 사회적 관계망의 축소, 건강의 악화 등의 이유로 생활의 근거지가 주로 가정이 될 수밖에 없게 되어 대다수의 시간을 자신의 주택에서 보내게 된다.")

8) 예를 들어, 신용주, "노인주거복지정책의 현황과 정책제언," 한국주거환경학회지 제10권 제3호, 2012.10 참조.

9) 통계청, 2014 고령자 통계, 2014.9, 4면.

10) 고진수·최막중, "노년 가구의 주거 선택행태에 관한 연구," 한국도시설계학회지 제15권 제1호, 2014.2, 25면.

고령자가 느끼는 주관적 소득수준 결과에서도 나타나고 있다. 2014 년 고령자 통계에 의하면, "2013년 준고령자 가구주에게 가구의 생활에 필요한 월평균 최소금액을 실제 소득과 비교했을 때" 67.1%가 소득이 부족하다고 응답했다.[12]

3) 고용 및 취업

고령자는 정년 기타의 사유로 고용을 유지하기 어려워 이로 인한 상대적 빈곤율이 다른 연령계층에 비해 높다.[13] 따라서 고령자의 고용 및 취업은 고령자의 소득을 보장하고 경제적 자립을 가능케 하는 전제가 될 수 있다.[14] 2014년 고령자 통계에 의하면, 고령층 (55~79세)이 일하기를 원하는 비율은 62%이며, 근로 희망 사유는 '생활비에 보탬(54.0%)'이 가장 많았던 반면, '일하는 즐거움(38.8%)'이 다음 순위를 차지하고 있다.[15] 우리나라의 고용률은 2014년 현재 남성 고령자의 경우 61.2%이며, 이는 여성 고령자 35.56%에 비하여 25.6% 높은 수치를 보이고 있다.[16] 한편, 2016년 고령자 통계에 의하면, 60~64세 인구의 고용률은 2013년 이후 계속 20대 고용률을 추월하고 있는 것으로 나타나고 있다.[17]

4) 건 강

고령자가 생활에서 경험하는 어려움 중 가장 큰 요소는 고독, 생계적 어려움과 더불어 건강의 상실, 활동장애의 원인이 되는 건강 문제라고 할 수 있다. 2016년 고령자 통계에 의하면, 향후 노후를 위

---

11) 통계청, 2014 고령자 통계, 2014.9, 29면.
12) 통계청, 2014 고령자 통계, 2014.9, 11면.
13) 통계청, 2014 고령자 통계, 2014.9, 31면("2013년 국민기초생활보장 일반수급자 125만8천 명 중 고령자는 37만6천 명으로 29.9% 수준").
14) 현행 고령자의 소득보장 및 자립지원수단에 대한 평가 및 개선방향 제시에 관하여는 이경희, 고령자 소득보장법제의 자립지원수단에 관한 입법평가, 한국법제연구원, 2012 참조.
15) 통계청, 2014 고령자 통계, 2014.9, 26면.
16) 통계청, 2014 고령자 통계, 2014.9, 24면.
17) 통계청, 2016 고령자 통계, 2016.9, 19면.

한 사회적 관심사에 대해 「노후소득지원」이 39.8%로 가장 많고, 다음은 「요양보호서비스(34.2%)」, 「노후취업지원(15.5%)」 순으로 생각하고 있는 것으로 조사되었다.[18]

2. 고령자의 재산관리와 소비자 문제

(1) 소비자로서의 고령자

고령자 수의 증가에도 불구하고 고령자들은 지속적인 소비행위를 할 수밖에 없다. 그러나 앞서 살펴본 바와 같이, 고령자들은 심리적 소외감, 낮은 정보수준, 정신능력의 약화 등 취약 소비자로서의 특성을 가지고 있으며 이에 따라 고령소비자 문제가 지속적으로 증가하고 있다.[19]

한국소비자원의 통계에 의하면, 60대 이상 고령자의 소비자 피해구제 접수 건수는 2011년 5.9%, 2012년 5.6%에서, 2013년 이후 2015년에 이르기까지 8% 중반을 차지면서 점차 신청 건수가 증가하는 추세에 있다고 볼 수 있다.

---

18) 통계청, 2016 고령자 통계, 2016.9, 32면. 노인의 건강 및 의료 이용과 관련한 현상에 관한 상세는 이윤환, 노인의 건강 및 의료이용실태와 정책과제, 한국보건사회연구원 보건복지포럼, 2012.10 참조.

19) 이에 관한 상세는 황진자, "고령소비자 거래관련 소비자피해 실태조사," 한국소비자원 조사보고서 11-12, 2011.7; 오민정 외, "실버소비자 연구동향 분석과 향후 연구방향성의 제언," 조선대학교 지식경영연구원, 한국비지니스리뷰 제5권 제3호, 2012.12; 황진자, "금융상품 판매에 있어 고령소비자보호 방안," 한국소비자원 소비자문제 연구 제41권, 2012.4 참조.

[표 2] 연도별 고령 소비자 피해구제 접수 현황[20]

(단위: 건)

구 분		2013년	2014년	2015년	계
60세 미만		21,422 (91.5)	25,891 (91.7)	25,269 (91.6)	72,582 (91.6)
60세 이상	소계	1,996 (8.5)	2,342 (8.3)	2,326 (8.4)	6,664 (8.4)
	60대	1,378 (5.9)	1,582 (5.6)	1,625 (5.9)	4,585 (5.8)
	70대	536 (2.3)	605 (2.1)	557 (2.0)	1,698 (2.1)
	80세 이상	82 (0.3)	155 (0.6)	144 (0.5)	381 (0.5)
총계		23,418 (100.0)	28,233 (100.0)	27,595 (100.0)	79,246 (100.0)

(2) 고령자의 재산관리

고령자들이 겪는 생활상의 변화와 함께 최근 사회적 쟁점이 되는 것이 고령자의 재산관리 및 신상보호에 관한 것이다. 고령자의 경우 일상생활 영위를 위해 법률관계를 지속적으로 형성해야 하며, 생애과정상 형성한 자산을 관리하여 자신과 제3자의 부양 문제를 설계하고 노후를 대비하여야 한다.[21] 그러나 고령자는 신체적 노화

---

20) 출처: 한국소비자원 보도자료, 2016.9.28, 4면.

21) 김판기, "고령화 사회에 있어서 재산관리와 승계수단으로서의 신탁," 동아대학교 법학연구소 동아법학 제55권, 2012.5, 201-203면. 한편, 고령화에 따른 재산관리수요의 변화에 관하여는 다음과 같은 견해가 있다.

"첫째, 고령자의 사회보장 등이 국제적으로 볼 때 비율의 면에서 높은 수치에 도달하고, 고령자의 대부분은 생계를 걱정할 필요가 없게 되었다. 둘째, 고령자가 가진 자산의 가격이 높아졌고, 고령자 중에는 상당한 자산자가 탄생하였다. 셋째, 고령자 주위에 자산, 생계를 관리하는 가족 등이 감소하고, 지연, 혈연에 속하지 않은 제3자에 의한 재산관리에 대한 요구가 높아지고 있다."

석수길, "신탁을 통한 고령자의 재산권 보호에 관한 연구," 한양대학교 대

와 함께 정신능력의 감퇴, 사고 또는 질병으로 인한 심신장애를 가질 위험이 높아지게 됨으로써, 법률관계의 형성에 있어서도 일정한 제약이 따를 수 있다. 실제로 지난 2016년 9월 한국소비자원이 발표한 보도자료에 의하면, 저출산과 기대수명의 증가로 급격한 고령화가 진행되면서 고령자 독거가구가 증가하고 고령 소비자의 경제활동이 활발해짐에 따라 관련 소비자 피해도 증가하고 있다.[22]

한국소비자원의 통계에 의하면, 60대 이상 고령자의 소비자 피해구제 신청건수는 2011년 1,630건(5.9%), 2012년 1,654건(5.6%), 2013년 1,996건(7.1%)으로 증가하는 추세에 있다.[23] 고령자의 소비자 피해구제 신청이유를 유형별로 구분하면 '거래'와 '안전'의 2유형으로 분류할 수 있다. 이 중 거래와 관련된 소비자피해가 절대적 다수를 차지하고 있으며, 구체적으로는 품질, 부당행위, 계약해제·위약금, A/S, 계약불이행 등이 전체 신청건수의 75.7%(2011년), 90.5%(2012년), 91.9%(2013년)로 다수를 점하고 있다. 한편, 고령자의 피해가 높은 판매유형은 일반판매의 경우에 비해서, "방문판매, 다단계판매, 노상판매, TV 홈쇼핑"과 같은 '특수판매'이며, 피해비율이 높은 상술 유형은 "신분사칭(허위상술), 최면상술, 강습회 상술, 홈파티상술, Negative Option, 추첨상술, Catch Sales, 전화당첨상술, 자격증빙자상술, 피라밋상술"과 같은 비정상판매인 것으로 조사되었다.[24] 또한, 고령자는 소비자 안전과 관련한 문제에서도 60세 미만

학원 박사학위논문, 2013.8, 15면.

22) 한국소비자원에 접수된 60세 이상 피해구제 신청 건수: 2013년 1,996건, 2014년 2,342건, 2015년 2,326건으로 점차 증가 추세에 있다. 한국소비자원 보도자료, 2016.9.28, 1면.

23) 한국소비자원, 2013 소비자 피해구제 연보 및 사례집, 2014.6, 32면.

24) 송순영, "고령자 소비자정책의 발전방향," 소비자문제연구 제30호, 2006. 12, 38면. 2016년 한국소비자원의 조사에서도 고령 소비자를 대상으로 행해지는 각종 악덕상술 관련 피해는 매년 지속적으로 발생하고 있다. 그리고 악덕상술 유형은 홍보관 상술이 3년간 총 161건으로 가장 많으며, 악덕상술과 관련하여 가장 많이 피해구제를 신청한 품목은 상조서비스로 나타나고 있다.

의 일반 소비자와 비교할 때 그 비율이 높은 것으로 조사되었다.[25]

이처럼 고령소비자는 방문판매, 다단계판매, 노상판매와 같은 특수판매에서 피해를 입을 가능성이 높다. 그리고 이러한 피해가능성은 고령소비자의 일반상품 거래에서만이 아니라 향후 복지기구나 요양용품 등의 '일용품 서비스', 주택의 개조 등과 같은 '기반정비 서비스', 대출이나 연금상품과 같은 '금융서비스'와 같이 고령자 고유의 수요에 맞춘 상품 서비스를 제공하는 산업이 증가할 것이 예상됨에 따라 사회적 영향이 확대될 것으로 전망된다.

종래 우리나라는 일정한 획일적 기준을 바탕으로 한 행위무능력자제도를 운용해 왔으나, 주지하는 바와 같이, 지난 2013년 7월 1일 새로이 「성년후견제도」를 도입하여 질병, 장애, 그리고 고령 등에 의한 정신적 제약이 있는 경우 이들에 대한 후견을 통한 보호와 지원이 가능하도록 하고 있다.

(3) 소 결

고령자는 누구나 생애과정상 도달할 수 있는 사회적 취약계층으로 분류될 수 있다. 우리나라는 최근 급격한 저출산·고령화를 겪고 있으며, 이로 인하여 고령자와 관련한 많은 문제를 겪고 있다.

우선, 사회·경제적 영향으로는 생산가능인구의 감소, 노동력의 질 저하로 인한 생산성 하락, 인구감소로 인한 주택이나 교육시장 등의 수요감소 등으로 인한 성장잠재력이 약화되고 있다. 또한, 청·장년층의 고령자 부양부담의 어려움 증가, 연금가입자의 감소 및 수급자의 증가, 고령자에 대한 의료비 증가로 인한 연금재정의 지속가능성 저하 및 세대 간 갈등 역시 심화될 것으로 전망된다.

이러한 사회경제적 변화와 함께, 고령자 자신의 노후생활과 밀

한국소비자원 보도자료, 2016.9.28, 4-5면.
25) 송순영, "고령자 소비자정책의 발전방향," 소비자문제연구 제30호, 2006. 12, 40면.

접한 관련이 있는 주택, 소득, 고용 및 취업, 건강 등의 문제 역시 청·장년층의 경우와는 구별되는 변화를 겪게 된다. 이와 더불어, 최근에는 고령소비자로서의 문제, 재산관리와 신상보호와 같은 새로운 법적 문제들이 증가하고 있어, 이에 대한 법정책의 대응이 요청되고 있다.

III. 미국, 일본에서의 고령자법제도 현황

1. 미국의 고령자법제도

(1) 고령자에 관한 법제의 체계 및 개관

미국에서는 우리나라에서 사회보장법 체계 내에서 다루어지는 영역이 의료법(Health Law), 빈민법(Poverty Law), 장애인법(Disability Law)과 같은 개별적 분야로 확립되어 있다. 이처럼 고령자에 관한 법률문제 역시 '고령자법(elder law)'이라고 하는 별개의 영역으로 전문화되어 가고 있다.[26] 특히 고령자법의 영역에서는 종래 국내에서 사회보장법, 노동법, 가족법, 의료법, 형사법과 같이 별도의 영역에서 개별적으로 취급되고 있는 법적 문제를 '고령자'를 대상으로 하는 관점에서 체계적으로 고찰하고 있다.

미국에서의 고령자법은 일반적으로 65세 이상의 자를 가리키는 '고령자(the elderly)'에 관한 법실무를 반영시킨 법 분야를 일컫는다.[27] 고령자법의 발전은 고령자의 수 및 상대적인 재산의 증대에

---

26) '고령자법'은 고령자라는 대상을 특화한 법 분야로 고령자에게 특유한 주제나 쟁점을 대상으로 관련 법이론을 연구하는 법학의 대상이 되어 가고 있다.
27) '고령자'라고 하는 용어는 때로는 60세 이상, 55세 이상, 또는 퇴직자와 같이 보다 젊은 층을 가리키는 용어로서 사용되기도 한다. 예를 들어, 고령자를 위한 강력한 로비단체인 미국퇴직자협회(AARP)에는 50세부터 가입 가능하다. 65세 이상의 자를 고령자로 파악하는 경우가 많은 것은 이것이 전통적인 정

기인하고 있다. 이러한 원인과 더불어 고령자법이라고 하는 독자적인 영역의 출현은 추가적인 두 가지 원인에 힘입은 바 크다. 즉, 고령자법이라고 하는 개별적인 법 영역이 변호사들의 업무 영역확대와 더불어 필요하게 되었고,[28] 이와 동시에 고령자를 둘러싼 법학계의 관심이 높아진 것이라고 할 수 있다.[29]

년연령이고 공적퇴직연금의 지급개시연령이었기 때문이다. 정년연령(강제퇴직연령)은 연령차별금지법(Age Discrimination in Employment Act)에 의해 폐지되기 이전에는 65세였다. 따라서 미국의 고령자법 영역에서는 특정연령이 중요한 것은 아니며, 일정한 연령을 넘어서 그 이상을 고령자로서 구별한다는 것이 중요한 관념이라고 할 수 있다. Lawrence A. Frolik, "The Developing Field of Elder Law: A Historical Perspective," 1 Elder L.J. 1, 2-3 (1993).

28) 실제로 미국에서는 1980년대 전반까지 '고령자법'이라고 하는 용어를 사용하는 실무가는 없었다. 하지만 오늘날 고령자법 전문 변호사가 증가하면서 1988년에 결성된 전국고령자법변호사회(통칭 NAELA)와 같은 단체 또한 결성되었다. 이러한 변화의 요인으로서는 변호사수의 급증, 변호사 업무에의 여성의 유입, 전문분화의 촉진과 수용, 고령자를 둘러싼 법제도의 변천, 고령자의 증가, 그리고 이에 대한 법적 수요의 증대 및 복잡화가 지적되고 있다. Lawrence A. Frolik, "The Developing Field of Elder Law: A Historical Perspective," 1 Elder L.J. 1, 4-13 (1993).

29) 미국의 법학계에서는 전통적으로 연구분야의 엄격한 구별을 두지 않는 경향이 강하다. 예를 들면, 우리나라와 같이 대륙법의 전통을 가진 국가와는 달리 사법, 공법, 사회법이라고 하는 형태로 스스로의 연구를 분류하거나 제한하지 않는다. 실제로 규모가 큰 로스쿨에서도 각 강의과목은 독립해 있고, 분야마다 강좌 등이 나뉘어져 있는 것은 아니다. 고령자법의 경우에도 이러한 형태로 미국 로스쿨 협회(American Association of Law Schools: AALS) 회원의 지적 관심을 반영한 89개의 한 섹션으로 편성되어 있다. 종래 고령자와 관련이 있는 부문은 '증여적 양도(donative transfers)'나 '수탁자 및 계획적 유산처분(Fiduciaries and Estate Planning)' 등이었으나, 고령자라고 하는 세대에 초점을 두어 연구할 부문의 필요성을 느낀 연구자들을 만족시키는 것은 아니었다. 따라서 동 협회는 실제로 고령자에 대한 법적 문제의 충실한 대응을 위하여 1985년 '고령과 법(AALS Aging and the Law)' 섹션을 새로이 만들게 된다. 이후 '고령과 법(the AALS Aging and the Law)' 섹션의 조직화와 발전은 고령자를 둘러싼 제 문제에 주목하는 법학계의 관심과 연구의 관점을 대표하고 있다. Lawrence A. Frolik, "The Developing Field of Elder Law: A Historical Perspective," 1 Elder L.J. 1, 14-18 (1993).

고령자는 젊은 세대에 비해 의학적인 수요가 높으며, 그 결과 이에 관한 법적 보호나 지원이 필요하다. 이와 함께 고령자가 취업기에 형성한 금전이나 재산에 관한 분쟁도 다수 발생하고 있다. 이러한 이유 때문에 미국의 고령자법의 영역은 ① 의료 및 건강, ② 소득 또는 자산의 보호와 유지, 그리고 ③ 성년후견이라고 하는 세 분야를 중심으로 발전하여, 종래부터 존재하는 분야(대표적으로 Estate Planning: 계획적 유산처분)30)와 새로운 분야(예를 들면, medicaid planning)를 통합하는 형태로 발전하고 있다. 이와 함께, 법 이론과 실무에서도 고용에 있어서의 연령차별, 소득보장[공적 연금, 보조적 소득보장(SSI)], 사적 연금, 피용자퇴직소득보장법(ERISA), 의료보장(정부의 의료보장, 민간의 의료보험급부), 장기요양(nursing home의 질 보장, 계약, 소송), 주택보장(고령자 주택, 지원부 주택), 성년후견, 재산관리(공동소유권, 철회가능신탁), 의료에서의 의사결정[사전동의(informed consent)], 의사능력 있는 환자의 죽음에 관한 권리, 무능력환자를 위한 의사결정대행, 안락사와 의사의 방조에 의한 자살, 고령자 학대, 유기, 범죄 등이 주목받고 있다.31)

(2) 고용 및 소득

미국의 고령자 고용문제는 차별금지의 접근법으로 대처하는 점에서 특색을 가진다. 이를 대표하는 법이 「고용상 연령차별금지법(The Age Discrimination in Employment Act of 1967: ADEA)」32)이라고 할 수 있다. ADEA는 모두 15개 조문으로 구성된 연방법이다. 공공

---

30) Estate Planning(계획적 유산처분/재산관리)은 유언법, 상속법, 신탁법, 가족법, 세법, 보험법 등 각종의 법제도를 종합적으로 감안하여 재산을 가진 자가 노후나 사망에 있어 재산의 관리나 처분을 검토하고 구체적인 안을 마련하는 것을 지칭한다. 또는 위와 같은 법을 종합적으로 파악하는 법의 한 분야를 일컫는다.
31) Lawrence A. Frolik & Richard L. Kaplan, Elder Law in Nutshell (2010) 참조.
32) 29 U.S.C. § 621-34.

부문·민간부문을 불문하고 연령차별은 위법이 된다. 피용자수 20
인 이상의 사용자가 연령을 이유로 채용을 거부, 해고, 임금 기타 노
동조건에 관하여 차별하는 것이 금지된다.33) 보호대상은 40세 이상
의 자에 한정다.34) 단, 대부분의 주에서 독자적인 연령차별금지법이
존재하고, 이들 중에는 ADEA보다 엄격한 내용의 법률도 존재한다.

한편, 미국에서 고령자의 소득보장은 공적 연금, 사적 연금, 저
축이라는 세 가지 영역에서 지탱되고 있다고 할 수 있다. 이 중 공적
연금이 중심이 되며, 공적 연금의 핵심이 되는 것이 노령, 유족, 장
해보험(Old-Age, Survivors, and Disability Insurance: OASDI)이다.
OASDI는 1935년 「사회보장법(Social Security Act of 1935)」35)에 의해
창설된 것으로, 연방이 직접 관할하는 공적 연금제도로서 퇴직 후
소득을 보장하는 노령연금 외에 유족연금, 장해연금 기타 급부를 내
용으로 한다.36)

---

33) 예를 들어, 29 U.S.C.A. § 623(a).

　It shall be unlawful for an employer--

　　(1) to fail or refuse to hire or to discharge any individual or otherwise
　　discriminate against any individual with respect to his compensation,
　　terms, conditions, or privileges of employment, because of such
　　individual's age;

　　(2) to limit, segregate, or classify his employees in any way which
　　would deprive or tend to deprive any individual of employment
　　opportunities or otherwise adversely affect his status as an
　　employee, because of such individual's age; or

　　(3) to reduce the wage rate of any employee in order to comply with
　　this chapter.

34) 29 U.S.C. §§ 631(a), 631(b) and 633a.

35) Pub. L. No. 74-271, 49 Stat. 620.

36) OASDI의 적용대상은 파트타임 노동자, 연수입 400달러 이상의 자영업자,
농업종사자, 공무원이며, 적용이 제외되는 자는 무직자, 1983년 이전에 고용
된 연방공무원 등이다. 이에 대한 개괄적 설명은 Kay H. Hodge, "The Age
Discrimination in Employment Act," SS032 ALI-ABA 299 (2011) 참조. 국내
문헌으로는 유각근, "미국의 연령차별 금지법," 미국헌법학회 미국헌법연구
제22권 제3호, 2011.12 참조. OASDI에 관한 세부통계는 Employee Benefit

또한, 미국에서는 기업연금도 광의의 사회보장법에 포함되며, 2009년 기준으로 전체 노동자의 49.3%가 기업연금제도가 존재하는 사용자에게 고용되어 있고, 그중 약 80.3% 이상이 이 제도에 가입해 있다고 한다.[37] 기업연금을 규율하는 연방제정법은 「근로자퇴직소득보장법(Employment Retirement Income Security Act of 1974)」이 있다.[38] 동법의 규제대상은 사용자, 노동조합, 쌍방에 의해 임의로 설립, 유지되는 모든 피용자급부제도(employee benefit plan)이다.[39]

(3) 건강 및 복지

미국은 지난 1965년 사회보장법 개정안(the Social Security Amendments of 1965)[40]의 일부로서 법제화된 이래 65세 이상 고령

Research Institute, EBRI Databook on Employee Benefits Chapter 23: Social Security: Old-Age and Survivors Insurance (OASI) Program Finance, http://www.ebri.org/pdf/publications/books/databook/DB.Chapter%2023.pdf 참조.

[37] Employee Benefit Research Institute, EBRI Databook on Employee Benefits Chapter1:Employee Benefits in the United States: An Introduction, http://www.ebri.org/pdf/publications/books/databook/DB.Chapter%2001.pdf (최종방문일: 2017.12.1) ("In 2009, 76.0 million workers (49.3 percent) worked for an employer that sponsored a retirement plan. Of these 76.0 million workers, 80.3 percent participated in an employment-based retirement plan").

[38] Pub. L. 93-406, 88 Stat. 829. 이에 관한 개관은 김인재, "근로기준법상 퇴직금의 수급권 보호를 위한 법정책 방향: 미국과 일본의 적격기업연금법제를 참고로," 서울대학교 노동법연구회 노동법연구, 1998.5, 151-164면 참조.

[39] 29 U.S.C. §1003(a).
   "(a) Except as provided in subsection (b) or (c) of this section and in sections 1051, 1081, and 1101 of this title, this subchapter shall apply to any employee benefit plan if it is established or maintained--(1) by any employer engaged in commerce or in any industry or activity affecting commerce; or (2) by any employee organization or organizations representing employees engaged in commerce or in any industry or activity affecting commerce; or (3) by both."

[40] The Social Security Amendments of 1965, Pub.L. 89-97, 79 Stat. 286. 메

자를 위한 보편주의적 공적 의료보장제도로서 메디케어(medicare)[41]와 메디케이드(medicaid)[42]를 운영해 오고 있다. 메디케어는 원칙적으로 미국에 합법적으로 5년 이상 거주하고 있는 65세 이상 모든 고령자를 급부대상으로 한다. 65세 미만이어도 장애가 있어 사회보장장애연금(Social Security Disability Insurance: SSDI)을 수급하고 있는 자도 대상이 될 가능성이 있다.

한편, 지난 2013년 미국 오바마 정부가 모든 미국 시민의 건강보험가입 의무화와 직장보험 미가입 개인들 또는 100인 이하 소규모 업체의 건강보험거래소를 통한 보험구매를 주요내용으로 하는 건강보험개혁법안이 2010년 3월 확정되었다.[43] 동법의 본격적인 시행으로 고령자들의 예방진료서비스의 접근성이 향상되는 등 고령자에게도 큰 영향을 미칠 것으로 예상된다.[44]

디케어와 메디케이드를 도입한 1965년 법은 3층 구조로 알려져 있다. 최초의 2개 층은 사회보험, 즉 메디케어 Part A의 입원보험제도와 메디케어 Part B의 보조적 보험제도의 두 가지를 가리켰다. 3번째의 층은 메디케이드로서 저소득고령자를 위하여 메디케어에서 보장되지 않는 급부 및 메디케어의 자기부담분을 보장하는 것이다.

41) http://www.medicare.gov/ 참조.
42) http://www.medicaid.gov/ 참조.
43) 2010년 3월 23일 the Patient Protection and Affordable Care Act (PPACA)가 서명되었으며, 동년 3월 30일에는 the Health Care and Education Reconciliation Act of 2010 (H.R. 4872)이 PPACA를 개정하여 건강보험개혁안의 최종안이 완성되었다.
44) 남궁은하, "미국의 건강보험개혁: 노인관련법안을 중심으로," 한국보건사회연구원 보건복지포럼, 2010.7, 78면("예를 들어, 현재 메디케어 대상 노인들은 예방서비스를 받기 위해 대부분 서비스비의 20%를 본인이 부담해야 하는데, 이는 곧 약 $700에 이르는 대장내시경 검사의 경우 $140의 고액 본인부담비가 발생하는 것을 의미한다. 그러나 … 이번 개혁안을 통해 민간보험 및 공공보험의 모든 예방서비스가 무료로 제공되면, 노인들의 예방진료서비스의 접근성은 매우 향상될 것").

(4) 자립지원 및 생활환경 조성

연방차원에서의 고령자 자립지원과 생활환경의 조성을 위한 다양한 프로그램은 미국 보건인적서비스부(U.S. Department of Health & Human Services)를 중심으로 전개된다. 동 부는 의료보험, 보건 프로그램, 교육 및 훈련 등 각종 프로그램을 지원하고 있으며, 특히 전담부서인 「고령화대책국(Administration on Aging)」을 통하여 이들 정책을 구현하고 있다. 고령화대책국은 1965년 「고령자법(Older Americans Act)」[45]제정으로 설립된 연방 차원의 기구이다.[46] 고령자법은 총 8편(Title)으로 구성되어 있는데, 구체적으로는 제1편 목적, 제2편 동법 시행을 위한 고령화대책국 설치, 제3편 고령화를 전담하는 주(州)의 기관에 대한 연방예산 제공, 제4편, 관련 프로그램의 입안 및 시행, 제5편 고용 및 봉사활동 기회의 제공 등 저소득 고령자를 위한 프로그램 입안 및 시행, 제7편 미국원주민을 위한 프로그램, 제8편 "취약 고령자 권리 보호(vulnerable elder rights protection)" 프로그램으로 이루어져 있다.[47] 고령화대책국은 동법의 입법목적을 달성하는 데 필요한 고령자를 위한 고령화 네트워크(the Aging Network) 구축, 주택 및 커뮤니티 기반의 장기요양, 보건, 예방 및 복지 프로그램, 고령자 권리 프로그램 등 다양한 정책을 실현하고 있다.

---

45) Pub.L. 89-73, 79 Stat. 218.

46) Administration on Aging, http://www.aoa.acl.gov/("The Administration on Aging (AOA) is the principal agency of the U.S. Department of Health and Human Services designated to carry out the provisions of the Older Americans Act of 1965 (OAA), as amended (42 U.S.C.A. § 3001 et seq.). The OAA promotes the well-being of older individuals by providing services and programs designed to help them live independently in their homes and communities. The Act also empowers the federal government to distribute funds to the states for supportive services for individuals over the age of 60.").

47) Pub.L. 89-73, 79 Stat. 218.

2. 일본의 고령자법 및 소비자 관련 법제도

(1) 고령자에 관한 법제의 체계 및 개관

일본에서 고령사회의 대책에 관한 기본적 골격은 고령사회대책을 종합적으로 추진하고 경제사회의 건전한 발전과 국민생활의 안정과 향상을 목적으로 하는 「고령사회대책기본법」(1995년 법률 제129호)[48]에 기초하고 있다.[49]

동법은 '공정하고 활력있는 사회', '지역사회의 자립과 연대의 정신에 입각해서 형성되는 사회', '풍요로운 사회' 구축을 기본이념으로 하며, 각각의 이념에 따라 국가 및 지방공공단체로 하여금 관련 정책을 책정하도록 하고 있다(제2조). 구체적으로는 국가가 추진해야 할 고령사회대책의 기본적 시책으로서 '취업 및 소득(제9조)', '건강 및 복지(제10조)', '학습 및 사회참가(제11조)', '생활환경(제12조)' 등의 시책에 관해 규정하고 있다[50] 또한 정부로 하여금 기본적·종합적인 고령사회 대책의 대강(大綱)을 정하도록 하고 있다(제6조).

「고령사회대책대강」[51]은 1996년 7월에 처음으로 책정된 후 5년이 경과한 2001년 12월, 그리고 2012년 9월 수정되었다. 대강에서는 전술한 바와 같이, 「고령사회대책기본법」의 기본이념을 확인하면서, 다음과 같은 기본적 방향으로 고령사회의 대책을 추진하고 있다.

---

48) 동법은 참의원 국민생활에 관한 조사회의 제안에 의해 1995년 7월 11일 중의원과 참의원 양원의 일치로 성립되어 동년 12월부터 시행되었다.

49) 内閣府, 平成26年版 高齢社会白書, 2014, 72頁.

50) 또한, 정부의 국회에 대한 고령사회 대책에 관한 연차보고서를 제출하며, 내각부에 특별 기관으로서 "고령사회대책회의"를 설치할 것을 규정하고 있다. 内閣府, 高齢社会対策の基本的枠組みの概要, http://www8.cao.go.jp.

51) 閣議決定, 高齢社会対策大綱, 2012.9.7.

[표 3] 「고령사회대책대강」의 기본사고[52]

(1) 고령자의 접근법에 대한 의식개혁
• 고령자의 의욕이나 능력을 최대한 활성화하기 위해, '지원이 필요한 자'라고 하는 고령자상에 대한 고정관념을 변화
(2) 노후의 안심을 확보하기 위한 사회보장제도의 확립
• 사회보장제도의 설계에 있어서는 국민의 자립을 지원하고, 안심하고 생활할 수 있도록 사회기반을 정비한다고 하는 사회보장의 원점으로 돌아가, 그 본원적 기능의 복원과 강화를 꾀하기 위해, 자조 · 공조(共助) · 공조(公助)의 최적 균형에 유의하여 자립을 가족, 국민상호 공조시스템을 통하여 지원
(3) 고령자의 의욕과 능력의 활용
• 의욕과 능력이 있는 고령자의 다양한 니즈(needs)에 대응한 유연한 환경정비를 꾀하는 동시에, 다양한 생활이 가능하도록 새로운 활약의 장을 창출하는 등 사회참가의 기회확보를 추진
(4) 지역력(地域力)의 강화와 안정적인 지역사회의 실현
• 지역과의 연결이 약화되는 가운데 고령자의 사회적 고립방지를 위해 지역 커뮤니티를 재구축하고, 이를 위한 의료, 개호 체제를 구축
(5) 안전 · 안심할 수 있는 생활환경의 실현
• 고령자가 자립하여 건강, 안전, 쾌적하게 생활할 수 있도록 의료나 개호, 직장, 주택이 근접한 집약형 마을 조성을 추진 • 고령자를 범죄, 소비자문제 등으로부터 보호하고, 고령자의 안전, 안심을 확보하는 사회구조를 구축
(6) 노년기에 접어들기 전부터 '인생 90년시대'에 대비, 세대순환의 실현
• 젊을 때부터 건강관리의 노력, 생애학습, 자기계발 노력, 일과 생활의 조화를 추진 • 고령기의 경제적 자립이라는 관점에서, 취업기에 실물자산 및 금융자산을 적절하게 형성하고, 은퇴 후에는 이들 자산을 활용하여 마지막까지 안심하고 생활하는 경제적 설계를 가능하도록 하며, 다음 세대에게 적절한 승계가 이루어지도록 사회에 환류할 수 있는 구조를 구축

---

52) 閣議決定, 高齡社會対策大綱, 2012.9.7, 2-5면을 재구성.

(2) 고용 및 소득

일본에서도 인구의 고령화와 더불어 고령자의 고용 촉진이 중요한 정책과제가 되고 있다. 일본에서는 종래 고용대책에 관한 일반법으로서 「고용대책법」을 중심으로, 「고령자고용안정법」, 「고용보험법」, 「직업안정법」, 「직업능력개발촉진법」등으로 고용 관련 정책을 추진해 왔다.53) 또한 「국민연금법」을 제정하여 1961년부터 전국민연금제도가 시행되었으며, 1985년 기초연금제도의 도입과 공적연금제도를 통합하여 현재의 공적 연금체계를 구축하게 된다.54)

최근 일본 정부는 급속한 고령화의 진전에 대응하기 위하여, 고연령자가 적어도 연금수급개시까지는 의욕과 능력에 맞추어 계속적으로 근무할 수 있도록 환경을 정비함으로써 고령자의 빈곤과 고용불안 그리고 연금지급시기의 상향조정에 따른 소득공백을 해소하기 위하여 「고연령자 등의 고용안정 등에 관한 법률[高年齡者等の雇用の安定等に關する法律(고연령자고용안정법)]」의 일부를 개정하여 2013년 4월 1일부터 시행하고 있다.55)

이와 함께, 최근에 추진하고 있는 법정책은 다음과 같다. 첫째, 노동계약법(2007년 법률 제128호) 제18조에 기한 동일사용자 사이에서 5년을 초과하여 유기(有期)노동계약을 반복하여 갱신한 경우, 노

---

53) 이에 관한 상세는 김정순, "일본의 노인복지법제," 한국법제연구원, 2004, 30면 이하; 전영수, "일본의 고령자 노후소득과 정년연장에 관한 연구," 한국일본학회 일본학보 제89권, 2011.11 참조.

54) 노상헌, 일본의 공적연금법제의 개혁과 과제, 한국법제연구원, 2004, 15면.

55) 일본 후생노동성, http://www.mhlw.go.jp/seisakunitsuite/bunya/koyou_roudou/koyou/koureisha/topics/dl/tp0903-joubun.pdf (최종방문일: 2017. 12.1). 이에 관한 상세는 이희성, "국민연금수급연령과 정년의 연계를 위한 고령자고용촉진법정책의 검토: 일본의 2013년 일본 고령자고용안정법 시행과 우리나라 2013년 고령자고용촉진법 개정을 중심으로," 한국비교노동법학회 노동법논총 제28권, 2013; 김명중, "일본의 고령화와 고연령자고용대책: 개정고연령자고용안정법을 중심으로," 한국노동연구원 국제노동브리프 제12권 제9호, 2014.9 참조.

동자의 신청에 의하여 무기노동계약으로 전환할 수 있는 규정이 도입되었다. 그렇지만 정년 후에도 계속하여 고용되는 고령자가 보유한 능력을 유지 향상시킬 수 있도록 고령자의 특성에 따른 고용관리를 꾀함과 동시에 무기전환신청권이 발생할 때까지의 기간의 특례를 둘 것을 상정한「전문적 지식 등을 가진 유기계약노동자에 관한 특별조치법안(專門的知識等を有する有期契約労働者等に関する特別措置法案)」이 제186회 국회에 제출되었다.56) 둘째, 2012년에 성립한「국민연금법 등의 일부를 개정하는 법률 등의 일부를 개정하는 법률(国民年金法等の一部を改正する法律等の一部を改正する法律)」(2012년 법률 제99호)에 의해, 2013년의 기초연금국고부담비율은 연금특례공채에 의해 2분의 1로 하였다.57) 셋째, AIJ투자고문에 의한 연금자산 소실 문제58)를 계기로 발생한 후생연금기금 등을 둘러싼 과제에 대처하기 위해, 후생연금기금의 조기해산을 촉진하기 위한 특례적인 해산제도의 도입이나 다른 기업연금제도로 이행을 촉진하기 위한 조치 등을 주된 내용으로 한「공적 연금제도의 건전성 및 신뢰성 확보를 위한 후생연금보험법 등의 일부를 개정하는 법률(公的年金制度の健全性及び信頼性の確保のための厚生年金保険法等の一部を改正する法律)」(2013년 법률 제63호)이 2013년 6월에 개정, 공포되었다.59)

---

56) 일본 후생노동성, http://www.mhlw.go.jp/stf/houdou/0000037665.html (최종방문일: 2017.12.1).

57) 일본 중의원, http://www.shugiin.go.jp/internet/itdb_housei.nsf/html/housei/16620070331027.htm (최종방문일: 2017.12.1).

58) AIJ문제에 관한 상세는 김명중, "일본 기업연금제도의 현상과 개혁 전망: 적격퇴직연금과 후생연금기금의 동향 및 유식자회의의 토의 내용," 한국노동연구원 국제노동브리프, 2012.9, 70면 이하 참조.

59) 그 후 사회보장심의회에 설치한 기업연금부회에서 논의나 퍼블릭코멘트 등 관계자로부터의 의견 등을 받아 시행준비를 했다. 일본 후생노동성, http://www.mhlw.go.jp/topics/bukyoku/soumu/houritu/dl/183-23.pdf (최종방문일: 2017.12.1).

(3) 보건 및 복지

일본에서의 고령자에 관한 보건, 개호, 복지에 관해서는 노인복지법, 개호보험법, 노인보건법 등이 규율하고 있다.

1963년 제정된 노인복지법(老人福祉法)은 모든 고령자를 대상으로 하여 재택복지, 시설복지, 건강과 관련한 시책의 근거가 되는 기본법으로의 역할을 상정하여 제정되었다.60) 1997년 12월에 제정된 일본의 개호보험법(介護保險法)은 종래 '복지'와 '의료'로 분리되었던 개호시스템을 "개호보험제도"라는 형태로 재구성한 사회적 지원시스템을 구축하고자 제정되었다.61) 2011년 동법은 "의료, 개호, 생활지원서비스의 연대에 의한 포괄적 재택지원시스템의 정비 및 확충

---

60) 김정순, 일본의 노인복지법제, 한국법제연구원, 2004, 49면. 입법초기에 소득보장, 의료, 고용, 주택 등을 포함하여 광범위한 영역을 대상으로 하는 기본법으로서의 지위를 상정한 노인복지법은 이후 고령사회대책기본법이 제정됨으로써 그 지위를 넘겨주게 되었다. 노인복지법의 기본법으로서의 성격은 현재는 고령자의 '주거 및 복지' 분야(기본법 제10조) 및 '학습 및 사회참가의 분야(동 11조)에 거의 한정되었다고 이해할 수 있다고 한다. 노인복지법의 기본법으로서의 성격은 구체적으로는 기본적 이념 등(제1조~제5조), 노인보건법 및 개호보험법과의 관계(제10조, 제10조의2), 노인복지계획(제20조의8~제20조의11), 그리고 시정촌, 도도부현, 국가의 임무분담(제5조의 4, 제6조의3 등)이라고 할 수 있다. 노인보건법, 개호보험법의 해석, 운용에 있어서도 노인복지법의 기본적 이념에 기초할 필요가 있다. 또한 법정 서비스나 급부에서 부족이 있으면, 이를 보완하는 것도 기본법으로서 노인복지법의 역할이라고 한다. 山口 浩一郎, 小島 晴洋, 高齢者法, 2002, 117-118면.

61) 개호보험법에 대해서는 다음과 같은 평가가 있다.
  "일본의 개호보험법은 개호가 필요한 자의 능력에 따라 자립적 일상생활이 가능하도록 필요한 보건의료와 복지 서비스를 하는 것으로, 이러한 목적에 기반을 둔 일본에서의 개호보험의 제도화는 전후 일본의 사회복지서비스가 조치제도에 기반을 두었던 것을 계약으로 바꾸는 것으로 개호서비스 이용시스템상의 패러다임의 전환을 불러오게 된다. 따라서 일본의 개호보험법은 이용자가 스스로의 의사에 기초해서 사업자 등 개호서비스 제공자로부터 제공되는 서비스를 선택하는 것을 기본으로 하고 있다."
  노기현, "노인복지행정에 있어 '지역포탈케어시스템'의 구축에 관한 검토: 2011년 6월 일본의 개호보험법 개정 내용을 중심으로," 부산대학교 법학연구, 제54권 제4호, 2013.11, 238면.

을 중심으로 한 지역포괄케어시스템의 구축을 위하여 개정"되었
다.[62] 개호보험제도 외에도 「노인보건법」이나 「복지용구법」(복지용
구 연구개발 및 보급 촉진에 관한 법률), 「고령자의 의료 확보에 관한
법률」 등 각종 법률과 제도가 고령자의 보건과 복지, 의료와 관련된
법제도로서 작용하고 있다.[63]

한편, 고령자 의료제도의 개선과 관련해서 현재의 의료보험제
도 개혁의 실시상황에 따라 필요 시 수정을 검토하고 있다.[64]

(4) 자립지원 및 생활환경 조성

고령자의 자립지원과 생활환경 조성에 있어서는 고령자의 사회
참가활동의 촉진, 학습활동의 촉진, 주거생활의 확보, 교통안전의
확보와 범죄나 재해로부터의 보호 등 다양한 정책이 추진되고 있다.
최근의 정책을 살펴보면, 고령자의 학습기회의 체계적인 제공과 기
반 조성을 위해, 「교육기본법」, 「사회교육법」 등 생애학습의 이념
과 추진 등을 정하는 관계법률 등에 기초하여, 국민 개개인이 생애
학습을 할 수 있는 환경의 정비, 다양한 학습기회의 제공 등을 추진
하고 있다. 한편, 고령자들도 대상이 되는 「소비자교육의 추진에 관
한 법률」(2012년 법률 제61호)이 시행되어 고령소비자에 대한 교육이
확대되고 있다.[65]

---

62) 이에 관한 상세는 노기현, "노인복지행정에 있어 '지역포탈케어시스템'의 구
축에 관한 검토: 2011년 6월 일본의 개호보험법 개정 내용을 중심으로," 부산
대학교 법학연구, 제54권 제4호, 2013.11, 239면 이하 참조. 개호보험제도에
관한 현황과 최근의 정책에 관해서는 일본 후생노동성, http://www.mhlw.
go.jp 참조.

63) 고령자의 의료제도에 관한 개관은 일본 후생노동성, http://www.mhlw.go.
jp/bunya/shakaihosho/iryouseido01/info02d-24.html (최종방문일: 2017.
12.01) 참조.

64) 일본 후생노동성, 사회보장제도 개혁의 전체상, http://www.mhlw.go.jp/
seisakunitsuite/bunya/hokabunya/shakaihoshou/dl/260328_01.pdf (최종
방문일: 2017.12.1) 참조.

이와 함께, 고령사회에서는 인지증, 지적 장해, 정신 장해 등의 이유로 고령자 등 판단능력이 불충분한 자가 부동산ㆍ예금 등의 재산을 관리하거나 개호 등의 서비스, 시설 등에의 입소에 관한 계약을 체결하거나 유산분할 등의 협의를 할 필요가 있어도 그 처리가 어려운 상황이 발생할 우려가 크다. 일본에서는 이러한 판단능력이 불충분한 자를 보호하고 지원하기 위하여 1999년 민법개정을 전면적으로 시행하여 2000년 4월부터 「성년후견제도(成年後見制度)」를 시행하고 있다. 새로운 성년후견제도는 본인의사(자기결정)의 존중과 보편화(nomalization)을 이념으로 마련되었다.[66]

3. 국내 고령자법제도

(1) 고령자 관련 법제 및 체계

우리나라에서 고령자 또는 노인을 대상으로 제정된 법은 「노인복지법」, 「노인장기요양보험법」, 「장애인ㆍ노인ㆍ임산부 등의 편의증진보장에 관한 법률」, 「고령친화산업진흥법」, 「고용상 연령차별금지 및 고령자고용촉진에 관한 법률」, 「장애인ㆍ고령자 등 주거약자 지원에 관한 법률」 등이 있다.

한편, 일반 국민을 대상으로 하지만, 서비스의 수급자 등을 고려할 때 고령자에게 큰 의의가 있는 법률은 「국민연금법」, 「기초연금법」, 「국민연금과 직역연금의 연계에 관한 법률」, 「공무원연금법」, 「사립학교교직원 연금법」, 「군인연금법」, 「의료급여법」, 「치매관리법」 등 다양한 법률에 산재해 있다. 그러나 이들 법률은 고령자에

---

65) 이에 관한 상세 및 기본방침에 관해서는 일본 문부과학성, http://www.mext.go.jp/a_menu/ikusei/syouhisha/detail/1337041.htm (최종방문일: 2017. 12.1) 참조.

66) 我妻榮、有泉亨、清水誠、田山輝明、『我妻ㆍ有泉コンメンタール民法 総則ㆍ物権ㆍ債権 第2版』日本評論社、2008年、65-76頁 참조.

대한 복지 분야나 수요에 따라 당시의 정책을 반영하여 "개별적이고 단편적"으로 규율되어 왔다.[67]

국내에서 인구고령화에 대비하기 위하여 체계적인 법적 기반을 제공하는 것은 2005년 제정된 「저출산·고령사회기본법」이라고 할 수 있다. 동법은 "국가의 지속적인 발전을 위해 인구 구성의 균형과 질적 향상"을 실현하는 한편, 고령자의 "안정된 노후생활"을 기본이념으로 하면서(제2조), 국가 및 지방자치단체에 저출산 및 고령화에 대비한 범정부적인 정책을 수립·시행하도록 하고 있다(제3조).

이에 따라 2006년 8월, 「제1차 저출산·고령사회 기본계획」이 수립되어 저출산과 고령화 문제를 국가차원에서 의제화하고 관련 제도 추진을 위한 기반을 조성하였다.[68] 이후 2010년 제2차 계획이 수립되어 부처별 정책이나 법제의 개별성, 단편성을 지양하고자 노력하고 있다.

[표 4] 저출산·고령사회 기본계획의 고령자 정책[69]

정 책	소관부처
1. 베이비붐 세대의 고령화 대응체계 구축	
1-1. 다양한 고용기회 제공	고용부, 여성가족부, 교육부, 중소기업청,
1-2. 다층적 노후소득보장체계 확립 　*국민연금, 퇴직연금, 개인연금	복지부, 농식품부, 고용부, 기재부, 금융위

---

67) 김태한·고준기, "고령화에 따른 노인복지관련법의 문제점 및 향후 개선 과제," 인하대학교 법학연구소 법학연구, 제16집 제1호, 2013.3, 174면.

68) 이러한 제1차 기본계획은 복지이념을 넘어 보편적 가치를 지향하는 목표와 이념을 넘어 "보편적 가치"를 지향했다는 점에서 의의가 있으나, 실질적인 정책 추진면에서 한계가 존재했다는 평가가 있다. 이삼식, "제2차 저출산·고령사회 기본계획 수립 배경과 의의," 보건복지포럼 제172호, 2011.2, 7면.

69) 대한민국 정부, 2011-2015 제2차 저출산·고령사회 기본계획 『새로마지 플랜 2015』, 2010, 234-237면을 재구성.

1-3. 사전 예방적 건강관리체계 구축	복지부
1-4. 노년기 생애대비 노후생활 설계강화	복지부
2. 안정되고 활기찬 노후생활 보장	
2-1. 일자리 사업의 내실화	복지부
2-2. 노인빈곤예방을 위한 소득보장 방안 마련	복지부, 금융위, 농식품부
2-3. 건강한 노후생활 및 의료비 지출 적정화	복지부
2-4. 다양한 사회참여·여가문화 기회 제공	행안부, 복지부, 교육부, 문화부
3. 고령친화적 사회환경 조성	
3-1. 고령친화적 주거환경 조성	국토부, 농진청, 경찰청
3-2. 노인권익증진 및 노인공경 기반마련	복지부, 여성가족부, 농식품부, 복지부

(2) 고용 및 소득

고령자의 고용과 관련한 정책과 법제는 '고용촉진'과 '차별금지' 분야로 나누어 설명할 수 있으며, 「노인복지법」, 「고용상 연령차별 금지 및 고령자고용촉진에 관한 법률」을 중심으로 추진되고 있다. 노인복지법은 제23조와 제23조의2에서 "노인의 지역봉사 활동 및 취업의 활성화" 그리고 노인일자리 전담기관의 설치 및 운영에 관한 기본적 사항만을 규정하고 있다.[70] 한편, 「고용상 연령차별금지 및

---

70) 노인복지법 제23조(노인사회참여지원)
　① 국가 또는 지방자치단체는 노인의 사회참여 확대를 위하여 노인의 지역 봉사 활동기회를 넓히고 노인에게 적합한 직종의 개발과 그 보급을 위한 시 책을 강구하며 근로능력있는 노인에게 일할 기회를 우선적으로 제공하도록 노력하여야 한다.
　② 국가 또는 지방자치단체는 노인의 지역봉사 활동 및 취업의 활성화를 기 하기 위하여 노인지역봉사기관, 노인취업알선기관 등 노인복지관계기관에 대하여 필요한 지원을 할 수 있다.
　제23조의2(노인일자리전담기관의 설치·운영 등) ① 노인의 능력과 적성에 맞는 일자리지원사업을 전문적·체계적으로 수행하기 위한 전담기관(이하

고령자고용촉진에 관한 법률」에서는 고령자의 취업지원, 고용촉진 및 고용안정, 정년제, 그리고 고용에 있어 연령의 차별금지와 관련한 정책 추진을 위한 규정을 두고 있다.[71]

아울러 고령자의 소득보장과 관련해서는「국민연금법」,「국민기초생활 보장법」,「기초연금법」이 있다.[72] 그러나 소득보장과 관련한 법률들은 "개별법 간의 역할분담을 통한 연계성이 부족한 실정이고, 국가재정의 한계성, 급여수준의 적정성 문제에 대한 사회적 합의가 필요하다"는 비판이 제기되어 왔다.[73]

(3) 건강 및 복지

보건, 복지, 의료 및 장기요양에 관해서는「저출산 · 고령사회기본법」,「노인복지법」,「의료급여법」,「노인장기요양보험법」,「치매관리법」을 중심으로,「국민건강보험법」,「사회복지사업법」,「국민건강증진법」,「보건의료법」,「공공보건의료에 관한 법률」,「장애인복지법」 등에서 규율되고 있다.

「저출산 · 고령사회기본법」제12조 제2항에서는 "국가 및 지방자치단체는 노인을 위한 의료 · 요양 제도 등을 확립 · 발전시키고 필요한 시설과 인력을 확충하기 위하여 노력"하도록 규정하고 있다. 이를 바탕으로「노인장기요양보험법」은 장기요양보호의 대상으로서 노인을 위한 재가급여와 시설급여를 제공하여 노인의 의료보장에 대하여 중요한 역할을 수행한다. 또한「치매관리법」을 통해 치매관리 및 치매환자의 지원에 대한 법적 지원을 수행하고 있다.[74]

"노인일자리전담기관"이라 한다)은 다음 각 호의 기관으로 한다.

71) 강성태, "고령자 고용법제의 현황과 개선 방안: 노동정책과 사회보장정책의 결합을 중심으로," 동아대학교 법학연구소 동아법학, 제52권, 2011.8 참조.

72) 정현명, "한국노인복지법제의 현황과 과제: 소득보장을 중심으로," 숭실대학교 법학연구소 법학논총 제30권, 2013.7 참조.

73) 김태한 · 고준기, "고령화에 따른 노인복지관련법의 문제점 및 향후 개선 과제," 인하대학교 법학연구소 법학연구, 제16집 제1호, 2013, 179면.

(4) 자립지원 및 생활환경 조성

고령자의 사회참여, 문화 인프라 제공, 기타 생활환경 조성과
관련해서는 고령자 자원봉사, 여가문화 프로그램 개발, 문화바우처
지원, 주거안정, 학대노인의 보호 강화 등 다양한 정책이 추진되고
있다.75) 한편, 전술한 바와 같이, 고령자에 대한 기존의 '지원' 개념
의 사회복지제도와는 접근법이 상이한, "대등한 당사자 사이의 진정
한 사적 자치" 구현을 위한 법적 지원 장치로 성년후견제도가 시행
되면서 관련 제도가 시행 중에 있다.76)

4. 소 결

고령화 사회가 급속히 진전되면서 우리나라에서도 고령자를 대
상으로 한 정책에 관심이 고조되어 왔으며, 이에 따라 관련 법제도
가 정비되어 왔다. 앞서 검토한 고령화의 진전에 따라 나타나는 사
회적 현상 그리고 비교법적 고찰을 바탕으로 살펴볼 때, 우리나라의
고령자 관련 법제에는 다음과 같은 특징이 있다.

첫째, 고령자법 또는 고령소비자 보호 법제도의 대상이 될 수
있는 '노인' 또는 '고령자'의 연령에 대한 명확한 규정은 존재하지 않
고, 각종 노인복지서비스 대상자 연령기준을 근거로 노인 또는 고령
자를 "65세 이상인 자"로 간주하고 있는 것으로 보여진다. 예를 들
어, 「노인복지법」의 경우, 제32조의2(노인복지주택의 입소자격 등)에

---

74) 체계상 문제점 및 개선방안 논의에 관해서는 노재철, "노인보건의료의 현황
　과 법 제도적 개선방안," 한국콘텐츠학회 한국콘텐츠학회논문지, 제13권 제4
　호, 2013.4; 노재철, "주요국가의 노인보건의료보장에 대한 비교법적 검토와
　시사점," 인하대학교 법학연구소 법학연구 제16집 제2호, 2013.7 참조.

75) 대한민국 정부, 2011-2015 제2차 저출산·고령사회 기본계획『새로마지 플
　랜 2015』, 2010, 142-155면 참조.

76) 구상엽, "성년후견제도 입법 과정에서의 주요 쟁점 및 향후 과제," 한국민사
　법학회 민사법학, 2013.12, 675면.

서 입소노인의 연령자격을 60세 이상의 노인으로 규정하고 있어 사실상 60세 이상이면 노인으로 분류될 판단의 가능성을 열어 두고 있지만, 다른 조항들에서는 "65세 이상의 자"로 규정하고 있다. 그리고 「노인장기요양보험법」의 경우, 요양서비스 대상자의 연령기준을 "65세 이상의 노인"으로 규정하고, 65세 미만인 자일 경우는 노인성 질병을 가진 자를 대상으로 한정하고 있다. 「기초연금법」의 경우, 65세 이상의 소득 하위 70% 수준의 자가 수급대상자이다. 한편, 고용촉진 관련 법률상의 "고령자"의 경우는 "55세 이상인 자"이고, "준고령자"의 경우는 "50세 이상 55세 미만인 자"로 규정되어 있다.

둘째, 고령자와 관련한 정책은 고령화가 진전되면서 나타나는 사안별 대응을 위해서 제도화되어 왔다. 이러한 점을 이유로 현재 국내의 고령자 관련 법제는 개별 법률 간 기능과 분야 간 연계성을 확보하지 못하여 고령자에 초점을 맞춘 국가 차원의 종합적이고 체계적인 정책 추진의 효율성을 담보할 수 없다고 할 수 있다.

셋째, 위와 같은 문제점으로 인하여 고령자 관련 법제 정비의 기본이념, 기본원칙, 그리고 기본방향에 관한 논의가 부족했다고 할 수 있다. 전술한 바와 같이, 미국에서의 '고령자법' 영역은 고령사회를 둘러싼 문제 상황과 법적 과제를 연구의 대상으로 하고 있다. 그리고 개별 영역에서 세대 간 정의나 고령자의 권리를 탐색하며 고령자 특유의 법이론을 탐구하고자 노력하고 있다.[77]

넷째, 고령화 사회가 심화되면서 변화하는 고령자상(像)을 반영한 정책 추진과 법제 정비가 이루어지지 않고 있다. 일본의 경우, 2012년 발표한 「고령사회정책대강」에서는 첫 번째 기본사고로 종래 '보호'와 '의존'의 대상으로서 고령자에 대한 의식의 개혁을 요청하고 있다. 이는 고령자 법제 정비의 관점 변화를 요청한 것으로도

---

77) 이러한 관점의 연구로는 강병근, "장애인권리협약과 성인보호협약이 고령자 보호에 주는 시사점 연구," 홍익법학 제11권 제2호, 2010 참조.

해석할 수 있다. 즉, 종래 사회적 약자로서의 '고령자' 또는 '노인'을 지원하는 사회보장적 또는 사회복지적 관점과 더불어 사회의 일원 및 대등한 당사자로서의 고령자를 상정한 관점으로의 전환을 요구한다고 할 수 있다.[78]

이러한 점을 고려하면, 고령자 관련 법제도 정비는 고령자의 '자립'을 '지원'할 수 있는 영역과 기능적 연계를 확보하면서 이루어져야 한다. 성년후견, 고령자의 재산관리, 의료에 있어서의 의사결정이 이러한 영역의 예라고 할 수 있다. 그리고 이와 같은 고령자 법제 연구의 범위는 보호대상으로서의 고령자와 능동적 권리주체로서의 고령자를 포괄하는 관점에서 이루어져야 하며, 고령소비자에 대해서도 마찬가지의 관점에서 접근할 필요가 있다.

IV. 고령소비자 계약법제의 현황 및 개선방향

1. 현행법제 및 문제점

종래 소비자는 사업자에 비하여 상대적으로 불충분한 정보와 교섭력을 이유로 사업자에 대한 열등한 지위(정보의 열등성, 기술조작에서의 열등성, 부담전가에서의 열등성, 조직력과 시장지배력에서의 열등성)에 처한 약자로서 법적 보호의 대상이 되어 왔다.[79] 이와 같은 소

---

78) 고령자를 사회보장의 대상으로 볼 수 있는 한편, 은퇴 후 건강하고 부유한 소비자 등으로 볼 수 있으나, 여전히 신체적·정신적 취약성이 잠재된 계층으로 볼 수 있을 것이다. 예를 들어, 고령화가 진행되면서 젊은 층의 소비자가 감소하는 대신 부유한 고령층이 새롭고 강력한 소비층으로 부상하고 있다. 기사에 의하면, 최근 미국에서의 신차 판매는 고령층이 주도하고 있어, 차량 제조사들은 "집중력과 반사신경이 둔화한 고령 운전자에게 도움을 주는 기능을 추가"하고 있다고 한다. "2050년 지구촌 고령자 20억 시대 … '실버 이코노미' 뜬다", 헤럴드 경제 2014년 10월 20일.

79) 이은영 편저, 소비자법, 2013.9, 14면. 소비자는 ① 사업자에 비해 충분한

비자의 속성이 '고령'으로부터 야기되는 자를 고령소비자로 볼 수 있다. 즉, "① 고령으로 인하여 정신·신체적으로 미약한 상황에 처한 ② 정보·교섭력에서 열위를 가진 자"를 고령소비자라고 할 수 있다.[80] 이처럼 고령소비자는 다른 소비자 계층과 다른 신체적, 정신적 특성으로 인하여 일반 소비자에 비해 상대적으로 취약한 자로서 소비자 법정책의 관점에서도 법적 보호와 지원이 필요한 대상이라고 할 수 있다.[81]

현행법상 고령자에 대한 법적 보호는 민법 규정에 의한 보호와 방문판매 등에 관한 법률 등 특별법에 의한 보호로 나누어 개관할 수 있다.

(1) 민법 규정에 의한 보호

고령소비자에 대한 민법상 보호는 ① 의사무능력, ② 사기, 강박, 착오와 같은 의사표시이론, ③ 불공정 법률행위, ④ 불법행위에 대한 손해배상에 의한 보호를 상정할 수 있다. 이와 함께, 2013년 7

정보와 교섭력을 갖지 못하며, ② 항상 합리적으로 행동하지는 않고, ③ 회복하기 어려운 손해에 취약한 자로서 사업자와의 관계에서 특별법을 통하여 보호받는다. 윤태영, "고령소비자 계약에 관한 소고," 중앙법학회 중앙법학 제11집 제2호, 2009.8, 44면.

80) 윤태영, "고령소비자 계약에 관한 소고," 중앙법학회 중앙법학 제11집 제2호, 2009.8, 44면.

81) 황진자, "고령소비자 보호방안 연구: 한·일 비교를 중심으로," 2009.11("고령소비자는 다양한 약점을 가지고 있다. 일반 소비자와 사업자 사이에는 정보와 교섭력의 격차가 존재하지만, 고령소비자는 가장 현저하게 약점을 갖춘 전형적인 소비자라 볼 수 있다. 따라서 고령소비자는 이들 약점을 이용하려고 생각하는 사업자로부터 공략하기 쉬운 대상이라고 볼 수 있다."). 송순영, "고령자 소비자정책의 발전방향," 소비자문제연구 제30호, 2006.12, 30면("고령소비자는 다른 소비자 계층군에 비해 상대적으로 낮은 교육수준, 심리적 불안정, 고독감, 신체적 노쇠 등의 특성과 상대적으로 낮은 구매력으로 시장에서 영향력을 행사할 수 없는 취약소비자(disadvantaged consumer)로서의 특성을 보이고 있어 소비자정책의 측면에서도 이를 감안한 소비자정책이 요구되고 있다고 할 수 있다.") 참조.

월부터 도입된 성년후견제도에 의한 보호를 검토할 수 있다.

그러나 의사무능력, 의사표시이론, 불공정 법률행위, 불법행위
에 의한 고령소비자 보호에는 일정한 한계가 존재한다. 구체적으로,
의사무능력에 관해서 민법은 특별한 규정을 가지지 않고 있으며, 이
에 대한 판단은 구체적인 법률행위에 따라 개별적으로 이루어진
다.[82]

그러나 특별한 장애가 없는 경우 등에는 자신의 사리변식능력
의 결여를 증명하는 것이 어렵다. 의사표시이론의 경우에도 착오(민
법 제109조)나 사기 또는 강박에 의한 계약의 취소(민법 제110조)는 엄
격한 요건으로 인하여 소비자 거래에서 고령소비자의 구제에는 한
계가 있다.[83] 일반조항으로서 "당사자의 궁박, 경솔 또는 무경험으
로 인하여 현저하게 공정을 잃은 법률행위는 무효로 한다"는 불공정
한 법률행위(민법 제104조)의 경우에도 사안별로 판단되는 것으로서
일반적인 고령자 보호에는 미흡한 측면이 있다. 또한, 불법행위에
대한 손해배상의 경우 앞서 검토한 제도에 비하여 보다 일반적인 구
제수단이 될 수 있으나 손해배상이라고 하는 사후적 구제에 한정되
는 측면이 있다.[84]

---

82) 판례는 의사능력에 대하여 아래와 같이 보고 있다. 의사능력이란 "자신의
   행위의 의미나 결과를 정상적인 인식력과 예기력을 바탕으로 합리적으로 판
   단할 수 있는 정신적 능력 내지는 지능을 말하는바, 특히 어떤 법률행위가 그
   일상적인 의미만을 이해하여서는 알기 어려운 특별한 법률적인 의미나 효과
   가 부여되어 있는 경우 의사능력이 인정되기 위하여는 그 행위의 일상적인
   의미뿐만 아니라 법률적인 의미나 효과에 대하여도 이해할 수 있을 것을 요
   한다." 대판 2006.9.22, 2006다29358.
83) 윤태영, "고령소비자 계약에 관한 소고," 중앙법학회 중앙법학 제11집 제2
   호, 2009.8, 49면 참조.
84) 윤태영, "고령소비자 계약에 관한 소고," 중앙법학회 중앙법학 제11집 제2
   호, 2009.8, 49면("사업자의 불충분한 설명, 기만적 태도, 집요한 권유행위 등
   계약체결과정에서의 불법적 원인뿐만 아니라 계약 체결 후의 이행 과정에서
   의 불성실한 태도 등으로 인하여 어떤 손해가 발생한 경우 불법행위책임이
   문제가 될 수 있고, 손해배상이 인정될 수도 있다. 특히 '계약체결상의 과실'

이에 대해, 질병, 장애, 노력, 그 밖의 사유로 인한 정식적 제약으로 사무처리능력이 지속적으로 결여되거나 부족한 경우에는 피성년후견인, 피한정후견인으로서 성년후견제도를 활용함으로써 고령소비자를 보호할 수 있다. 그러나 전술한 바와 같이, 일상생활에 관한 행위는 후견의 범위에 포함되지 않고, 후견제도를 활용하지 않는 고령소비자의 경우 성년후견제도에 의한 법적 보호를 받을 수 없다.

(2) 방문판매 등에 관한 법률

고령자는 대외활동보다는 재택활동이 높아 가정방문이나 전화권유 등 특수판매를 통하여 악덕 상술의 대상이 되기 쉽다. 고령소비자는 방문판매 등에 관한 법률 제8조에서 규정하는 소비자의 청약철회권을 활용할 수 있다. 즉, 동법 제8조에서는 일반적으로 "계약서를 받은 날부터 14일. 다만, 그 계약서를 받은 날보다 재화 등이 늦게 공급된 경우에는 재화 등을 공급받거나 공급이 시작된 날부터 14일"(제1항 제1호), 그리고 계약서를 받지 않은 경우, "방문판매자 등의 주소 등이 적혀 있지 아니한 계약서를 받은 경우"(제1항 제2호 나) 또는 "방문판매자 등의 주소 변경 등의 사유로 제1호에 따른 기간 이내에 청약철회 등을 할 수 없는 경우"(제1항 제2호 다)에는 "방문판매자 등의 주소를 안 날 또는 알 수 있었던 날부터 14일" 이내에 청약을 철회할 수 있다.

그러나 고령소비자의 경우 이 제도를 인지하지 못하거나 경솔한 계약으로 인한 수치심 등을 이유로 이 규정에 기하여 청약을 철회하여 보호를 받기에는 일정한 한계가 있다.[85] 또한 고령자의 판단

이라고 불려지는 법적 책임이나 이행과정에서의 '신의칙 위반' 등도 여기에 관련된다. 한편 제조물의 소비에 있어서는 그 결함으로 인한 피해에 대하여 제조물책임법상의 손해배상청구로 보다 용이하게 구제받을 수 있다. 그러나 불법행위법상의 구제를 받기 위해서는 사업자의 고의나 과실로 인하여 고령자에게 어떤 손해가 발생하였다는 입증을 해야 하는데 그러한 입증이 용이하지 않다.").

능력이나 의사능력을 고려하면, 현재 규정하고 있는 기간이 고령소
비자를 보호하기에는 지나치게 짧은 면이 있다고 할 수 있다.[86]

2. 최근 일본법의 개정

최근 일본에서는 고령소비자의 문제에 대처하기 위하여 소비자
계약법과 특정상거래법을 개정하였다.

(1) 소비자계약법의 개정[87]

고령화의 진전에 따른 사회경제환경의 변화에 대응하여 소비자
의 이익을 보호하기 위하여 취소의 대상이 되는 소비자계약의 범위
를 확대하는 동시에 무효가 되는 소비자 계약의 조항의 유형을 추가
하였다.

1) 계약과정의 적정화: 계약의 취소

① 과량(過量)한 내용의 소비자 계약의 취소

고령자의 판단능력이 저하되는 것을 노려 대량으로 상품을 구
입하게 하는 소비자 피해 사건에 대처하기 위하여 '과량 내용의 계약
을 취소'할 수 있는 사유를 신설하였다. 즉, 소비자는 사업자가 소비
자계약 체결을 권유하는 때에 물품, 권리, 역무 기타 당해 소비자 계
약의 목적이 되는 것의 분량, 횟수 또는 기간(이하 '분량 등')이 당해
소비자에게 통상의 분량 등을 현저히 초과한 것을 알았던 경우 등에

---

85) 송순영, "고령자 소비자정책의 발전방향," 소비자문제연구 제30호, 2006.
 12, 38면.
86) 윤태영, "고령소비자 계약에 관한 소고," 중앙법학회 중앙법학 제11집 제2
 호, 2009.8, 64면.
87) 2016년 3월 4일 의회에 「소비자계약법의 일부를 개정하는 법안(消費者契約
 法の一部を改正する法律)」이 제출되어, 5월 중의원과 참의원에서 가결, 성립
 된 이후, 동년 6월 3일 평성 28년 법률 제61호로 공포되어 일부의 규정을 제
 외하고는 2017년 6월 3일부터 시행되었다. 이에 관한 상세는 일본 소비자청,
 http://www.caa.go.jp 참조.

서 그 권유에 의하여 당해 소비자 계약의 청약 또는 그 승낙의 의사
표시를 한 때는 이를 취소할 수 있게 하였다(제4조 제4항).[88]

② 중요사항의 범위의 확대

마루 밑에 흰 개미가 있다고 하는 허위의 사실을 알려 리폼 공
사의 계약을 체결시키는 등의 사안에 대처하기 위하여 부실고지에
의해 취소의 대상이 되는 중요사항의 범위를 확대하였다. 즉, 물품,
권리, 역무 기타 당해 소비자 계약의 목적이 되는 것이 당해 소비자
의 생명, 신체, 재산 기타 중요한 이익에 관한 손해 또는 위험을 회
피하기 위하여 통상 필요하다고 판단되는 사정을 추가하였다(제4조
제5항).[89]

③ 취소권의 행사기간의 확대

소비자 계약법 규정에 의한 소비자의 취소권의 행사기간을 추
인할 수 있는 때로부터 6개월간 행사하지 아니한 때는 시효에 의해
소멸된다는 규정에서, 해당 기간을 1년으로 확대하였다.

2) 계약내용의 적정화: 계약조항의 무효

흠결 제품의 경우에도 잔금을 계속해서 지급하도록 하는 경우
와 같이, 소비자의 해제권을 일절 인정하지 않는 계약 조항이 존재
하는 사안에 대처할 수 있도록 소비자의 해제권을 포기하는 조항을
무효로 하는 조항을 추가하였다. 즉, 사업자의 채무불이행에 의해
발생한 소비자의 해제권을 포기하는 조항이나 소비자 계약이 유상
계약인 경우에 당해 소비자 계약의 목적물에 숨은 하자가 있는 등에
의해 발생한 소비자의 해제권을 포기하는 조항을 무효로 하였다(제8
조의2).[90]

---

88) 消費者契約法 第四条 4(消費者契約の申込み又はその承諾の意思表示の取
消し).
89) 消費者契約法 第四条 5(消費者契約の申込み又はその承諾の意思表示の取
消し).
90) 消費者契約法 第八条の二 (消費者の解除権を放棄させる条項の無効).

(2) 특정상거래법의 개정[91]

종래 소비자는 방문판매에 의한 과량매매만 계약해제가 가능하였으나 건강식품, 화장품 등에 관한 전화권유판매의 과량판매에 관한 상담이 2014년까지 5년간 약 1.4배가 증가함에 따라 이러한 사안에 대처하기 위한 제도를 신설하였다. 즉, 전화권유판매에서 소비자가 일상생활에서 통상 필요로 하는 분량을 현저하게 초과하는 상품의 매매계약 등에 대해서, 행정처분(지시 등)의 대상이 되게 함과 동시에, 청약 철회 또는 해제를 할 수 있도록 하였다(제24조의2).[92]

3. 국내 법제의 개선방향

개정민법에 의하여 노령 등의 사유로 인한 정신적 제약으로 사무처리 능력이 지속적으로 결여되거나 부족한 경우 성년후견제도를 통하여 고령소비자를 보호할 수 있는 범위가 확대되었다. 그러나 성년후견제도의 대상이 되지 않는 고령소비자를 위한 실정법상 보호는 미흡한 면이 있다. 반면, 전술한 바와 같이 고령소비자는 재산을 상당부분 보유하고 있는 경우가 많고, 고령사회에서 사업자와 고령소비자의 힘의 불균형을 고려하는 경우, 고령자를 대상으로 한 시장의 확대에 따라 악덕상술에 의한 일반 고령소비자의 피해가 높아질 것이 예상되면서 이를 대상으로 한 법적 보호의 필요성 역시 높아지고 있다.

이와 같은 고령소비자에 대한 법적 보호는 첫째, 일반소비자와 같은 시장에서 소비행위에 참여하는 경우, 둘째, 특히 고령소비자를 대상으로 한 부당한 거래행위 또는 고령소비자만을 고객으로 형성

---

91) 이에 관한 상세는 일본 소비자청, http://www.caa.go.jp/trade/index_1. html 참조(최종방문일 2017.12.1).

92) 特定商取引に関する法律 第二十四条の二 通常必要とされる分量を著しく 超える商品の売買契約等の申込みの撤回等).

된 시장에서의 거래행위로 구분하여 살펴볼 수 있을 것이다.

우선 일반소비자와 마찬가지의 시장에서 고령자가 거래행위에 참여하는 경우에는 고령자의 심리적·정신적 기능의 퇴화 등과 같은 고령자의 특징적인 요인을 감안하여 고령소비자를 일반소비자에 비해 두터운 보호를 하는 방안을 고려할 수 있다.[93] 그러나 이와 같은 경우에는 사업자는 고령자와의 거래 비용 등을 생각하게 되고, 결국 고령자와의 거래 회피로 이어져 고령자가 거래주체로서의 지위를 상실할 수도 있다는 점도 고려할 필요가 있다.

다음으로, 고령소비자의 특수성을 특히 대상으로 한 부당한 거래행위에서는 계약체결과정의 적정화를 담보할 수 있는 법적 규제가 이루어져야 하며 이를 위반하는 경우 계약의 효력을 적극적으로 부정하는 방안을 고려할 수 있다.[94] 그리고 고령소비자만을 고객으로 형성된 시장(예를 들어, 고령친화상품 시장, 노인장기요양서비스 시장 등)에서의 거래행위에서는 계약내용의 합리성을 담보하는 방안과 더불어 해당 시장 전체를 적절히 규제하는 방안이 고려되어야 한다.

(1) 소비자의 청약철회권 제도의 확장

소비자의 청약철회권은 일정한 상황하에서 소비자가 사업자에 대하여 이유를 제시하지 않고 조건없이 청약을 철회하여 계약을 해제할 수 있는 제도로서 민법상 규정된 취소권에 의하는 경우보다 소비자에게 유리한 제도이다. 한편, 청약철회권을 인정하는 근거는 ① 소비자에게 '냉각기간(cooling-off period)'을 부여함으로써 충동구매를 바로잡을 기회를 부여하고, ② 진정한 의사결정이라고 볼 수 없는 의사표시를 철회할 수 있는 기회를 부여하며, ③ 실제적으로 강

---

93) 박희주, "고령자와 소비자법제 현황 및 개선방향," 한국법제연구원 워크숍 발표자료, 2014.10.2, 6면.
94) 박희주, "고령자와 소비자법제 현황 및 개선방향," 한국법제연구원 워크숍 발표자료, 2014.10.2, 6면.

요된 거래를 교정하기 위한 것이라고 할 수 있다.[95]

고령소비자의 경우 전술한 바와 같이, 성년후견제도로 인한 자기결정을 지원받지 못하는 경우에도 고령자의 특성으로부터 보호의 필요성이 인정되며, 청약철회권을 인정할 수 있는 상황이 일반소비자에 비하여 넓다고 할 수 있다. 이를 고려하면, 첫째, 고령소비자에 대해서 청약철회권이 적용되는 거래의 유형을 확대 적용할 필요가 있다. 즉, 금융거래, 과량판매 등 고령소비자의 피해에서 다발하거나 특화된 거래 분야로 청약철회 등의 확대를 검토할 필요가 있다. 둘째, 고령자와 일반 소비자를 구분하지 않고 획일적으로 인정하고 있는 청약철회기간에 대하여, 고령자의 특성을 감안하여 청약기간을 연장하는 방안을 적극적으로 검토할 필요가 있다. 청약철회기간의 연장은 고령자의 자기결정권 존중의 문제와 본인 보호의 문제의 양자를 해결할 수 있는 방안이 될 수 있다. 셋째, 청약철회기간이 도과하더라도 고령소비자의 피해 사례를 고려하여 일정한 요건을 충족하는 경우 소비자 계약을 취소할 수 있는 제도를 마련하는 방안을 고려할 수 있다.

(2) 형벌 등 제재조치의 강화

고령자의 경우, 사기 등으로 경제적 피해를 입게 되면, 경제적·재정적 측면에서 회복이 불가능하게 될 가능성이 높으므로, 고령자에 대해 사기 등 불법행위·부당행위를 하는 사업자에 대해서는 가중 처벌 내지 제재를 강화하는 방안을 고려할 수 있다.

(3) 고령소비자 정책의 관점 변화

우리나라에서는 2007년 3월 소비자기본법의 시행과 더불어, 소비자정책의 기본 방향이 소비자 '보호' 위주에서 소비자 '주권'의 실

---

95) 이은영 편저, 소비자법, 2013.9, 17면.

현으로 전환되었다고 평가되고 있다.[96] 이후 우리나라의 소비자 정
책은 소비자주권의 실현을 위하여 정보제공·소비자교육 및 소비자
스스로에 의한 피해구제 등을 중심으로 추진되는 경향에 있다. 그러
나 고령소비자는 앞서 살펴본 바와 같이 일반소비자에 비하여 취약
성이 높은 계층으로 소비자 정책의 추진에 있어서도 종래의 소비자
'보호'의 관점의 투영이 더욱 필요한 대상이라고 할 수 있다. 일본의
경우와 같이, 행정기관이나 공공기관을 통한 후견적 활동을 강화하
고, 고령소비자 친화적인 피해구제 절차나 수단, 또는 정보제공 수
단(예를 들어, 일본의 고령자용 전화기 보급 등)의 정책을 추진할 필요가
있다.

V. 맺으며

이상으로 고령화사회의 진전과 더불어 예상되는 고령소비자의
문제, 미국, 일본에서의 고령자법제도, 소비자 관련 법제도의 개선
방향에 대하여 살펴보았다. 최근 우리나라는 급격한 저출산·고령
화를 경험하고 있으며 이로 인한 고령자의 사회·경제적 문제가 중
대하고 있다. 그럼에도 불구하고 종래 우리나라에서는 고령자를 취
약계층의 관점에서 파악하여 이들을 주로 '보호'와 '의존'이 필요한
사회보장정책대상으로 파악하여 온 반면, '자립'과 '지원'이라고 하는
정책대상으로서의 법제도에 대한 관심은 다소 소홀했던 것이 사실
이다.

그러나 최근의 고령자상(像)은 단순히 국가의 사회보장정책의
대상으로서만이 아니라 적극적인 사회·경제의 주체로서 활동하는

---

96) 국내 소비자정책의 연혁에 관한 상세는 이은영 편저, 소비자법, 2013.9, 31
면에서 33면 참조.

것이 상정되고 있다. 이와 함께, 최근 개정 민법으로 인하여 성년후
견제도가 도입되면서 노후생활에서 불가피하게 야기되는 재산관리
와 관련한 고령자의 법적 지위에도 많은 변화가 있었다.

이러한 의미에서 국내에서도 종래와 같이 사회보장정책의 대상
으로서의 고령자가 아닌 '활력 있는 고령화(Active Aging)'를 추구할
수 있는 법정책이 필요하다고 할 것이다. 이와 함께, 고령자들이 사
회적으로 유용한 존재로서 적극적인 활동을 할 수 있도록 관련 제도
나 환경을 구축하면서, 기존의 사회보장적 관점에서 마련된 다양한
고령자에 대한 보호 법률과의 연계성을 탐색하면서, 고령자의 자립
을 지원하는 방향으로 이루어져야 할 것이다.[97]

아울러 미국, 일본 등에서 주목하고 있는 '고령자법(elder law)'
이라고 하는 독립한 영역의 구축 및 법정책의 구상과 실현은, 향후
고령사회에서의 우리의 고령소비자 관련 법정책을 수립하는 때에
세대 간 정의나 고령자의 권리를 탐색하면서 고령자 특유의 법이론
을 탐구하는 데 유용한 비교사례가 될 수 있을 것으로 생각한다.

---

97) 1991년 국제연합에서는 개별 회원국으로 하여금 고령자의 보호를 위해서 자
립(independence), 참가(participation), 보호(care), 자기실현(self-fulfillment),
존엄(dignity)과 같은 기본원칙이 투영된 법제도적 기반을 조성하도록 요청
하고 있다. United Nations, Principles for Older Persons, A/RES/46/91,
1991.12.16.

참고문헌

강병근, "장애인권리협약과 성인보호협약이 고령자 보호에 주는 시사점 연구," 홍익법학 제11권 제2호, 2010.

강성태, "고령자 고용법제의 현황과 개선 방안: 노동정책과 사회보장정책의 결합을 중심으로," 동아대학교 법학연구소 동아법학, 제52권, 2011.8.

고진수·최막중, "노년 가구의 주거 선택행태에 관한 연구," 한국도시설계학회지 제15권 제1호, 2014.2.

구상엽, "성년후견제도 입법 과정에서의 주요 쟁점 및 향후 과제," 한국민사법학회 민사법학, 2013.12.

권오정, "노인세대를 위한 주거시설 현황과 노후 주거대안 탐색," 한국 FP 학회 Financial Planning Review, 제5권 제2호, 2012.5.

김명중, "일본 기업연금제도의 현상과 개혁 전망: 적격퇴직연금과 후생연금기금의 동향 및 유식자회의의 토의 내용," 한국노동연구원 국제노동브리프, 2012.9.

김명중, "일본의 고령화와 고연령자고용대책: 개정고연령자고용안정법을 중심으로," 한국노동연구원 국제노동브리프 제12권 제9호, 2014.9.

김인재, "근로기준법상 퇴직금의 수급권 보호를 위한 법정책 방향: 미국과 일본의 적격기업연금법제를 참고로," 서울대학교 노동법연구회 노동법연구, 1998.5.

김정순, 일본의 노인복지법제, 한국법제연구원, 2004.

김태한·고준기, "고령화에 따른 노인복지관련법의 문제점 및 향후 개선 과제," 인하대학교 법학연구소 법학연구, 제16집 제1호, 2013.3.

김판기, "고령화 사회에 있어서 재산관리와 승계수단으로서의 신탁," 동아대학교 법학연구소 동아법학 제55권, 2012.5.

남궁은하, "미국의 건강보험개혁: 노인관련법안을 중심으로," 한국보건사회연구원 보건복지포럼, 2010.7.

노기현, "노인복지행정에 있어 '지역포탈케어시스템'의 구축에 관한 검토: 2011년 6월 일본의 개호보험법 개정 내용을 중심으로," 부산대학교 법학연구, 제54권 제4호, 2013.11.

노상헌, 일본의 공적연금법제의 개혁과 과제, 한국법제연구원, 2004.

노재철, "노인보건의료의 현황과 법 제도적 개선방안," 한국콘텐츠학회 한국콘텐츠학회논문지, 제13권 제4호, 2013.4.

노재철, "주요국가의 노인보건의료보장에 대한 비교법적 검토와 시사점," 인하대학교 법학연구소 법학연구 제16집 제2호, 2013.7.

대한민국 정부, 2011-2015 제2차 저출산·고령사회 기본계획 『새로마지 플랜 2015』, 2010.

박희주, "고령자와 소비자법제 현황 및 개선방향," 한국법제연구원 워크숍 발표자료, 2014.10.2.

석수길, "신탁을 통한 고령자의 재산권 보호에 관한 연구," 한양대학교 대학원 박사학위논문, 2013.8.

송순영, "고령자 소비자정책의 발전방향," 소비자문제연구 제30호, 2006.12.

신용주, "노인주거복지정책의 현황과 정책제언," 한국주거환경학회지 제10권 제3호, 2012.10.

오민정 외, "실버소비자 연구동향 분석과 향후 연구방향성의 제언," 조선대학교 지식경영연구원, 한국비지니스 리뷰 제5권 제3호, 2012.12.

유각근, "미국의 연령차별 금지법," 미국헌법학회 미국헌법연구 제22권 제3호, 2011.12.

윤태영, "고령소비자 계약에 관한 소고," 중앙법학회 중앙법학 제11집 제2호, 2009.8.

이삼식, "제2차 저출산·고령사회 기본계획 수립 배경과 의의," 보건복지포럼 제172호, 2011.2.

이윤환, 노인의 건강 및 의료이용실태와 정책과제, 한국보건사회연구원 보건복지포럼, 2012.10.

이은영 편저, 소비자법, 2013.9.

이희성, "국민연금수급연령과 정년의 연계를 위한 고령자고용촉진법정책의 검토: 일본의 2013년 일본 고령자고용안정법 시행과 우리나라 2013년 고령자고용촉진법 개정을 중심으로," 한국비교노동법학회 노동법논총 제28권, 2013.

전영수, "일본의 고령자 노후소득과 정년연장에 관한 연구," 한국일본학회 일본학보 제89권, 2011.11.

정현명, "한국노인복지법제의 현황과 과제: 소득보장을 중심으로," 숭실대학교 법학연구소 법학논총 제30권, 2013.7.

통계청, 2014 고령자 통계, 2014.9.

통계청, 2016 고령자 통계, 2016.9.

통계청, 장래인구추계(2010 인구주택총조사 기준): 2010~2060년, 2012.2.

한국소비자원, 2013 소비자 피해구제 연보 및 사례집, 2014.6.

황진자, "고령소비자 거래관련 소비자피해 실태조사," 한국소비자원 조사보고서, 2011.7.

황진자, "고령소비자 보호방안 연구: 한ㆍ일 비교를 중심으로," 2009.11.

황진자, "금융상품 판매에 있어 고령소비자보호 방안," 한국소비자원 소비자문제 연구 제41권, 2012.4.

Employee Benefit Research Institute, EBRI Databook on Employee Benefits Chapter 23: Social Security: Old-Age and Survivors Insurance (OASI) Program Finance.

Employee Benefit Research Institute, EBRI Databook on Employee Benefits Chapter1:Employee Benefits in the United States: An Introduction.

Kay H. Hodge, "The Age Discrimination in Employment Act," SS032 ALI-ABA (2011).

Lawrence A. Frolik & Richard L. Kaplan, Elder Law in Nutshell (2010).

Lawrence A. Frolik, "The Developing Field of Elder Law: A Historical Perspective," 1 Elder L.J. 1 (1993).

United Nations, Principles for Older Persons, A/RES/46/91, 1991.12.16.

閣議決定, 高齢社会対策大綱, 2012.9.7.

内閣府, 平成26年版 高齢社会白書, 2014.

我妻榮、有泉亨、清水誠、田山輝明,『我妻・有泉コンメンタール民法 総則・物権・債権 第2版』日本評論社、2008年.

山口 浩一郎, 小島 晴洋, 高齢者法, 2002.

私法의 영역에서 고령자의 보호에 대한 비교법 연구*
―우리나라와 독일의 상황을 중심으로―

박신욱**

Ⅰ. 들어가며

사적 자치의 원칙은 私法의 근간을 이루는 대원칙으로서, 일반적으로는 개인이 자기의 의사에 따라 법률관계를 스스로 형성하는 원칙으로 이해된다.[1] 이러한 순수한 의미의 사적 자치의 원칙은 합

---

* 본 논문은 2017년 3월 한양대학교 법학연구소에서 발간되는 법학논총에 같은 내용으로 출간된 바 있습니다.
** 법학박사, 경남대학교 연구중심교원.
1) 지원림, 민법강의, 홍문사, 2016, 17면; Busche, Privatautonomie und Kontrahierungszwang, Tübingen, 1999, S. 13; Dieterich, Grundgesetz und Privatautonomie im Arbeitsrecht, RdA (3/1995), S. 130; Dreier, Privatautonomie und geistige Schöpfung, in: Breidenbach/Grundmann

리적이며 이성적인 인간상을 전제로 하고 있음은 주지의 사실이다.
하지만 이러한 전통적인 의미의 사적 자치가 가지는 한계는 여러 가
지 측면에서 그리고 지속적으로 지적되고 있다. 자율이라는 패러다
임의 한계와 후견패러다임이라는 개념의 등장도 같은 맥락에서 이
해될 수 있을 것이다.[2] 이와 관련해 최근 중요하게 대두되고 있는
주제 중 하나는 고령화가 급속도로 진행되고 있는 우리사회에서의
고령자에 대한 문제일 것이다.[3] 왜냐하면 고령인구의 증가 및 기대
수명의 증가뿐만[4] 아니라 핵가족화의 정착으로 인해 고령소비자에
게 지속적인 경제활동에의 참여가 강제되고 있음에도 불구하고, 그
들은 급속도로 변화하는 현대의 사회에서 정보의 부족에 빠질 위험
성이 농후하기 때문이다.[5] 이러한 상황 속에서 다음의 가정들이 제
기되고 있는 것으로 파악된다. 첫째로는 고령자를 우리 私法이 전제
하고 있는 합리적이고 이성적인 인간상과 고령자를 동일선상에 둘
수는 없을 뿐만 아니라 오히려 가장 보호의 필요성이 있는 인간상으
로 볼 수 있다는 것이다.[6] 두 번째의 가정은 고령자를 구매력이 있

(Hrsg.), Jahrbuch Junger Zivilrechtswissenschaftler, Stuttgart, 1992, S. 116;
Park, Der Maßstab der gesetzlichen Zinsbeschränkung im Darlehensvertrag,
Frankfurt a. M., 2013, S. 67ff.

2) 권영준, "계약법의 사상적 기초와 그 시사점," 저스티스 제124호, 한국법학
원, 2011, 169면 이하.

3) 윤태영, "실버타운 입주계약에서의 고령 소비자 보호," 재산법연구 제31권
제3호, 한국재산법학회, 2014, 171면 이하; 황진자, "금융상품 판매에 있어
고령소비자보호 방안," 소비자문제연구 제41호, 소비자보호원, 2012, 171면
이하; 장수태, 고령소비자 보호를 위한 성년후견제도의 도입방안 연구, 한국
소비자원, 2005, 1면 이하; Wedemann, Ältere Menschen – eine besondere
Herausforderung für Rechtsprechung, Gesetzgebung und Beratung, NJW
2014, S. 3419ff. 등 다수.

4) http://www.bmfsfj.de/BMFSFJ/Aeltere-Menschen/demografischer-wandel.
html (2016년 9월 12일 검색).

5) 한국소비자원, 고령소비자 보호방안 연구, 2009, 3면.

6) 윤태영, "고령 소비자 계약에 관한 소고," 중앙법학 제11집 제2호, 중앙법학
회, 2009, 41면.

고, 소비 친화적이며 양보다는 질을 더 중요시하는 영역으로 볼 수 있다는 것이다.[7]

2016년 한국소비자원의 보고서에 따르면 앞선 일부의 가정이 우리사회에서 이미 현실화되어 사회문제로 대두되고 있음을 확인할 수 있다. 우선 우리의 경우 고령자의 순자산 평균은 전체소비자의 순자산 평균보다 높다.[8] 그러나 고령자 간 격차가 크고 실물자산 비중이 80% 이상일 뿐만 아니라 고령자의 소비지출은 전체소비자 평균의 63.8% 수준에 불과하다. 또한 이러한 소비지출도 식비, 주거비 및 보건비에 집중되어 있다. 이를 감안한다면 고령자가 일반적으로 구매력이 있다거나 소비 친화적이라고 볼 여지는 부족하다고 판단된다. 다만 보고서에 따르면, 첫 번째의 가정은 현실화되어 나타나고 있음을 확인할 수 있다. 이에 따르면 우리나라 고령자는 다른 연령층에 비해 방문판매 등의 특수거래방식을 많이 활용하고 있다는 점과 이를 통한 피해경험률, 예를 들어 방문판매 및 사기 상술로 인한 피해경험과 피해액수가 유의미하게 높게 나타나고 있음을 알 수 있다.[9] 더욱이 다른 연령층과 비교할 때 고령자는 문제가 발생하면 해결하는 과정에서 어려움을 더 느낀다고 한다.[10] 이러한 사실적인 상황들은 기존에 기초연금법 및 노인복지법과 같은 공법 혹은 사회법 영역에 한정되어 있던 고령인구에 대한 고민이 私法영역으로 확대되어야 할 당위성을 제공하고 있다고 판단된다.

私法영역에서 고령자에 대한 보호의 필요성이 존재하는지의 여부, 나아가 보호의 방식에 대한 내용은 우리만의 관심대상은 아니다. 예를 들어 독일 부정경쟁방지법[11] 제3조와 제4a조는 명시적으

---

7) Yankova/Hören, Besondere Schutzbedürftigkeit von Senioren nach dem UWG?, WRP 2011, S. 1236ff.

8) 배순영 · 오수진 · 황미진, "고령소비자의 소비생활 및 소비자문제 특성 한 · 일 비교," 소비자정책동향 제68호, 한국소비자원, 2016, 4면 이하.

9) 배순영 · 오수진 · 황미진, 앞의 보고서, 26면 이하.

10) 배순영 · 오수진 · 황미진, 앞의 보고서, 24면.

로 연령(Alter)을 언급하면서 이를 부정한 거래행위의 판단기준으로
활용하고 있다. 여기서 언급된 연령을 통해 강하게 보호받는 대상에
고령자도 포함되는지에 대한 논의가 지속되고 있다. 또한 독일 일반
평등대우법12)에서도 차별의 표지로 연령을 언급하고 있다.13) 뿐만
아니라 우리와 마찬가지로 독일에서도 방문판매 또는 통신판매계약
등에서 고령자들이 입는 피해에 대해 마찬가지로 인식하고 있는 것
으로 보인다.14)

　　이러한 상황 속에서 우리는 다음의 두 가지의 내용에 대한 확인
이 필요하다. 첫째로는 우리 법에서의 고령자를 보호하기 위한 제도
들을 파악해야 한다. 최근 소위 "고령소비자"라는 용어가 빈번히 사
용되고, 이들을 소비자보다 더 강력히 보호해야 한다는 주장들이 존
재하기 때문에 이에 대한 확인이 요청되는데, 왜냐하면 이미 우리는
민법을 비롯하여 많은 개별 법률들에서 약자를 보호하기 위한 제도
가 마련되어 있기 때문이다. 두 번째로는 개별적으로 발생하는 다양
한 문제들을 어떠한 방법으로 해결할 수 있는가이다. 특히 보고서에
서 지적하는 바와 같이 방문판매로 인한 피해 상황에 집중할 필요가
있다. 이와 관련하여 방문판매법15)에서 규정되어 있는 철회권의 내
용을 확인하고, 철회권의 행사와 관련해 고령자를 특별히 보호할 필
요성이 있는지 혹은 그 가능성이 존재하는지에 대해 분석할 필요가
있다. 왜냐하면 방문판매법상의 철회권은 방문판매 및 사기 상술로
인한 고령자의 피해를 구제하기 위한 가장 중요한 수단 중 하나로
판단되기 때문이다.16)

---

11) Gesetz gegen den unlauteren Wettbewerb (UWG/BGBl. I S. 233).
12) Allgemeines Gleichbehandlungsgesetz (AGG/BGBl. I S. 610).
13) 박신욱·최혜선, 독일 일반평등대우법(AGG)과 관련한 최근의 흐름과 판례
　　의 분석, 법무부, 2014, 67면 이하.
14) Wedemann, a.a.O., S. 3421.
15) 방문판매 등에 관한 법률 (법률 제14138호).
16) BT-Drs. 14/3195, S. 32; BeckOK BGB/Bamberger BGB § 13 Rn. 2a.

이러한 필요성에 기반을 두어 이하에서는 우선 고령자, 소비자에 대한 개념을 파악하고 고령소비자의 개념 및 고령소비자상의 설정가능성에 대해 기술하고자 한다. 이후 우리 민법의 해석을 통한 고령자의 보호가능성을 검토하고, 방문판매법상의 철회권과 관련된 내용을 정리하도록 한 후, 이를 개정되어 2014년 6월 13일 발효된 독일민법의 내용과 비교 분석하도록 한다.

II. 고령자와 소비자 그리고 고령소비자

1. 고령자의 개념

우리 법체계에서는 '고령자'에 대한 정의를 다양하게 규정하고 있다. 고령자고용법[17] 제2조 제1호 및 동 시행령[18] 제2조 제1항은 55세 이상인 자를 고령자로 정의하고 있다. 이와 달리 주거약자법[19]에서는 주거약자의 개념에 고령자를 포섭시키고 있고, 동법 제2조 제1호에서 65세 이상을 고령자로 파악하고 있음을 확인할 수 있다. 고령자와는 별개로 우리 법에서는 '노인'이라는 용어도 발견된다. 예를 들어 노인장기요양보험법[20] 제2조 제1호에서는 65세 이상인 자를 노인으로 규정하고 있다. 이러한 상이한 용어와 정의는 법률의 목적이 다르기 때문에 발견되는 것으로 이해할 수 있을 것이다. 다만 일반적으로 고령자와 관련된 보고서 및 통계조사에서는 60세를 기준으로 고령자를 구분하고 있다.[21]

---

17) 고용상 연령차별금지 및 고령자고용촉진에 관한 법률(법률 제13897호).
18) 고용상 연령차별금지 및 고령자고용촉진에 관한 법률 시행령(대통령령 제 27751호).
19) 장애인·고령자 등 주거약자 지원에 관한 법률(법률 제13805호).
20) 법률 제14321호.
21) 윤태영, 앞의 논문(주 6), 42면.

고령자에 대한 정의와 관련해 우리와 마찬가지의 상이한 규정이 독일의 경우에도 확인된다. 예를 들어 노인의 사회참여를 지원하기 위한 법률적 근거를 제공하는 주정부들의 노인참여법률[22)에서는 일반적으로 60세에 이른 자를 노인(Senior)으로 정의하고 있는 반면 사회법전 제6권에서는 다양한 연령을 기준으로 연금을 청구할 수 있는 권리에 대해 규정하고 있다.[23) 이렇게 명시적으로 연령에 대한 기준을 설정한 경우도 있지만, 독일민법[24)에서는 부양청구권 혹은 임대차계약의 해지에 대한 이의와 같이 연령을 간접적인 표지로 삼고 있기도 하다.[25)

2. 소비자의 개념

소비자 개념에 대한 논의는 매우 체계적으로 정리되어 있다.[26) 이에 따르면 우리의 법체계 내에서 소비자에 대한 개념은 매우 다양하게 규정되어 있는 것으로 파악된다. 예를 들어 소비자기본법[27) 제2조 제1호에서는 사업자가 제공하는 물품 또는 용역을 소비생활을 위하여 사용하는 자 또는 생산활동을 위하여 사용하는 자로 규정함으로써, 본질적 의미의 소비자와 정책적 의미의 소비자 모두를 소비자로 인정하는 이원적 규정을 취하고 있다. 이와 달리 표시광고법[28)

---

22) 예를 들어 Berliner Seniorenmitwirkungsgesetz, Hamburgisches Senioren-mitwirkungsgesetz와 같은 법률들을 말한다.
23) Sozialgesetzbuch Sechstes Buch (SGB V/BGBl. I S. 2517).
24) Bürgerliches Gesetzbuch (BGB/BGBl. I S. 1190).
25) 박신욱, "임대차계약의 해지에 대한 이의," 비교사법 제65호, 한국비교사법학회, 2014, 503면; BeckOK BGB/Beutler BGB § 1571 Rn. 3.
26) 고형석, "소비자의 개념에 관한 연구," 법학논문집 제40집 제1호, 중앙대학교 법학연구원, 2016, 93면 이하; 김성천, 소비자개념에 관한 법제 개선방안, 한국소비자원, 2004, 1면 이하; 이병준, "독일 민법상의 소비자개념," 민사법학 제26호, 한국민사법학회, 2004, 171면 이하 등 다수.
27) 법률 제15015호.
28) 표시·광고의 공정화에 관한 법률(법률 제12380호).

은 사업자 등이 생산하거나 제공하는 상품 등을 사용하거나 이용하
는 자만을 소비자로 규정함으로써 일원적 태도를 취하고 있다. 이외
에도 할부거래법29) 및 방문판매법에서도 소비자에 대한 개념을 이
원적으로 정의하고 있음을 확인할 수 있다. 표시광고법을 제외한다
면, 대체적으로 법률들에서는 본질적 의미의 소비자 이외에도 사업
자 또는 상인에 해당하는 자 중 일부를 정책적 의미의 소비자로 인
정하고 있으며, 이는 법정책적 고려를 반영한 것이라고는 하지만 통
일적이지 않음으로 인한 문제점이 지적되고 있는 것으로 보인다.30)

독일에서도 소비자의 개념은 전통적인 논의의 대상 중 하나이
다.31) 이는 최근 독일민법 제13조가 다음과 같이 개정됨으로써 다시
한 번 주목을 받았다.

> 개정 전 독일민법 제13조 (소비자) 소비자라 함은 자신의 영업활동이
> 나 독립적 직업활동에 속하지 아니하는 목적으로 법률행위를 하는 모
> 든 자연인을 말한다.
> 개정 후 독일민법 제13조 (소비자) 소비자라 함은 주로(überwiegend)
> 자신의 영업이나 독립적 직업활동에 속하지 아니하는 목적들로 법률행
> 위를 하는 모든 자연인을 말한다.

"주로"라는 부사어의 첨가는 소비자권리지침32) 제2조 제1호 및

---

29) 할부거래에 관한 법률 (법률 제14144호).
30) 고형석, 앞의 논문, 99면 이하.
31) Meier, Der Verbraucherbegriff nach der Umsetzung der Verbraucher-
    rechterichtlinie, JuS 2014, S. 777ff.; Stark/Engel, Verbraucherrecht ohne
    Verbraucher?, ZEuP 2015, S. 32ff.; Kellermann, Der deutsche
    Verbraucherbegriff, JA 2005, S. 546ff.; Bülow/Artz, Verbraucherprivatrecht,
    5. Aufl., Heidelberg, 2016, S. 62ff.; Lederer, Das Verbraucherleitbild im
    Internet, NJOZ 2011, S. 1833ff.; Reuß/Vollath, Wie viel Schutz braucht der
    Verbraucher?, ZRP 2013, S. 228ff.
32) Richtlinie 2011/83/EU (ABl. L 304/64); 김진우, "소비자권리지침의 주요개

이와 관련된 지침의 17번째 고려사유(Erwägungsgründe)와 밀접한
관련이 있는 것으로 보인다. 소비자권리지침에 따른 정의에는 명시
적으로 다음과 같은 언급이 존재한다.

"··· 만일 계약이 부분적으로 영업을 목적으로 하지만 부분적으로는 영
업 이외의 목적으로 체결되었고(두 가지 목적을 가진 계약), 계약을 전
체적으로 볼 때 영업의 목적이 주된 것이 아니라면, 이러한 자는 소비
자로 고려되어야 한다."

이러한 언급을 고려한다면, 2014년도의 개정은 소비자권리지
침을 적절히 자국법화한 것으로 이해할 수 있을 것이다. 물론 이러
한 개정 이후에도 만일 법률행위 목적의 반이 영업활동인 경우에는
소비자성을 인정할 것인가의 여부,[33] 나아가 사업자에 대해 규정하
고 있는 독일민법 제14조와의 관련성 등으로 인한 문제점들이 지적
되고 있다.[34] 하지만 개정 후의 독일민법 제13조가 지금까지 소비자
에 대한 다수설의 개념을 적절히 반영하였다는 평가가 대부분으로
보인다.[35] 이를 통해 우리와는 달리 소비자에 대한 통일적인 개념을
확보하고 있다는 차이점이 있다.[36]

넘 및 적용범위에 관한 고찰," 서울법학 제23권 제2호, 서울시립대학교 법학
연구소, 2015, 105면 이하.

33) 이병준, 앞의 논문, 195면.

34) Meier, a.a.O., S. 777ff.

35) Wendehorst, Das neue Gesetz zur Umsetzung der Verbraucherrechterichtlinie,
NJW 2014, S. 577; BeckOK BGB/Bamberger BGB § 13 Rn. 1.

36) Lederer, Das Verbraucherleitbild im Internet, NJW 2011, S. 3274; OLG
Frankfurt a.M., Beschluss vom 17. 12. 2010 - 1 Ws 29/09.

3. 고령소비자상의 상정가능성

소비자의 개념이 법률의 적용범위를 결정하는 반면 소비자상 (Verbraucherleitbild)은 법률을 해석함에 있어 활용된다. 즉 소비자상은 규범적이고 규격화된 모델로써 소비자의 권리가 승인되는 과정에 영향을 미치게 되는 것이다.[37] 다만 소비자의 개념과 소비자상은 서로 영향을 주는 관계에 있지만, 적용과 해석이라는 다른 기능을 수행한다는 점에 차이가 있다.[38]

우선 우리의 경우, 소비자상에 대해 설명한 판례나 논의가 집적되어 있는 것은 아니다. 그러나 이를 소비자보호의 필요성과 관련된 논의들과 연관시켜 생각해 보면, 지금까지 우리는 소비자를 대체적으로 계약상 약자로만 상정하고 있는 것으로 보인다. 이러한 견해들은 소비자가 경제력·지적 능력·정보·교섭력 등에 있어 사업자에 비해 열위에 위치하고 있음을 전제하고 있다.[39] 하지만 상품 및 서비스의 내용을 소비자가 잘 알지 못하게 된 원인이 거래당사자 간 사회·경제·역학적 차이라기보다는 상품이나 서비스가 고도화·복잡화되었다는 점, 나아가 상품이나 서비스에 대한 소비자의 정보부족은 본질적으로는 소비자계약의 특성에 좌우된다는 점 등이 의미 있게 지적되고 있다.[40]

생각건대, 전자의 경우 지금까지의 인정투쟁을 걸쳐 형성된 소비자상에 덧붙여 더욱 강력한 보호의 필요성이 있는 고령소비자상을 설정하기 위한 또 다른 인정투쟁이 필요하다고 판단된다. 즉, 소비자 중에서 나이가 많기 때문에 평균적인 소비자보다 더 높은 단계

---

37) MüKoBGB/Micklitz/Purnhagen Vor. §§ 13, 14 Rn. 70.
38) 이병준, 앞의 논문, 187면.
39) 김진우, "소비자계약법의 현황과 전망," 민사법학 제62호, 한국민사법학회, 2013, 405면 이하; 정진명, "사법체계에 있어서 소비자상," 재산법연구 제30권 제4호, 한국재산법학회, 2013, 183면 이하.
40) 정진명, 앞의 논문, 184면 이하.

의 보호가 필요하다는 것을 적절히 입증할 수 있다면 소비자상과는 구분되는 하나의 고령소비자상을 설정할 수 있을 것이다. 이렇게 고령소비자상을 설정할 수 있다면, 이를 통해 고령소비자라는 법률상 개념도 고려의 대상이 될 수 있을 것이다.

후자의 견해를 따르는 경우에는 소비자상을 설정함에 있어 거래의 성질 및 목적과 관련하여 나타난 유동적이고 상대적인 속성을 고려할 수밖에 없다.[41] 계약의 종류에 따라 고령소비자에게 좀 더 높은 단계의 보호 혹은 권리를 제공할 필요성이 있다면, 이에 따른 더 높은 단계의 보호 혹은 권리의 제공에 정당성을 제공할 수 있을 것이다.

이러한 고령소비자상의 설정과 관련해 독일 부정경쟁방지법에서의 논의는 우리에게 시사점이 될 수 있다. 특히 의미가 있는 것은 독일 부정경쟁방지법 제3조와 제4a조로 파악되며, 이는 다음과 같이 번역될 수 있다.

제3조(부정한 거래행위의 금지) (1) 부정한 거래행위는 허용되지 아니한다.

(2) 기업의 주의의무에 상응하지 않음과 동시에 소비자의 경제적 행동에 본질적으로 영향을 미치게 되는 소비자에 대한 혹은 소비자와 관련된 거래행위는 부정한 거래행위이다.

(3) 이 법률의 부칙에 언급된 소비자에 대한 거래행위는 항상 허용되지 아니한다.

(4) 소비자와의 거래행위를 평가하는 경우에는 평균적인 소비자를, 또는 만일 특정한 거래행위가 소비자 중 특정한 집단과 연관되는 경우에는 그 집단의 평균적인 구성원을 기준으로 한다. 만일 기업의 입장에서는 명확하게도 어떠한 거래행위가 정신적 또는 신체적 장애(i), 연령(ii)

---

41) 김진우, 앞의 논문(주 39), 407면; 정진명, 앞의 논문, 188면.

혹은 해당 거래행위 및 그 거래행위의 기초가 되는 물건 또는 서비스를 고려할 때 발생하는 輕信(iii)으로 인하여 특별한 보호가치가 있는 소비자들 중에 명백히 특정되는 집단의 경제행동에 본질적인 영향을 끼치는 경우. 그러한 거래행위는 그 특정집단의 평균구성원이 갖는 관점에서 판단되어야 한다.

제4a조(공격적인 거래행위) (1) 여타의 경우라면 거래상 결정을 하지 않았을 소비자, 또는 여타 시장참가자에게 그러한 거래상 결정을 하도록 유발시키는 데 유용한 공격적인 거래행위를 하는 자의 행위는 부정한 것이다. 만일 모든 상황을 고려한 구체적인 상황에서 소비자 또는 여타의 시장참가자가 갖는 결정의 자유를 다음 각 호의 방식으로 과도하게 영향을 끼치는 거래행위는 공격적인 거래행위로 본다.

　1. 생활방해행위

　2. 신체적 폭력을 사용하는 것을 포함한 강박행위 또는

　3. 허용되지 않는 간섭

만일 기업이 소비자 또는 여타 시장참가자에게 신체적 폭력을 사용하거나 위협하지 않더라도, 중압감을 행사하기 위하여 소비자 또는 여타 시장참가자의 현명하게 결정(informierte Entscheidung)할 능력을 본질적으로 제한하기 위해 지배적 지위를 이용하였다면, 허용되지 않는 간섭이 존재한 것이다.

(2) 제1항 제2문에 따른 거래행위가 공격적인지 여부를 판단하는 경우, 다음을 기준으로 하여야 한다.

　1. 시간, 장소 또는 행위의 기간

　2. 위협이 되는 혹은 모욕적 표현 및 태도의 사용

　3. 소비자 또는 여타의 시장참가자들의 결정에 영향을 끼치기 위해 그들의 판단능력에 영향을 주는 구체적인 불행 또는 그러한 어려움의 상황들을 의도적으로 이용하는 것

　4. 기업이 소비자 또는 여타의 시장참가자가 갖는 권리, 예를 들어 계약을 해제하거나 다른 물건 또는 다른 서비스로의 교체 혹은 다른

회사로 (계약상대방을) 교체할 수 있는 계약상 권리의 행사를 방해
하기 위한 비계약적 방식이지만 (소비자 또는 여타의 시장참가자에
게) 부담이 되거나 과도한 장애의 존재

5. 법률상 허용되지 않는 행위로의 위협

제3호에 경우 고려해야 하는 상황에는 특히 소비자의 정신적 및 육체
적 장애, 연령, 거래의 무경험, 거래행위에 대한 경신, 두려움과 궁박이
포함된다.

우선 독일 부정경쟁방지법 제3조는 이 법률의 일반조항(General-
klausel)으로써 2004년도 개정의 핵심이 되는 조문이었다. 이후 2005
년도에 유럽차원에서 제안된 불공정한 상업 행위에 관한 지침42)에
따라 독일은 이를 자국법화해야 했기 때문에 2008년43)과 2015년44)
두 차례에 걸쳐 독일 부정경쟁방지법이 개정하였고, 이때 동법 제3
조도 개정의 내용에 포함시켰다. 이로써 현행 독일 부정경쟁방지법
제3조는 "부정한 거래행위는 허용되지 아니한다"라는 기존의 매우
추상적인 규정에 구체적인 구성요건이 덧붙여짐으로써 비교적 명확
한 일반조항의 모습을 갖추었다. 다만 주의해야 하는 것은 독일 부
정경쟁방지법 제3조 제1항은 B2B와 B2C의 경우를 모두 포섭하는
조문인 반면, 제2항 내지 제4항의 규정들은 소비자만을 위한 일반조
항(Verbrauchergeneralklausel)으로서 B2C의 경우에만 적용된다는 점
이다.45)

생각건대, 논의의 과정에서 중요한 의미를 갖는 것은 독일 부정

---

42) Richtlinie 2005/29/EG (ABl. L 149); 김성천, 경쟁법제와 소비자법제 연계
　　방안 연구, 한국소비자원, 2008, 65면 이하; 송호영, "유럽연합(EU)에서 소비
　　자에 대한 사업자의 부당거래행위 규제에 관한 연구," 법학논고 제49집, 경북
　　대학교 법학연구원, 2015, 241면 이하.
43) BGBl. I, S. 2949 ff.; Köhler/Bornkamm/Köhler UWG § 3 Rn. 1.7.
44) BGBl. I S. 233 ff.; Köhler/Bornkamm/Köhler UWG § 3 Rn. 1.8.
45) Köhler/Bornkamm/Köhler UWG § 3 Rn. 1.2.

경쟁방지법 제3조 제4항에 대한 접근방법이다. 이에 따르면 소비자 또는 소비자 중 특정 집단 평균구성원의 관점에서 부정한 거래행위를 판단할 수 있도록 규정함과 동시에, 특별한 보호가치가 있는 집단의 구성원을 준별하는 기준으로 연령을 언급하고 있다. 이를 통해 특정 집단에 대한 보호의 정도를 일반적인 소비자보다도 더 높게 설정할 수 있게 된다. 대표적인 특정집단으로 미성년자 또는 장애인이 언급되며, 특히 독일 부정경쟁방지법 제3조 제4항에서 언급되는 연령에서 미성년자를 고려해야 한다는 점에 이견을 찾기는 어렵다.[46] 그렇다면 이 연령이라는 개념에 고령자도 포함될 수 있을까?

이에 대한 이해를 위해서는 자국법화의 근거였던 불공정한 상업 행위에 관한 지침[47]에 대한 이해가 선행되어야 할 것이다. 독일 부정경쟁방지법 제3조는 지침 제5조를 자국법화한 것이다. 지침 제5조 및 이와 관련된 지침의 19번째 고려사유에서는 연령, 정신적 및 육체적 장애 또는 거래행위에 대한 경신을 열거하면서, 이러한 특징으로 인해 소비자 중 특정집단은 실제 거래상황에 비추어 볼 때 여타의 소비자들보다 취약성이 있다는 점과 이로 인한 특별한 보호의 필요성이 있다는 점을 지적하고 있다. 그렇다면 고령소비자가 "평균적으로 정보를 수집하고, 상황에 맞게 주의를 기울일 뿐만 아니라 이해력이 있는 일반적인 소비자상"과 명백히 분별할 수 있는 특성을 가지고 있으며, 나아가 그들에게 취약성이 있다는 점이 인정된다면, 고령소비자만을 기준으로한 부정한 거래행위의 존재여부를 판단할 수 있을 것이다.

그렇다면 고령소비자는 일반적인 소비자와 어떠한 차이가 있는가? 예를 들어 의학적 혹은 생물학적 근거들로 고령소비자를 일반적

---

46) Köhler/Bornkamm/Köhler UWG § 3 Rn. 5.23; Yankova/Hören, a.a.O., S. 1237.
47) 이하에서는 특별한 언급이 없는 한 "지침"은 불공정한 상업 행위에 관한 지침을 말한다.

인 소비자와 구분할 수 있을 것이다. 고령소비자는 나이가 들어감에 따라 정보를 처리하는 능력이 현격히 떨어지며, 이해력의 경감은 아세틸콜린의 격감으로 매우 강하게 나타난다고 한다. 동시에 청각과 시각의 저하로 인해 발생하게 되는 지각능력의 약화는 제공되는 정보들을 정확히 수용하는 데 문제를 발생시킬 수 있게 한다. 뿐만 아니라 나이가 들어감에 따라 발생하는 호르몬의 변화는 안전과 건강 등에 대한 욕망을 증진시키게 한다.[48] 이러한 고령소비자의 신체적·심리적 변화로 인해 일반적인 소비자와는 다른 마케팅 방식이 요구될 수밖에 없다. 그렇다면 고령소비자는 일반적인 소비자와 구분될 수 있을 것이다.

하지만 이러한 구별의 가능성은 고령소비자를 명백하게 구분할 수 있는지의 여부와는 다른 차원의 문제이다. 왜냐하면 미성년자를 특별히 보호하기 위해 독일 부정경쟁방지법 제3조 제4항을 적용될 경우 고려될 수밖에 없는 독일민법 제2조와 같이 성년에 대한 정의와 같은 유용하고 명확한 기준이 고령소비자의 경우에는 존재하지 않기 때문이다.[49]

뿐만 아니라 미성년자의 경우에는 무경험이라는 표지를 함께 가지고 있으며, 이러한 표지를 갖지 않은 예외적인 자는 극히 소수로 한정될 수밖에 없다. 이와 달리 고령소비자가 가지는 특징은 매우 광범위하게 분포되어 있다. 때문에 일률적으로 특정 연령을 이용하여 일반적인 소비자로부터 고령소비자를 구분하는 것은 매우 어렵다고 볼 수 있다. 즉, 보호의 필요성이 없는, 하지만 단순히 나이가 많은 소비자가 존재한다는 점은 독일 부정경쟁방지법 제3조를 해석함에 있어 고령소비자가 특정집단으로 고려되지 못하게 하는 걸림돌이 될 수밖에 없다. 이와 같은 논의의 구조는 독일 부정경쟁

---

48) Yankova/Hören, a.a.O., S. 1238.
49) Köhler/Bornkamm/Köhler UWG § 3 Rn. 5.24; Yankova/Hören, a.a.O.,
   S. 1239.

방지법 제4조 제2항에서도 동일하게 적용될 것이다.

Ⅲ. 우리 私法체계에서의 고령자 보호가능성

1. 민법과 고령자

우리 민법에서 고령자를 보호하기 위한 수단으로 생각해 볼 수 있는 것은 의사표시와 관련된 일련의 규정, 행위능력과 관련된 규정, 신의성실 혹은 공서양속과 관련된 일반규정이 고려될 수 있을 것이다. 또한 개별 법률들에서 규정하고 있는 일련의 철회권도 고려의 대상이 될 수 있다.

(1) 의사표시의 취소

첫째로 고려될 수 있는 것은 의사표시와 관련된 우리 민법 제107조 이하의 규정들이다. 특히 민법 제109조의 착오로 인한 의사표시와 제110조 사기, 강박에 의한 의사표시에 대한 해석이 의미가 있다고 판단된다.

우리 민법 제109조 제1항 제1문에 따르면, 법률행위 내용의 중요부분에 착오가 있는 때에는 취소할 수 있다고 규정하고 있다. 착오는 통설에 따르면 잘못 쓰거나 잘못 발음하는 등의 표시행위에서 나타나는 표시상의 착오(i), 표의자가 자신의 표시행위의 객관적 의미에 상응하지 아니하는 효과의사를 가지고 있었던 내용의 착오(ii), 효과의사가 형성되는 과정에서 그에 영향을 주는 사정에 대한 동기의 착오(iii)로 구분할 수 있다.[50]

---

50) 지원림, 앞의 책, 233면; 김형석, "동기착오의 형상학," 저스티스 통권 제151호, 한국법학원, 2015, 100면.

고령자에게 표시상의 착오와 내용의 착오로 인한 법률상 취소
권이 존재하는지에 대한 판단에 있어 중요한 것은 "누가 착오의 존
재여부를 판단할 것인가?"에 대한 것이다. 이와 관련하여 우리 대법
원은 보통 일반인이 표의자의 입장에 섰더라면 그와 같은 의사표시
를 하지 아니하였으리라고 여겨질 정도로 그 착오가 중요한 부분에
관한 것인 경우에 한하여 착오로 인한 취소를 긍정하고 있다.[51] 즉,
판단은 보통 일반인을 기준으로 한 객관적 평가이기 때문에, 설령
고령자인 경우 착오에 빠질 가능성이 높다고 하여 그들을 기준으로
분별하여 그들에게만 취소권을 부여할 수 있는 가능성은 존재하지
않는다.

동기의 착오는 의사형성 단계에서의 착오이기 때문에 의사와
표시는 일치하므로 원칙적으로 고려될 수 없다는 것이 우리 다수설
의 견해로 파악된다.[52] 판례도 당사자들 사이에 별도로 그 동기를
의사표시의 내용으로 삼기로 하는 합의까지 이루어질 필요는 없지
만, 그 동기를 당해 의사표시의 내용으로 삼을 것을 상대방에게 표
시하고 의사표시의 해석상 법률행위의 내용으로 되어 있다고 인정
된 경우에 한하여 착오를 이유로 한 취소를 긍정한다. 이 경우에도
판단의 기준은 보통 일반인이다.[53] 이러한 해석에 따르면, 표시상의

---

51) 대법원 2013.9.26. 선고 2013다40353, 40360 판결.
52) 하지만 동기는 법률행위의 내용이 될 수 있으며, 이러한 경우에 법률행위를
착오를 이유로 취소할 수 있다는 견해가 존재한다. 이에 따르면, 동기(Motiv)
와 효과의사(Absicht)를 준별하고 전자에 목적물의 동일성이나 성상을 포섭
시켰던 Zitelmann의 심리학적 의사표시론은 이미 극복되었다고 한다. 따라
서 계약당사자가 가지는 동기이더라도 그것이 계약상 내용을 구체화하는 과
정에서 고려된다면 이는 이미 계약내용으로 반영된 동기이기 때문에 계약의
한 내용에 포함되어야 한다는 것이다. 이러한 견해는 우리 민법 제109조를
해석함에 있어, 특히 "법률행위의 내용의 중요부분"에 동기의 착오를 원칙적
으로 배제할 것이 아니라 오히려 동기의 착오에 대한 적용가능성이 충분함을
입증하고 있다. 뿐만 아니라 우리의 판례와 같은 결론에 이르게 된다(김형석,
앞의 논문, 102면 이하).
53) 대법원 2015.5.28. 선고 2014다24327, 24334, 24341, 24358, 24365, 24372

착오나 내용상의 착오의 경우와 마찬가지로 고령자의 특수성을 인정할 가능성은 존재하지 않는다.

두 번째로 고려할 수 있는 것은 사기와 강박으로 인한 의사표시의 취소이다. 사기의 경우, 사기자의 고의, 기망행위의 존재 및 위법성 그리고 인과관계가 그 요건이며, 이는 표의자가 입증해야 한다. 이러한 입증의 어려움뿐만 아니라, 설명의무가 없는 경우 침묵은 기망행위가 될 수 없다는 판례의 태도,54) 단순한 과장광고는 기망행위에 해당하지 않을 뿐만 아니라 허위·과장 광고의 판단기준도 보통의 주의력을 가진 일반 소비자를 상정하고 있다는 점을 고려할 때 고령자만의 특별한 보호가능성은 존재하지 않는다.55)

(2) 의사무능력 그리고 후견제도

우리 민법학이 상정하는 능력에는 권리능력, 의사능력, 행위능력 그리고 책임능력이 있다. 고령자의 입장에서 고려의 필요성이 있는 것은 의사능력에 대한 학설과 판례 및 행위능력에 대한 우리 민법의 규정일 것이다.

의사능력에 대한 우리 민법의 규정은 없지만, 의사무능력자의 법률행위를 무효로 보는 점에 있어 학계의 이견을 찾기 어려우며, 판례도 마찬가지이다. 의사능력이라 함은 자신의 행위에 대한 의미나 결과를 정상적인 인식력과 예기력을 바탕으로 합리적으로 판단할 수 있는 정신적 능력 내지는 지능을 말하며, 의사능력의 존재여부는 구체적인 법률행위와 관련하여 개별적으로 판단된다.56) 우리 대법원은 지능지수가 64인 경우,57) 58인 경우,58) 73인 경우59) 등에

판결.
54) 대법원 2002.9.4. 선고 2000다54406 판결.
55) 대법원 2001.5.29. 선고 99다55601, 55618 판결; 2015.5.28. 선고 2014다 24327, 24334, 24341, 24358, 24365, 24372 판결; 대법원 2008.11.27. 선고 2008다56118 판결.
56) 대법원 2012.3.15. 선고 2011다75775 판결.

서 의사무능력을 인정한 바 있다. 이러한 개별적인 상황에 대한 판단과 관련하여 치매로 인해 인지능력이 저하된 고령자의 경우에는 의사무능력을 이유로 계약의 무효를 주장할 가능성은 충분하다. 하지만 단순히 고령자가 계약을 체결했기 때문에 계약이 무효가 되는 것이 아님은 자명할 뿐만 아니라, 의사무능력을 증명하기 어렵다는 점을 고려한다면 고령자가 이를 적극적으로 활용할 수 있을지는 의문이다.[60]

이와 달리 행위능력과 관련된 우리 민법의 후견제도는 명시적으로 노령을 언급하고 있을 뿐만 아니라 입증의 문제도 손쉽게 해결할 수 있다는 점에서 주목할 필요가 있다. 잘 알려진 바와 같이 많은 논의 끝에 우리 민법은 기존의 한정치산 및 금치산제도를 대체할 수 있는 성년후견, 한정후견 그리고 특정후견의 제도를 2011년도 민법개정을 통해 도입하였고, 2013년부터 시행하고 있다. 이러한 일련의 후견제도의 개시심판에 대한 기준은 질병, 장애, 노령, 그 밖의 사유로 인한 정신적 제약에 따른 사무처리 능력이다. 고령자는 다양한 후견제도를 통해 자신의 부족한 판단력을 보충함으로써 실질적인 보호를 받을 수 있고, 통상적인 생활을 영위할 수 있게 된다.[61] 이러한 법정후견뿐만 아니라 자신의 재산관리 및 신상보호에 관한 사무의 전부 또는 일부를 다른 자에게 위탁하고 그 위탁사무에 관하여 대리권을 수여하는 것을 내용으로 하는 후견계약을 체결할 수 있으며, 우리 민법 제959조의14 이하에서는 이에 대한 비교적 상세한 규

---

57) 대법원 2009.1.15. 선고 2008다58367 판결.
58) 대법원 2006.9.22. 선고 2006다29358 판결.
59) 대법원 2002.10.11. 선고 2001다10113 판결.
60) 윤태영, 앞의 논문(주 6), 48면.
61) 박근수·이충은, "고령화 사회에 대응한 복지제도로서의 성년후견제도," 법학논고 제49집, 경북대학교 법학연구원, 2015, 337면; 김상묵·윤성호, "성년후견제도의 검토 및 향후 과제," 법학연구 제50집, 한국법학회, 2013, 518면 이하; 이영규, "임의후견제도의 활성화방안," 한양법학 제47집, 한양법학회, 2014, 77면 이하.

정을 두고 있다. 물론 임의후견과[62] 법정후견이 가지는 한계들에 대해 지적된다.[63] 이를 정리하면, 첫째로는 후견제도는 고령자만을 대상으로 한 제도는 아니며, 가정법원의 심판이 필요하기 때문에 심판을 받지 않은 고령자는 그 대상에서 제외된다는 점이다. 둘째로는 비용이 든다는 점이고, 셋째로는 일용품의 구입 등 일상생활에 필요하고 그 대가가 과도하지 아니한 법률행위는 성년후견인이 취소할 수 없다는 우리 민법 제10조 제3항으로 인해 발생할 수 있는 취소할 수 없는 계약이 존재하게 된다는 점이다.

물론 향후 지속적인 관찰을 통해 발생하는 문제점들에 대한 적절한 대응이 필요할 것이다. 하지만, 후견제도의 활용은 증가추세에 있는 것으로 파악된다. 보도된 내용에 따르면 2013년 7월 제도의 시행 후 첫해에 498건이 신청되었으며, 162건이 개시심판을 받은 것으로 파악된다. 2년차에는 720건이 추가로 접수되었고, 3년차에는 921건이 추가로 접수되었다고 한다.[64] 현장에서 보고되는 바와 같이 지속적인 신청 빈도의 증가는 후견제도가 가지는 장점에 대한 방증이라 판단되며, 이를 통해 일정 정도 소비자로서의 고령자를 보호하기에 적절한 제도가 마련되어 있다고 보아야 한다. 거래의 안정보다 제한적 행위능력자에 대한 보호가 우선된다고는 하지만 거래의 안정을 전적으로 포기할 수 있는 것은 아니며, 이를 위한 최소한의 내용들을 문제점으로 지적하는 것은 고령자의 행위능력을 전적으로

---

62) 최현태, "임의후견계약의 문제점과 법정책적 제언," 법학논고 제44집, 경북대학교 법학연구원, 2013, 207면 이하; 제철웅, "개정 민법상의 후견계약의 특징, 문제점 그리고 개선방향," 민사법학 제66호, 한국민사법학회, 2014, 119면 이하.

63) 김미혜, "고령소비자 보호를 위한 법제개선방안," 법학논총 제40권 제1호, 단국대학교 법학연구소, 2016, 316면 이하; 윤일구, "성년후견제도의 도입에 따른 문제점과 과제," 법학논총 제32집 제2호, 전남대학교 법학연구소, 2012, 192면 이하.

64) http://www.yonhapnews.co.kr/bulletin/2016/06/30/0200000000AKR201 60630117200004.HTML (2016년 10월 4일 검색).

배제하는 결과를 초래할 수 있다는 점을 인식하여야 할 것이다.

(3) 일반규정과 고령자

우리 민법 제2조, 제103조 및 제104조는 대표적인 일반규정이다. 우선 신의성실에 대해 규정하고 있는 민법 제2조는 권리를 행사함에 있어 사회와의 조화가 필요하고, 그렇기 때문에 권리의 행사가 제한될 수 있음을 선언하고 있다. 이러한 일반조항은 구체화와 유형화의 과정을 통해 정리할 수 있을 것인데, 대표적으로 모순행위의 금지원칙, 실효의 원칙, 사정변경의 원칙 등이 거론될 수 있다.[65] 하지만 이렇게 언급된 유형화의 결과들을 고령자의 보호와 연관시키기에는 무리가 있다고 판단된다.

공서양속위반과 불공정한 법률행위에 대해 규정하고 있는 우리 민법 제103조와 제104조는 법이 가지는 이념의 일반적이고 추상적인 내용을 규정하는 일반조항이다.[66] 이 역시 구체화와 유형화의 과정이 필요할 것인데, 인륜에 반하는 행위, 개인의 자유를 제한하는 행위, 정의의 관념에 반하는 행위, 부동산 이중매매, 생존의 기초가 되는 재산의 처분행위, 사행성이 짙은 행위 그리고 폭리행위 등이 거론될 수 있다.[67] 우리 대법원은 폭리행위의 존재여부에 대한 판단과 관련해 고령자라는 특징을 다음과 같이 고려한 바 있다.[68]

"한국감정원의 감정가격의 30%에도 미치지 못하는 가격으로 토지를 매도한다는 것은 극히 이례에 속하는 것으로서 그럴 만한 다른 이유가 있다면 몰라도 그렇지 않다면 농촌에 거주하는 고령의 망인이 무경험

---

65) 박신욱, "한국과 독일의 임대차임규제에 관한 비교연구," 비교사법 제21권 제4호, 한국비교사법학회, 2014, 1506면 이하.
66) 지원림, 앞의 책, 184면.
67) 박신욱, 앞의 논문(주 65), 1507면 이하.
68) 대법원 1992. 2. 25. 선고 91다40351 판결.

으로 인하여 시가를 잘 알지 못하고, 또는 경솔하게 정당한 시가를 알아보지도 아니하고 위와 같은 거래를 하였다고 보는 것이 경험법칙에 합치된다고 할 것인데 …"

하지만 이러한 대법원의 태도에 대해 법적 안정성이나 거래안전이 침해될 수 있다는 점, 나아가 거래가 불공정한 경우에만 일반조항을 고려할 수 있다는 점으로 인한 비판이 존재한다.[69]

생각건대, 위의 판례와 관련하여 우리 대법원은 고령이라는 표지를 우리 민법 제104조의 적용을 위한 요건으로 본 것은 아니라고 생각한다. 오히려 궁박, 경솔 및 무경험이라는 요건의 간접적인 표지로 고령을 언급한 것일 뿐이다. 뿐만 아니라 우리 제103조 및 제104조의 적용에 있어 소비자의 개념은 어떠한 영향을 미칠 수도 없다. 이러한 까닭에 고령자가 법률행위의 무효를 주장하기 위해 공서양속과 관련된 일반규정을 적극적으로 원용하는 것은 어려움이 있을 것이다.

2. 철회권과 고령자

철회권에 대한 수많은 논의들이 존재하고 있음은 주지의 사실이며, 소비자보호를 목적으로 소비자에게 법정철회권을 부여하고 있다. 고령자와 관련해서는 방문판매법이 적용될 가능성이 많은데, 왜냐하면 위에서 적시한 바와 같이 고령자는 다른 연령층에 비해 방문판매 등의 특수거래방식을 많이 활용하고 있다는 점과 이를 통한 피해경험률, 예를 들어 방문판매 및 사기 상술로 인한 소비자피해경험과 피해액수가 유의미하게 높게 나타나고 있기 때문이다. 이러한 경우 방문판매법이 적용될 수 있을 것이다. 우리 방문판매법은 제8

---

69) 윤태영, 앞의 논문(주 6), 50면.

조 내지 제9조(방문판매), 제17조 내지 제18조(다단계판매)에서 청약
의 철회에 대해 규정하고 있다. 김진우 교수는 이와 관련된 내용을
다음과 같은 표를 통해 정리하고 있다.[70]

〈표 1〉 방문판매법에서의 철회기간 및 기산점

법률	철회 원인	철회 기간	기산점
방문판매법	이유를 묻지 않음	14일	(1) 원칙: 계약서를 받은 날 (2) 예외: ① 위 계약서를 받은 날보다 재화 등이 늦게 공급된 경우에는 재화 등을 공급받거나 공급이 시작된 날 ② 계약서를 받지 아니한 경우, 방문판매자 등의 주소 등이 적혀 있지 아니한 계약서를 받은 경우, 방문판매자 등의 주소 변경 등의 사유로 제8조 제1항 제1호에 따른 기간 이내에 철회를 할 수 없는 경우 중의 어느 하나의 경우에는 방문판매자 등의 주소를 안 날 또는 알 수 있었던 날 ③ 계약서에 철회에 관한 사항이 적혀 있지 아니한 경우에는 철회를 할 수 있음을 안 날 또는 알 수 있었던 날 ④ 방문판매업자 등이 철회를 방해한 경우에는 그 방해행위가 종료한 날
	계약내용에 관한 사업자의 의무위반	3개월	재화 등을 공급받은 날
		30일	재화 등의 내용이 표시·광고의 내용과 다르거나 계약내용과 다르게 이행된 사실을 안 날 또는 알 수 있었던 날

---

70) 김진우, "소비자철회권의 개념 및 요건에 관한 입법론적 고찰," 소비자문제
연구 제47권 제1호, 한국소비자원, 2016, 196면.

이러한 방문판매법뿐만 아니라 할부거래에 관한 법률[71] 제8조 내지 제10조 및 제24조, 전자상거래법[72] 제17조 내지 제18조 등에서도 소비자에게 철회권을 인정하고 있다. 이러한 철회권이 소비자에게 부여되어 있기 때문에 소비자는 심지어 아무런 이유도 없이 계약의 구속력으로부터 벗어날 수 있게 된다. 하지만 고령자들이 이러한 제도를 알지 못하는 경우가 있을 수 있으며, 14일이라는 철회기간이 고령자에게는 짧을 수 있다는 점이 지적된다.[73]

3. 소 결

의사표시와 관련된 우리 민법의 규정을 통해 고령자를 특별히 보호할 수 있는 가능성은 존재하지 않는다. 왜냐하면 우리 대법원은 보통 일반인 혹은 일반적인 소비자를 기준으로 의사표시와 관련된 판단을 하기 때문이다. 따라서 설령 고령자의 특수성을 인정할 가능성은 없다고 판단된다.

의사무능력의 경우에도 마찬가지로 고령자의 특수성을 인정할 여지는 없다. 뿐만 아니라 의사무능력을 입증하기 위한 어려움을 고려한다면 고령자에게 유용한 선택지는 아닐 것이다. 고령자에게 의미가 있는 우리 민법의 제도는 오히려 행위능력과 관련된 후견제도로 파악된다. 물론 제도가 가지는 문제점이 지적되고 있지만, 적어도 법률에서 노령을 명시적으로 언급한다는 것은 이들을 보호의 필요성이 있는 고령자상(像)으로 설정하고 있다고 보기 때문이다. 이러한 까닭에 고령자들은 후견제도를 적극적으로 활용할 필요성이 있다고 판단된다. 다만 소비자상 혹은 고령소비자상을 후견제도와 관련된 법률의 해석과정에서 고려할 수 있는 가능성은 존재하지 않

---

71) 법률 제14144호.
72) 전자상거래 등에서의 소비자보호에 관한 법률(법률 제14142호).
73) 김미혜, 앞의 논문, 323면; 윤태영, 앞의 논문(주6), 47면.

는다.

또한 우리 민법 제104조의 적용을 통해 고령자의 법률행위에 대한 효력을 부정할 수 있을 것이다. 다만 고령은 간접적인 표지로서만 기능하기 때문에 민법 제104조를 적용하기 위한 요건들을 충족시켜야 할 뿐만 아니라, 이 역시도 소비자의 개념을 고려하지 않은 조문이기 때문에 소비자로서 고령자의 입장에서 이에 대한 활용도는 매우 제한적일 것이다.

방문판매법, 할부거래에 관한 법률, 전자상거래법에서 규정하고 있는 철회권 내용도 살펴보았다. 그러나 법률의 규정을 통해 설정된 소비자의 개념과는 다른 고령소비자의 개념이 정의되어 있지 않다는 점, 철회라는 제도는 계약준수의 원칙(Pacta sunt servanda)의 예외로 존재하기 때문에 엄격하게 적용해야 한다는 점을 고려할 때, 현실적인 문제점들이 존재한다고 하더라도, 법률의 개정이라는 입법론을 고려하지 않는다면 현존하는 법률에서 소비자로서의 고령자를 여타의 소비자와 구별하여 특별히 보호할 수 있는 가능성은 존재하지 않는다.

각주에 적시된 논문에서 확인할 수 있는 바와 같이 최근 소비자로서 고령자에 대한 보호의 필요성이 대두되고 있다. 이러한 추상적인 보호의 필요성이 현존하기는 하지만 그 개념이 법률에 정의되어 있지 않을뿐더러 소비자상와 명백히 구분되는 고령소비자상도 상정하기 어렵다는 점을 감안할 때, 현존하는 우리의 법률을 통해서는 소비자로서의 고령자만을 특별히 보호하기는 어려울 것이다.

IV. 독일법에서의 고령자 보호

1. 독일민법상 소비자계약의 적용범위

2014년 6월 13일 발효된 독일민법[74]의 주요 개정 내용들은 통신판매계약과 전자거래상의 계약에 집중되어 있다.[75] 소비자철회권(Widerrufsrecht)과 관련된 독일민법의 구조를 살펴보면 다음과 같다.

> 제3장 계약상의 채권관계 (제311조 내지 제361조)
> 　제1절 성립, 내용 및 종료 (제311조 내지 제319조)
> 　　제1관 성립 (제311조 내지 제311c조)
> 　　제2관 소비자계약에서의 원칙과 특수한 거래형태 (제312조 내지 제312k조)
> 　　　제1항 소비자계약의 적용범위와 원칙 (제312조 내지 제312a조)
> 　　　제2항 영업장소 밖에서 체결된 계약 및 통신판매계약 (제312b조 내지 제312h조)
> 　　　[…]
> 　　　　제312g조 철회권
> 　　　　제312h조 해지 및 해지대리권
> 　　　제3항 전자거래상의 계약 (제312i조 내지 제312j조)

---

74) 독일민법의 번역은 대체적으로 양창수 교수가 번역한 독일민법전(양창수, 독일민법전, 박영사, 2015)의 내용을 따른다. 또한 논문의 제4장(IV. 독일법에서의 고령자 보호)에서는 특별한 언급이 없이 적시하는 한 법률의 내용은 독일민법의 내용이다.

75) MüKoBGB/Wendehorst BGB § 312 Rn. 1.

제4항 다른 약정 및 입증책임 (제312k조)

제3관 계약의 변용과 종료 (제313조 내지 제314조)

제4관 일방적 급부지정권 (제315조 내지 제319조)

제2절 쌍무계약 (제320조 내지 제326조)

제3절 제3자에 대한 급부의 약정 (제328조 내지 제335조)

제4절 계약금 및 위약금 (제336조 내지 제345조)

제5절 해제, 소비자계약에서의 철회권 (제346조 내지 제361조)

제1관 해제 (제346 내지 제354조)

제2관 소비자계약에서의 철회권 (제355조 내지 제361조)

구조와 관련해 의미가 있다고 파악되는 것은 적용범위에 대한 내용이다. 왜냐하면 이는 철회권의 배제와 밀접한 연관성이 있기 때문이다. 우선 제312조에서는 채권편 제3장 제2관의 적용범위에 대해 규정하고 있다. 이 조문은 매우 복잡하고 어렵게 구성되어 있기 때문에 유용성에 대한 매우 강한 비판을 받고 있다.[76] 이러한 적용범위는 다음과 같이 대략적으로 구분하여 정리할 수 있을 것이다.

원칙: 사업자가 제공하는 유상의 급부를 목적으로 하고,[77] 제312조 제2항 내지 제6항에서 언급되어 있지 않은 소비자계약의 경우에는 제312조 내지 제312k조가 적용될 수 있다. 다만 제312조 제2항 내지 제6항에서 언급되어 있는 소비자계약의 경우에는 특별히 각각의 조문들에서 추가된 요건들을 충족한 경우에 한해 제2관의 내용이 부분적으로 적용 가능한 것으로 파악된다. 이는 다시 다음과 같이 정리할 수 있다.

- 제312조 제2항에 언급된 계약[78]의 경우에는 다음과 같이 구분하여

---

76) Wendehorst, a.a.O., S. 580.

77) 다만, 유상의 급부만이 소비자계약에 해당하도록 규정한 태도가 소비자권리지침에 부합한 자국법화인지는 의문의 여지가 남겨져 있는 것으로 파악된다(MüKoBGB/Wendehorst BGB § 312 Rn. 19).

적용할 수 있음(최소범위영역)79)

적용 가능	- 전화통화를 이용하여 영업하는 경우 이에 대해 밝힐 의무 (제312a조 제1항) - 주된 급부에 대해 약정된 대가를 넘어서는 금액을 지급하기로 한 합의의 유효성 (제312a조 제3항) - 지급수단 이용의 대가에 관한 합의의 유효성 (제312a조 제4항) - 전자거래에 있어서 일반적인 의무 (제312i조) - 소비자에 대한 전자거래에서의 특별한 의무 (제312j조) - 다른 약정 및 입증책임 (제312k조)
적용 불가	- 소비자계약에 있어서 일반적인 정보제공의무 (제312a조 제2항) - 소비자 콜센터 이용 대가지급의무의 한계 (제312a조 제5항) - 영업장소 밖에서 체결된 계약 및 통신판매계약 (제312b조 내지 제312h조)

- 사회적 급부에 대한 계약(제312조 제3항)의 경우에는 다음과 같이 구분하여 적용할 수 있음(제한된 적용영역)80)

적용 가능	- 전화통화를 이용하여 영업하는 경우 이에 대해 밝힐 의무 (제312a조 제1항) - 주된 급부에 대해 약정된 대가를 넘어서는 금액을 지급하기로 한 합의의 유효성 (제312a조 제3항) - 지급수단 이용의 대가에 관한 합의의 유효성 (제312a조 제4항) - 영업장소 밖에서 체결된 계약 및 통신판매계약과 관련된 제312b 조 내지 제312c조 - 철회권에 대한 정보제공의무(제312d조 제1항)

---

78) 여기에는 공증(제1호), 토지계약(제2호), 건축계약(제3호), 여행계약(제4호), 여객운송계약(제5호), 일시거주권 계약 및 이와 유사한 계약(제6호), 의료계약(제7호), 식품 및 생필품의 공급계약(제8호), 자동판매기 등을 이용한 계약(제9호), 공중전화(제10호), 소비자가 구축한 전화시스템 등의 이용에 대한 계약(제11호), 사업장 외에서 체결한 40유로 이하의 현금으로 거래된 계약(제12호), 강제집행 등에 의한 동산매매(제13호)가 언급된다.
79) MüKoBGB/Wendehorst BGB § 312 Rn. 24ff.
80) MüKoBGB/Wendehorst BGB § 312 Rn. 67.

	- 철회권(제312g조) - 전자거래에 있어서 일반적인 의무 (제312i조) - 소비자에 대한 전자거래에서의 특별한 의무 (제312j조) - 다른 약정 및 입증책임 (제312k조)
적용 불가	- 소비자계약에 있어서 일반적인 정보제공의무 (제312a조 제2항) - 소비자 콜센터 이용 대가지급의무의 한계 (제312a조 제5항) - 철회권과 관계없는 정보제공의무 (제312d조) - 비용에 관한 정보제공의무의 위반 (제312e조) - 등본과 확약서 (제312f조) - 계속적 계약에 있어서 해지에 대한 규정 (제312h조)

- 주거공간의 임대차계약(제312조 제4항)은 주거공간을 계약체결 전 미리 둘러보았는지 여부에 따라 제1문과 제2문으로 구분되어 적용규정 이 나누어짐

제312조 제4항 제1문	제312조 제4항 제2문
제한된 적용영역[81]	최소범위영역[82]

- 금융서비스[83]에 대한 시간적으로 제일 우선된 합의의 경우에는 제 312b조 내지 제312h조가 적용되나, 이에 연속된 거래 및 시간적으로 연관되는 동종거래의 경우에는 제312b조 내지 제312h조의 적용이 없음 (제312조 제5항)
- 보험계약(제312조 제6항)의 경우 최소범위영역만이 적용됨[84]

영업장소 밖에서 체결된 계약 및 통신판매계약: 제312d조 내지 제312h조는 계약이 제312b조 또는 제312c조에 따라 영업장소 밖에서 체결된

---

81) MüKoBGB/Wendehorst BGB § 312 Rn. 72.
82) MüKoBGB/Wendehorst BGB § 312 Rn. 24, 61.
83) 이는 은행서비스(Bankdienstleistung)와 대출, 보험, 개인에 대한 노령보험, 자금투자 또는 지급에 관련된 서비스를 포함하는 것은 제312조 제5항 제1문 에 따라 자명한데, 이러한 언급이 예시규정인지 열거규정인지에 대한 논쟁이 있는 것으로 파악된다(Spindler/Schuster/Schirmbacher BGB § 312 Rn. 68).
84) MüKoBGB/Wendehorst BGB § 312 Rn. 24, 66.

계약 또는 통신판매계약의 요건들을 충족한 경우에만 적용됨
제312i조 및 제312j조는 전자거래상의 계약에만 한정됨

제312g조 제1항은 영업장소 밖에서 체결된 계약 및 통신판매계약에서 소비자는 철회권을 갖는다고 규정하고 있다. 하지만 제312g조의 적용을 통해 철회권의 존재여부에 대해 판단할 수 있을 뿐이며, 철회권에 대한 구체적인 내용은 제355조 이하에서 규정하고 있다. 그러나 영업장소 밖에서 체결된 모든 계약 및 통신판매계약에서 소비자가 철회권을 가질 수는 없는데, 왜냐하면 제312g조 제2항과 제3항 그리고 제356조 제4항과 제5항에서까지 철회권이 배제되는 경우에 대해 규정하고 있기 때문이다. 정리하면, 제312조 제1항에서 언급된 계약이 아닌 영업장소 밖에서 체결된 계약 및 통신판매계약 중 제312g조 제2항과 제3항 및 제356조 제4항과 제5항에도 해당하지 않는 계약을 체결한 소비자만이 철회권을 갖는 것이다.[85] 우선 제312g조 제2항에서 규정하고 있는 철회권의 배제는 두 부류로 다시 나눌 수 있는데, 첫 번째의 부류에서는 소비자의 철회권을 완전히 배제시키고 있다. 두 번째 부류에서는 우선 소비자의 철회권을 인정하지만 특정한 상황 혹은 특정한 행동을 한 경우에 한해 이를 배제시키고 있다. 이를 정리하면 다음과 같다.

〈표 2〉 독일민법 제312g조에 따른 철회권의 배제

철회권의 사전배제	철회권의 사후배제
- 미리 완성되지 않은 것으로써 소비자의 특별한 선택 및 명백히 개인적 필요에 의해 제작되는 것 (제1호) - 부패하기 쉬워 보존기간이 짧은 것 (제2호)	- 밀봉된 물건 (제3호) - 휘발유와 같이 다른 물건과 분리할 수 없이 혼합된 것 (제4호) - 밀봉된 저장장치 (제6호)

---

85) MüKoBGB/Wendehorst BGB § 312g Rn. 3.

- 알코올음료 (제5호)
- 신문, 잡지, 화보 (제7호)
- 금융시장의 변동에 따라 가격변동이 있는 것 (제8호)
- 기간의 약정과 결합되어 생산이 준비된 것 (제9호)
- 공개경매 (제10호)
- 긴급수리 및 유지보수 (제11호)
- 베팅 또는 복권 (제12호)
- 공정증서로 된 계약 (제13호)

또한 용역의 제공에 관한 계약에 따라 완전히 용역을 제공한 후, 철회권의 상실에 소비자가 명백히 동의한 경우(제356조 제4항 제1문), 금융서비스 제공에 관한 계약이 소비자의 요청에 따라 완전히 이행된 경우(제356조 제4항 제2문), 그리고 유체적 자료저장장치가 아닌 방식으로 디지털 자료를 제공하는 계약에서의 소비자가 철회기간의 도과 전에 사업자의 이행으로 철회권이 상실한다는 것을 명시적으로 동의한 후 사업자에 의해 계약이 이행된 경우(제356조 제5항)에도 철회권은 배제된다.

2. 독일민법상 소비자철회권

(1) 개 관

주지하는 바와 같이 2014년 6월 13일 발효된 독일민법 개정을 통해 제355조 내지 제361조는 전면적으로 새롭게 규율되었다. 제355조는 소비자계약에서의 철회권에 대해 규정하고 있는데, 제1항과 제2항은 철회권 행사를 위한 요건을, 제3항은 이에 따른 법률효과를 규정하고 있다.[86] 또한 제356조 이하에서는 계약의 유형에 따

---

86) 독일민법 제355조(소비자계약에서의 철회권) (1) 법률에 의하여 소비자에

른 추가적인 요건들이 규정되어 있다.

우선 법정철회권은 앞서 살펴본 바와 같이 제312g조에 규정되어 있는 영업장소 밖에서 체결된 계약 및 통신판매계약의 경우(i)뿐만 아니라 제485조 제1항의 일시거주권계약의 경우(ii), 제495조에 따른 소비자소비대차계약의 경우(iii), 제514조에 따른 무상소비대차의 경우(iv), 제510조에 따른 분할공급계약의 경우(v), 원격지수업 참여자의 보호에 관한 법률 제4조 제1항에 규정된 원격지수업계약의 경우(vi),[87] 보험업법 제8조에 따른 보험계약의 경우(vii),[88] 자본시장법전 제305조에 따른 개방형 투자상품의 지분 또는 증권을 구입한 경우(viii)[89]에 행사할 수 있다.[90] 뿐만 아니라 약정해제권이 존재할 수 있음은 사적 자치의 원칙에 따라 너무나도 자명하다.[91]

도그마틱이라는 관점에서 해제와 철회의 가장 큰 차이점은 계약 전체에 영향을 미치는 해제와는 달리 철회권은 일방당사자, 즉 소비자의 의사표시에만 영향을 미치게 된다는 점이다. 따라서 소비

게 본조의 규정에 따라 철회권이 부여되는 경우에 그가 계약을 내용으로 하는 그의 의사표시를 적기에 철회한 때에는 그와 사업자는 그 의사표시에 더 이상 구속되지 아니한다. 철회는 사업자에 대한 표시로 행하여진다. 그 표시로부터 소비자의 계약 철회에의 결단이 명백하게 드러나야 한다. 철회에는 이유를 붙일 것이 요구되지 않는다. 기간을 준수함에는 적시의 발송으로 족하다.

(2) 철회의 기간은 14일이다. 그 기간은 달리 정하여지지 아니한 한 계약 체결 시부터 개시한다.

(3) 철회의 경우에는 수령된 급부가 지체없이 반환되어야 한다. 법률에서 반환에 대하여 최장기간이 정하여진 경우에는 그 기간은 사업자에게는 철회의 의사표시가 도달한 때로부터, 소비자에게는 그 의사표시가 행하여진 때로부터 개시한다. 소비자가 물품을 적시에 발송함으로써 이 기간이 준수된다. 사업자는 철회에 있어서 물품 반송의 위험을 부담한다.

87) Gesetz zum Schutz der Teilnehmer am Fernunterricht (FernUSG/BGBl. I S. 1670).

88) Gesetz über den Versicherungsvertrag (VVG/BGBl. I S. 2631).

89) Kapitalanlagegesetzbuch (KAGB/BGBl. I S. 1981).

90) BeckOK BGB/Müller-Christmann BGB § 355 Rn. 5.

91) Ebnet, Widerruf und Widerrufsbelehrung, NJW 2011, S. 1030.

자가 청약을 한 후 사업자의 승낙에 대한 의사표시가 아직 존재하지 않더라도, 혹은 계약증서가 도달하지 않아 철회기간이 개시하지 않은 경우에도 소비자는 청약을 철회할 수 있게 된다. 따라서 계약체결은 철회권 행사의 요건이 될 수 없다.[92]

철회권 행사 전의 계약관계는 유동적 유효의 상태에 있게 되지만, 철회권을 행사하게 되면 계약당사자는 더 이상 계약체결을 위해 자신이 했던 의사표시에 구속되지 않게 된다. 이러한 철회권은 형성권의 일종이며, 조건에 친하지 않다. 또한 철회의 의사표시는 다시 철회할 수 없음에 유의하여야 한다.

독일 연방대법원의 판례에 따르면 무효인 계약도 철회할 수 있다고 하며,[93] 당사자의 의사표시의 해석이 필요하겠지만 법적인 의미에서 계약이 분할가능하다면 부분적인 철회도 가능하다고 한다.[94]

(2) 철회권의 행사

철회의 의사표시는 사업자에 대해 이루어져야 한다. 따라서 사업자의 수령이 존재해야만이 철회의 효력이 발생한다. 또한 철회는 명백하게 이루어져야 하는데, 이때 소비자는 자신에 대해 더 이상 계약이 적용되지 않더록 의사를 드러내야 한다. 이러한 의사표시를 함에 있어 그 이유를 밝힐 필요가 없음은 조문을 통해 명백히 드러난다.

주의할 점은 개정 전 독일민법 제355조 제1항 제2문에서 언급되었던 물건의 반송을 통한 철회의 묵시적 의사표시는 더 이상 가능하지 않다는 점이다.[95] 현행 독일민법에는 반송을 철회권의 요건으

---

92) BeckOK BGB/Müller-Christmann BGB § 355 Rn. 1.

93) BGH, 25.11.2009 - VIII ZR 318/08.

94) MüKoBGB/Wendehorst BGB § 312g Rn. 4; BeckOK BGB/Müller-Christmann BGB § 355 Rn. 14.

로 더 이상 언급하고 있지 않다. 하지만 약정을 통해 물건의 반송을 통한 철회권 행사를 가능하게 한 경우에는 반송 역시 정당한 철회권의 행사로 볼 수 있을 것이다.[96]

또한 특별한 규정이 없는 한 철회의 의사표시를 함에는 형식이 없다. 다만 소비자가 철회에 대한 내용, 발신여부, 도달여부에 대한 입증의 책임을 부담하기 때문에, 서면방식을 통한 철회가 유용하리라 생각된다.

(3) 철회권의 행사기간

제355조 제2항에서 언급한 바와 같이 철회의 기간은 14일이며, 달리 정하여지지 아니한 한, 계약 체결 시부터 개시한다. 이는 편면적 강행규정이기 때문에 약정을 통해 기간을 연장할 수는 있지만 단축은 불가능하다.

이러한 원칙에도 불구하고, 철회기간의 기산점은 많은 예외를 두고 있는데, 이는 계약의 목적물에 따라 기산점을 달리 정하고 있는 소비자권리지침을 자국법화하는 과정에서 발생한 필연적인 결과로 파악된다. 이를 대략적으로 정리하면 다음과 같이 정리할 수 있다.

〈표 3〉 철회기간의 개시시점

적용조문	상황	개시시점
제356조 제2항 및 제3항	영업장소 밖에서 체결된 계약 및 통신판매	원칙: 물품을 수취한 때 예외: (1) 주문된 여러 물품 중 최종 물품을 수취한 때 (2) 확정된 기간 동안 물품을 정기적으로 수취하

---

95) 김중길, "개정 독일민법상 철회에 의한 소비자계약의 청산," 민사법학 제71호, 한국민사법학회, 2015, 91면.
96) BeckOK BGB/Müller-Christmann BGB § 355 Rn. 20.

	계약의 경우	는 경우에는 최초의 물품을 수취한 때 (3) 물, 가스, 전기, 온열공급 및 디지털콘텐츠가 유체적 자료저장장치가 아닌 방법으로 공급되는 경우에는 계약 체결 시 (4) 정보제공의 의무를 이행하지 않으면 철회기간이 개시되지 않지만, 계약 체결시점부터 12개월 14일이 도과하면 철회권은 상실됨
제356a조 제1항 내지 제4항	일시거주권 계약	원칙: 계약의 체결 시점 또는 예약 체결 시점 예외: (1) 정보제공 의무 등을 이행하지 않으면 철회기간이 개시되지 않지만, 계약의 체결 시점부터 3개월 14일이 도과하면 철회권은 상실됨 (2) 철회권에 대한 정보제공 의무 등을 이행하지 않으면 철회기간이 개시되지 않지만, 계약 체결 시점부터 12개월 14일이 도과하면 철회권은 상실됨
제356b조 제1항 내지 제3항	소비자 소비대차계약	원칙: 계약증서 등의 서면이 제공된 시점 예외: 서면에 의무적 기재사항이 포함되어 있지 않은 경우에는 그 사항이 추완된 때까지 철회기간이 개시되지 않지만, 계약 체결시점부터 1개월이 도과하면 철회권은 상실됨
제356c조	분할공급계약	원칙: 철회권에 대해 고지받은 시점 예외: 철회권에 대해 고지받은 때까지 철회기간이 개시되지 않지만, 계약 체결시점부터 12개월 14일이 도과하면 철회권은 상실됨

(4) 철회권 행사로 인한 법률효과

철회권의 효과는 장래효(ex nunc)를 갖기 때문에 계약관계는 청산관계로 전환한다. 제355조 제3항에서 철회권 행사로 인해 발생하는 효과의 일반적인 내용을 확인할 수 있으며, 개별적인 계약의 형태에 따라 일부분 변경 혹은 추가되는 사항들은 제357조 이하에서 규정하고 있다. 이는 다음과 같이 대략적으로 정리할 수 있다.

첫째, 계약당사자들의 이행의무가 소멸되고, 원칙적으로 이미 이행된 급부는 지체 없이 반환하여야 한다(제355조 제3항). 그러나 영업장소 밖에서 체결된 계약 및 통신판매계약의 철회의 경우에는 늦어도 14일의 이행기간이 주어지며(제357조 제1항),[97] 금융서비스의 경우에는 30일의 이행기간이 주어진다(제357a조 제1항). 이러한 반환시기의 기산점은 소비자의 경우 철회의 의사표시를 한 때이며, 사업자의 경우에는 그 의사표시가 도달한 시점이다. 다만 소비재매매에서 소비자가 물품을 송부했다는 것을 증명할 때까지 사업자는 반환지급을 거절할 수 있다(제357조 제4항).[98]

둘째, 용역의 제공과 같이 만일 급부의 내용으로 인해 반환할 수 없는 경우에는 가액을 상환하여야 한다(제357조 제8항, 제357a조 제2항 및 제3항). 또한 사업자는 소비자가 지불했던 배송비용도 반환하여야 하지만 소비자가 사업자가 제시한 배송방식 이외의 배송방식을 선택함으로써 소비자에게 추가비용이 든 경우에는 그러하지 아니하다(제357조 제2항).

셋째, 사업자의 반환내용이 금전인 경우 소비자가 지급한 방식으로 반환을 하여야 한다(제357조 제3항).

넷째, 반환의 비용은 소비자가 부담하지만(제357조 제6항 제1문), 위험은 사업자가 부담하게 된다(제355조 제3항 제4문). 다만 영업장소 밖에서 체결된 계약에서 물품이 계약체결 시점에서 소비자의 주거로 공급된 경우, 그 물품이 우편으로 반환될 수 없는 성질이라면 사업자는 이를 자신의 비용으로 수거해야 한다(제357조 제6항 제3문). 또한 일시거주권 등의 계약에서 소비자는 철회로 인한 비용을 부담하지 않으며, 오히려 사업자가 중개비용, 등록비용과 같이 계약의 체결, 이행 및 원상회복과 관련된 비용을 부담하게 된다(제357b조).

다섯째, 기간 내에 반환이 이루어지지 않은 경우에는 최고를 요

---

97) 김중길, 앞의 논문, 101면.
98) 이는 개정 전 독일민법 제356조에서 규정하고 있던 반환권의 기능과 유사한 기능을 하게 되는 것으로 파악된다(BT-Drs. 17/12637, 63).

하지 않고 지체에 빠지게 된다(제286조 제2항 제2호).

여섯째, 경우에 따라서 소비자는 악의적 기망을 이유로 취소권(제123조 제1항)을 상실하지는 않는다.

일곱째, 소비자는 물품의 가치감소에 따른 가액보상을 부담하는데, 이는 물품을 검사하기 위한 사용 이외의 물품사용으로 발생하였고, 철회권에 대한 정보를 제공한 경우에만 한정된다(제357조 제7항). 그러하기 때문에 철회권이 행사된 경우 물건의 수리와 같은 의무를 부담하지 않게 된다. 일시거주권 등의 계약에서 용도에 좇지 아니한 숙박설비 사용이 가치감소의 원인인 경우에 한하여, 소비자는 가액보상의 의무를 부담한다(제357b조 제2항).

3. 철회권과 고령자를 위한 개정의 요구

철회권은 소위 "cooling-off"라는 기간을 소비자에게 제공한다. 이를 통해 소비자는 계약체결 후 법률행위가 갖는 이익과 불이익을 시간적으로 그리고 공간적인 간격을 가진 채 신중히 검토할 수 있게 되는 것이다. 이 기간 동안 소비자는 제3자의 도움을 받을 수도 있으며, 계약체결로 인해 발생할 수 있는 여러 손실들을 고려할 수 있게 된다. 그런데 고령의 소비자가 계약에 대한 긍정적 시각만을 견지한다면 cooling-off라는 기간은 아무런 의미를 가질 수 없다.[99] 이러한 경우, 충분히 고려하지 못한 채로 이루어진 계약체결이라는 결정의 객관성은 철회권을 통해 이루어질 수 있는 반성의 시간 후에도 심사되지 못하게 되는 것이다. 또한 고령자들은 자신들의 실수를 스스로에게나 혹은 제3자에 대해 인정할 가능성이 줄어들 수밖에 없다는 점도 고려해야 한다. 즉 철회권의 행사는 어찌 보면 그들에게 자신의 실수를 인정하는 모습과 동일시시킬 수도 있다는 점이다. 이

---

99) Wedemann, a.a.O., S. 3421.

는 많은 자료를 통해 보이는데, 예컨대 고령자들은 사람들이 노령자
자신을 능력이 없는 자로 평가할 수 있다는 수치와 두려움으로 인해
사기 등의 피해자가 되었다는 점을 침묵하게 된다고 한다.[100] 이러
한 상황들은 14일이라는 기간 내에 철회권을 행사하는 것을 사실상
불가능하게 한다.

(1) 고령자를 위한 추가적인 표시의무의 부과

법률행위가 가지는 의미를 객관적으로 파악하기 위해 제3자와
의견을 교환 혹은 상담하는 것을 추천하는 내용의 안내를 하도록 사
업자에게 표시의무를 부과해야 한다는 견해가 존재한다.[101] 이를
통해 철회권을 행사하는 것이 고령자 자신의 나약함을 인정하거나
명예가 훼손되는 행위가 아님을 인지할 수 있게 된다고 한다. 가족
혹은 지인과 상담을 통해 비용을 줄일 수 있다는 장점도 있다. 이러
한 안내는 고령자가 확실히 인지할 수 있도록 제공되어야 할 뿐만
아니라, 특별히 강조되어야 할 것이다. 다만 이러한 의무의 부과는
고령자와의 계약에서만 이루어져야 하는데, 왜냐하면 젊은 소비자
들의 경우에는 고령자에게는 필요한 추가적인 상담의 필요성이 적
을 뿐만 아니라 이러한 정보들로 인해 중요한 정보들을 인지하지 못
할 위험이 발생하기 때문이라고 한다.

하지만 이러한 견해는 차별을 조장할 수 있다는 문제가 있다.
경우에 따라서는 우리 사회에서 보이는 세대간 갈등으로 비화될 수
있다. 이 점이 바로 앞서 살펴본 고령자를 특별히 보호할 가치가 있

---

100) Fallik, Incomplete Protection: The Inadequacy of Current Penalty
Enhancement Provisions in Deterring Fraud Schemes Targeting the
Elderly, 18 Elder L.J. 335(2011), p.339; Nerenberg, Forgotten Victims of
Elder Financial Crime and Abuse, 1999, p.4; Wedemann, a.a.O., S. 3421.
101) Roth, Die Rechtsgeschäftslehre im demographischen Wandel: Stärkung
der Autonomie sowie Schutzkonzepte bei Älteren und Minderjährigen,
AcP 2008 (2008), S. 477ff. (재인용: Wedemann, a.a.O., S. 3421).

는 대상으로 삼을 수 있는지 여부와 관련되는 것이다. 설령 앞서 살
펴본 바와 같이 보호할 가치가 있더라도 어떻게 그들을 여타의 소비
자와 명백히 구분할 수 있는지에 대한 고민도 필요하다. 이 경우
Wedemann 교수는 연금을 청구할 수 있는 65세 혹은 67세를 기준
점으로 설정할 수 있다고 주장하며, 많은 수의 통신판매계약의 경우
사업자가 소비자의 나이를 묻는 경우가 빈번하기 때문에 큰 어려움
없이 제3자와 의견을 교환 혹은 상담하는 것을 추천하는 내용의 안
내를 할 수 있을 것이라고 판단하는 것으로 이해된다. 따라서 이를
위해 제318g조는 추가적인 개정이 요구된다는 것이다.[102]

(2) 고령자를 위한 대기기간의 도입

고령자를 위한 추가적인 표시의무의 부과 외에도 대기기간의
도입도 주장되고 있다. 예를 들어 제312b조 제1항 제1호와 같이 사
업자의 영업장소가 아닌 곳에서 소비자와 사업자 양측이 직접 대면
하여 계약을 체결하는 상황에서는 만남을 위한 약속이 필요하게 된
다. 만남을 위한 약속을 예컨대 만남 전 23시간 혹은 72시간 전에 하
도록 강제할 필요성이 있다는 것이다. 이러한 대기기간의 존재여부
에 계약의 유효성을 종속시키도록 하자는 것이 대기기간의 도입을
주장하는 핵심적인 내용으로 파악된다.[103] 이는 고령자가 계약체결
이 사실상 강제되는 자신이 원하지 않는 상황을 사전에 피할 수 있
게 된다는 장점을 갖고 있다. 다만 이러한 경우에도 특정시점의 만
남을 반드시 적시하게 함으로써, 포괄적인 사전 동의를 배제하도록
해야 한다고 주장된다. 이러한 대기기간은 이미 독일법에서도 발견
되는데, 예를 들어 공증법[104] 제17조 제2a항 제2호[105])의 내용이 그

---

102) Wedemann, a.a.O., S. 3421.
103) Wedemann, a.a.O., S. 3422.
104) Beurkundungsgesetz (BGBl. I S. 2090).
105) 공증인은 제1항 및 제2항에 따른 의무의 준수가 보장되도록 공증과정을 진

러하다.

물론 이러한 견해는 계약법의 시스템과 일치하지 않는다는 비판이 존재한다.[106] 또한 이러한 내용이 고령의 소비자에게만 적용되어야 하는지도 검토되어야 할 것이다.

V. 나가며

자율성은 우리 私法이 전제하고 있는 사적 자치의 핵심이다. 그러나 계약당사자 간의 불균형적인 역학관계의 발생, 나아가 개인과 공동체에 대한 고민, 그리고 인간상의 변화 속에서 자율이라는 패러다임을 어떻게 재정립해야 하는지에 대한 고민이 지속되고 있다. 이러한 고민의 일환으로 "고령소비자"라는 개념을 전제하는 논의들이 발견된다.

첫째로 本稿에서는 이에 대해 개념과 모범(Leitbild)을 통해 설명하고자 하였다. 우선 우리 법체계에서는 고령소비자라는 개념이 존재하지 않는다는 점을 확인하였다. 이후 고령소비자상을 설정할 수 있는지에 대해 독일 부정경쟁방지법의 도움을 받아 검토하였다. 소비자 중에서 나이가 많기 때문에 평균적인 소비자보다 더 높은 단계의 보호가 필요하다는 것을 적절히 입증할 수 있다면, 소비자상과는 구분되는 하나의 독립적인 모범을 설정할 수 있을 것이라는 점은 부

행해야 한다. 소비자계약의 경우 공증인은 각호의 내용이 보장되도록 해야한다. … 2. 소비자는 공증의 대상을 사전에 충분히 검토하도록 충분한 기회를 갖는다. 독일민법 제311b조 제1항 제1문 및 제3항에 따라 공증의 의무가 부과된 소비자계약의 경우, 공증인은 소비자에게 법률행위가 의도된 서류를 이용할 수 있도록 제공해야 한다. 이는 일반적인 경우 공증이 있기 2주 전에 이루어져야 한다. …

106) Ohly, Gegen die Bestätigungslösung bei Folgeverträgen unzulässiger Telefonwerbung, GRUR-Prax 2011, S. 366 (재인용: Wedemann, a.a.O., S. 3423).

인할 수 없다. 그러나 독일 부정경쟁방지법의 해석과정을 볼 때 고
령자만을 보호하기 위해 이들을 명백히 구분하여 고령소비자상을
설정하기는 매우 어렵다고 볼 수 있다. 이러한 해석과정은 우리 민
법의 일반조문 및 의사표시와 관련해서도 의미가 있는데, 우리의 경
우도 마찬가지로 고령소비자상을 해석의 기준으로 설정하기 어렵다
는 추론을 가능하게 한다.

둘째로 本稿에서는 민법의 해석과 적용을 통해 고령자를 보호
할 수 있는 가능성에 대해 검토하였다. 이에 따르면 의사표시와 관
련된 규정을 통해서는 고령자의 특수성을 인정할 가능성은 없다고
판단된다. 의사무능력의 경우도 마찬가지이다. 또한 우리 대법원의
판례를 고려할 때 우리 민법 제104조의 적용을 통해 고령자의 법률
행위에 대한 효력을 부정할 수 있을 수 있다. 그렇지만 고령이라는
것이 무경험 등에 대한 간접적인 표지로서만 기능한다는 점은 한계
로 이해된다. 하지만 행위능력과 관련된 우리 민법의 후견제도는 고
령자가 충분히 활용할 수 있는 제도로 이해된다.

셋째로 本稿에서는 고령자가 계약의 구속으로부터 벗어나기 위
해 적극적으로 활용할 수 있는 철회권에 대해 확인하였다. 우리의
경우 다양한 법률에서 철회권에 대해 규정하고 있음을 확인하였지
만 고령자만을 위한 제도로 이해될 수 없음을 적시하였다. 이는 병
렬적으로 소개한 개정 독일민법에서의 철회권에서도 마찬가지로 이
해된다. 이러한 까닭에 독일에서는 고령자를 위한 개정이 요구되고
있음을 소개하였다. 구체적으로는 추가적인 표시의무의 부과와 대
기기간의 도입이 그것이다. 이러한 소개의 내용은 향후 고령자에 대
한 우리의 접근에 있어 도움이 되리라 기대한다.

참고문헌

김성천, 소비자개념에 관한 법제 개선방안, 한국소비자원, 2004.

박신욱/최혜선, 독일 일반평등대우법(AGG)과 관련한 최근의 흐름과 판례의
분석, 법무부, 2014.

양창수, 독일민법전, 박영사, 2015.

장수태, 고령소비자 보호를 위한 성년후견제도의 도입방안 연구, 한국소비
자원, 2005.

지원림, 민법강의, 홍문사, 2016.

한국소비자원, 고령소비자 보호방안 연구, 2009.

고형석, "소비자의 개념에 관한 연구," 법학논문집 제40집 제1호, 중앙대학
교 법학연구원, 2016.

권영준, "계약법의 사상적 기초와 그 시사점," 저스티스 제124호, 한국법학
원, 2011.

김미혜, "고령소비자 보호를 위한 법제개선방안," 법학논총 제40권 제1호,
단국대학교 법학연구소, 2016.

김상묵·윤성호, "성년후견제도의 검토 및 향후 과제," 법학연구 제50집, 한
국법학회, 2013.

김중길, "개정 독일민법상 철회에 의한 소비자계약의 청산," 민사법학 제71
호, 한국민사법학회, 2015.

김진우, "소비자계약법의 현황과 전망," 민사법학 제62호, 한국민사법학회,
2013.

_____, "소비자권리지침의 주요개념 및 적용범위에 관한 고찰," 서울법학 제
23권 제2호, 서울시립대학교 법학연구소, 2015.

_____, "소비자철회권의 개념 및 요건에 관한 입법론적 고찰," 소비자문제연
구 제47권 제1호, 한국소비자원, 2016.

김형석, "동기착오의 형상학," 저스티스 통권 제151호, 한국법학원, 2015.

박근수·이충은, "고령화 사회에 대응한 복지제도로서의 성년후견제도," 법학논고 제49집, 경북대학교 법학연구원, 2015.

박신욱, "임대차계약의 해지에 대한 이의," 비교사법 제65호, 한국비교사법학회, 2014.

_____, "한국과 독일의 임대차임규제에 관한 비교연구," 비교사법 제21권 제4호, 한국비교사법학회, 2014.

배순영·오수진·황미진, "고령소비자의 소비생활 및 소비자문제 특성 한·일 비교," 소비자정책동향 제68호, 한국소비자원, 2016.

윤일구, "성년후견제도의 도입에 따른 문제점과 과제," 법학논총 제32집 제2호, 전남대학교 법학연구소, 2012.

윤태영, "고령 소비자 계약에 관한 소고," 중앙법학 제11집 제2호, 중앙법학회, 2009.

_____, "실버타운 입주계약에서의 고령 소비자 보호," 재산법연구 제31권 제3호, 한국재산법학회, 2014.

이병준, "독일 민법상의 소비자개념," 민사법학 제26호, 한국민사법학회, 2004.

이영규, "임의후견제도의 활성화방안," 한양법학 제47집, 한양법학회, 2014.

정진명, "사법체계에 있어서 소비자상," 재산법연구 제30권 제4호, 한국재산법학회, 2013.

제철웅, "개정 민법상의 후견계약의 특징, 문제점 그리고 개선방향," 민사법학 제66호, 한국민사법학회, 2014.

최현태, "임의후견계약의 문제점과 법정책적 제언," 법학논고 제44집, 경북대학교 법학연구원, 2013.

황진자, "금융상품 판매에 있어 고령소비자보호 방안," 소비자문제연구 제41호, 소비자보호원, 2012.

Beck'scher Online-Kommentar BGB, 41. Edition, München, 2016 [zitiert als: BeckOK BGB/Bearbeiter Paragraf Rn.].

Bülow, Peter/Artz, Markus, Verbraucherprivatrecht, 5. Aufl., Heidelberg, 2016.

Busche, Jan, Privatautonomie und Kontrahierungszwang, Tübingen, 1999.

Dieterich, Thomas, Grundgesetz und Privatautonomie im Arbeitsrecht, RdA (3/1995) Thomas Dreier, Privatautonomie und geistige Schöpfung, in: Stephan Breidenbach/Stefan Grundman (Hrsg.), Jahrbuch Junger Zivilrechtswissenschaftler, Stuttgart, 1992.

Ebnet, Peter, Widerruf und Widerrufsbelehrung, NJW 2011.

Fallik, Dylan, Incomplete Protection: The Inadequacy of Current Penalty Enhancement Provisions in Deterring Fraud Schemes Targeting the Elderly, 18 Elder L.J. 335(2011).

Gesetz gegen den unlauteren Wettbewerb (UWG), 35. Aufl., München, 2017 [Köhler/Bornkamm/Bearbeiter Paragraf Rn.].

Kellermann, Markus, Der deutsche Verbraucherbegriff, JA 2005.

Lederer, Beatrice, Das Verbraucherleitbild im Internet, NJOZ 2011.

Lederer, Beatrice, Das Verbraucherleitbild im Internet, NJW 2011.

Meier, Patrick, Der Verbraucherbegriff nach der Umsetzung der Verbraucherrechterichtlinie, JuS 2014.

Münchener Kommentar zum Bürgerlichen Gesetzbuch, 7. Aufl., München, 2016 [MüKoBGB/Bearbeiter Paragraf Rn.].

Nerenberg, Lisa, Forgotten Victims of Elder Financial Crime and Abuse, 1999.

Ohly, Ansgar, Gegen die Bestätigungslösung bei Folgeverträgen unzulässiger Telefonwerbung, GRUR-Prax 2011.

Park Shin Uk, Der Maßstab der gesetzlichen Zinsbeschränkung im Darlehensvertrag, Frankfurt a. M., 2013.

RAin Silviya Yankova/Henrike Hören, Besondere Schutzbedürftigkeit von

Senioren nach dem UWG?, WRP 2011.

Reuß, Philipp M./Vollath, Stefan, Wie viel Schutz braucht der Verbraucher?, ZRP 2013.

Roth, Markus, Die Rechtsgeschäftslehre im demographischen Wandel: Stärkung der Autonomie sowie Schutzkonzepte bei Älteren und Minderjährigen, AcP 208 (2008).

Spindler, Gerald/Schuster, Fabian, Recht der elektronischen Medien, 3. Aufl., München, 2015 [Spindler/Schuster/ Bearbeiter Paragraf Rn.].

Stark, Johanna/Engel, Martin, Verbraucherrecht ohne Verbraucher?, ZEuP 2015.

Wedemann, Frauke, Ältere Menschen - eine besondere Herausforderung für Rechtsprechung, Gesetzgebung und Beratung, NJW 2014.

Wendehorst, Christiane, Das neue Gesetz zur Umsetzung der Verbraucherrechterichtlinie, NJW 2014.

고령소비자보호를 위한 법제도 및
조례(경북 등) 등의 개선방향*

최병록**

Ⅰ. 들어가는 말

모두 알고 있듯이 우리 사회는 기대수명의 연장과 낮은 출산율로 인하여 고령화사회로의 진전이 빠른 속도로 진행되고 있다. 통계에 따르면,[1] 65세 이상 고령인구비율과 노령화지수[2]가 1980년도에 각각 8%와 11.2에 불과하였으나, 2050년도에는 각각 37.4%와

---

* 이 논문은 경상북도가 주최하고 한국소비자법학회와 한국소비자원이 공동주관하여 "고령소비자피해의 효율적 예방 및 구제를 위한 법제 현황 및 과제"라는 주제로 [행복한 소비자포럼]에서 발표한 것으로 일부 수정·보완한 것입니다.
** 서원대학교 경찰행정학과 교수, 법학박사(민법전공).
1) 통계청, 『장래인구추계(2010-2060)』, 2011.
2) 이 노령화 지수는 "유소년층 인구(0~14세)에 대한 노년층 인구(65세 이상)의 비율로서 인구의 노령화 정도를 나타내는 지표"를 말한다.

376.1이 될 것으로 예측되고 있다.[3] 특히 2012년에는 전체 인구 중 65세 이상 인구가 차지하는 비중이 11.8%였으나, 2030년도에는 노인인구가 24.3%로 급격히 증가할 것으로 예상되어, 고령사회는 더욱 급속히 확장될 것이다.

'소비자'란 사업자가 제공하는 재화 등을 소비생활을 위하여 사용하거나 이용하는 자 등을 말한다(소비자기본법 제2조 제1호). 일반적으로 소비자에서 고령소비자라는 특정 소비자의 개념으로 구분하는 데 대하여는 여러 가지 견해가 있지만, 대체적으로 고령소비자는 "신체적 노쇠 등으로 인하여 일반소비자들에 비해 상대적으로 낮은 경제여건, 심리적 불안정, 고독감 등을 동반하는 특성을 가진 취약소비자(disadvantaged consumer)"로 정의할 수 있다.[4]

고령화 사회가 급속히 진전되고 있는 현실에서 우리 사회의 소비생활의 한 축을 담당하고 있는 고령소비자를 어떻게 구분하고 이들의 특성을 어떻게 분석하여 이에 대한 맞춤형 소비자보호 관련 법제도를 마련할 것인가는 소비자정책의 중요 현안 과제중의 하나이다.

여기서는 고령소비자의 특성과 고령소비자의 피해현황에 대하여 살펴보고, 우리나라에서 고령소비자보호를 위한 현행 법제도 및 조례의 현황과 문제점을 검토한 후에 개선방안을 제시하기로 한다.

II. 고령소비자의 특성과 고령소비자의 피해현황

1. 고령소비자의 특성

고령소비자는 고령자의 지식, 경험, 신체적 · 정신적 판단능력

---

3) 이건묵, "고령소비자 허위 · 과장광고 등 피해구제방안 검토," 『이슈와 논점』 제750호(2013.12.6), 국회입법조사처, 1면.
4) 이건묵, 앞의 자료, 1면.

에 있어서 개인차가 현저하게 다르다는 점에서 어떻게 고령소비자를 이해하고 고령소비자에 대한 보호장치를 마련할 것인가는 상당히 어려운 문제이다. 즉, 노인은 고령화의 정도나 경과가 사람마다 각양각색이고 반드시 획일적인 연령기준에 의하여 규정되기는 어렵기 때문에 민법상 고령자를 일괄적으로 보호하여야 한다는 점에 대해서는 근본적인 의문이 제기된다.5)

따라서 '고령자'이기 때문에 보호하여야 한다는 것보다는 오히려 고령이라는 '취약성'으로 인하여 거래상대방과 동등한 지위에서 거래를 하는 것이 형평에 반하는 소비자이기 때문에 보호하여야 한다는 것이 보다 타당하다. 고령자는 연령 또는 생애주기상 노년기에 접어들면서 경제적 빈곤, 심신의 병고, 인간관계의 단절에서 오는 고독감 등 여러 가지 어려움을 겪게 된다.6)

고령자의 이러한 특성은 소비행동에도 반영되어 경제적 측면·신체적 측면에서 불안을 느끼고, 소비자로서 권리에 대한 자각과 상품 및 서비스 정보에 대한 이해가 부족하고, 신상품에 대한 인식에 대한 유연성이 결여되어 있으며, 판매방법의 변화에 탄력적으로 대응하기 어려운 경향을 보이는 등 취약성을 가진 소비자로서 특성을 보여주고 있다. 결과적으로 고령소비자의 개념은 그 사람의 개인적 속성에 의하여 일의적으로 정해지는 것이 아니라, 소비자의 지위에서 사업자와 관계를 맺는 자로서 상관적으로 정의되어야 한다. 즉, 기본적으로 고령소비자는 사업자와의 관계에서 일반적으로 상품에 대한 충분한 정보와 교섭력을 갖지 못하고, 생애주기상 거래에 대한 판단을 합리적으로 할 수 없는 자로 파악하는 것이 보다 적절할 것이다.

---

5) 김현수, 『사회적 취약계층 신상보호를 위한 법제정비 방안 연구─고령자보호를 중심으로』, 한국법제연구원 연구보고 2014-06, 2014, 28면.
6) 송순영, "고령자 소비자정책의 발전방향," 『소비자문제연구』 제30호, 2006, 6-7면.

2. 고령소비자의 피해현황

고령소비자의 피해현황에 대하여 두 가지 자료를 살펴보면, 첫째, 한국소비자원에 의하면, 60세 이상 소비자의 피해상담 건수가 2008년 1,034건에서 2013년 9월 23,963건으로 급속히 증가하였다. 그럼에도 불구하고 피해구제 건수는 2008년 1,034건에서 2012년 1,654건으로 소폭 증가하였고 2013년 9월 1,324건에 불과한 실정이다.[7] 특히 60세 이상 고령자들의 소비자상담은 주로 관련불만에서 비롯됨에도 불구하고, 그 피해구제는 여전히 어려운 상황이다. 예컨대, 고령소비자가 일반소비자보다 활동력과 정보력이 제한되고 부족하기 때문에 피해신고를 제대로 하기 어렵다. 그리고 신고하더라도 증빙자료 미비와 판매업자 비협조 등으로 인해 청약철회나 계약해지는 잘 이루어지지 않고 피해구제로 보기 어려운 정보제공(2012년도에는 574건, 2013년 9월 현재 278건)에 그치는 경우가 대부분이다.

둘째, 고령소비자에 대한 피해현황에 대한 최근 자료[8]를 살펴보면, 고령소비자의 피해가 더욱 심각함을 보여 주고 있다.

(1) 고령 소비자의 77.0%가 악덕상술 경험했고, 23.3%는 실제 피해 당해

한국소비자원(원장 한견표)이 고령 소비자 300명을 대상으로 설문조사를 실시한 결과,[9] 77.0%(231명)가 최근 1년 동안 각종 악덕상술을 경험한 것으로 나타났다. 악덕상술의 내용은 ▲ 사은품(공짜) 제공으로 유인(70.7%) ▲ 무료 관광 제공으로 유인(17.3%) ▲ 홍보관

---

7) 한국소비자원 제출자료, 2013.12.6.
8) 한국소비자원 보도자료(2016.9.28).
9) 설문조사의 개요는 서울 거주 만 65세 이상 고령 소비자 300명 대상, 구조화된 설문지를 활용한 1:1 면접조사 실시, 95% 신뢰수준, 표본오차 ± 5.56%p, 2016.4.22.~5.2.까지 실시하였다.

(떴다방)(14.3%) 유인이 가장 많았다.

또한 59.0%(177명)는 악덕상술로 상품까지 구매했는데, 구매 품목은 건강보조식품(51.4%), 생활용품·주방용품(45.8%), 건강침구류(27.7%), 건강보조기구(26.0%) 등의 순이었고, 구매 이유는 '질병 치료 및 건강에 좋다고 해서'(46.3%)가 가장 많았다. 고령 소비자의 23.3%(70명)는 악덕상술 등으로 인한 피해를 경험했고, 피해 금액은 1인당 연간 125,600원인 것으로 분석됐다.

(2) 피해구제 접수 건의 8.4%가 고령 소비자 피해, 악덕상술 피해 지속 발생

2013년부터 2015년까지 한국소비자원에 접수된 피해구제 건 중 연령 정보가 확인된 79,246건을 분석한 결과, 〈표 1〉에서 보는 것처럼 60세 이상 소비자 피해는 6,664건으로 전체 피해구제 건에서 차지하는 비율이 3년 평균 8.4%인 것으로 나타났다.

〈표 1〉 연도별 고령 소비자 피해구제 접수 현황

(단위: 건)

구 분		2013년	2014년	2015년	계
60세 미만		21,422 (91.5)	25,891 (91.7)	25,269 (91.6)	72,582 (91.6)
60세 이상	소계	1,996 (8.5)	2,342 (8.3)	2,326 (8.4)	6,664 (8.4)
	60대	1,378 (5.9)	1,582 (5.6)	1,625 (5.9)	4,585 (5.8)
	70대	536 (2.3)	605 (2.1)	557 (2.0)	1,698 (2.1)
	80세 이상	82 (0.3)	155 (0.6)	144 (0.5)	381 (0.5)
총계		23,418 (100.0)	28,233 (100.0)	27,595 (100.0)	79,246 (100.0)

고령 소비자를 대상으로 한 각종 악덕상술 관련 피해는 2013년 8.4%, 2014년 10.3%, 2015년 8.6%로 3년 평균 9.1%를 차지했고, 상술의 유형은 홍보관 상술이 3년간 총 161건으로 가장 많았다.

(3) 고령 소비자의 악덕상술 피해는 상조서비스에서 가장 많이 발생

60세 이상 고령 소비자가 악덕상술과 관련하여 가장 많이 피해구제를 신청한 품목은 상조서비스로 나타났다. 상조서비스 피해구제 총 721건 중 25.9%(187건)가 홍보관 상술 등 각종 악덕상술[10] 관련 건이었다.

Ⅲ. 고령소비자보호를 위한 법제도 및 조례의 현황과 문제점

1. 고령소비자보호를 위한 법제도와 조례의 현황

위에서 살펴본 것처럼 일반 소비자와 고령소비자를 구분할 수 있지만 현행 소비자기본법에서는 특별히 구분하지 않고 있다. 고령소비자의 범위에 관하여, 「소비자기본법」 등 관련법에서는 목적에 따라 고령자범위를 달리하고 있어서 통일되어 있지 않다.

「고용상 연령차별금지 및 고령자고용촉진에 관한 법률 시행령」 제2조에서는 고령자를 55세 이상인 자로 규정한 반면, 「노인복지법」 제28조에서는 65세 이상을 노인으로 규정하고 있다. 국민연금법 제61조에서는 노령연금 수급개시연령을 60세(특수직종 근로자의 경우 55세)로 규정하고 있다. 통계청 「2010 고령자통계」[11]에서는 주로

---

10) 악덕상술이란 사업자가 공짜 물품 제공, 무료 관광 제공, 신분사칭, 설문조사 빙자 등 각종 기만적인 방법으로 소비자를 유인하여 부당이익을 취하는 판매방법을 말한다.

65세 이상[12] 인구를 대상으로 고령화사회에 대한 통계를 작성하여 발표하였다. 미국의 조지아주, 인디애나주, 켄터키주, 플로리다주 등은 주정부차원에서 일정 연령 이상의 고령자를 이른바 고령자 특별법 등에 따라 보호하고 있다.[13]

(1) 소비자기본법에서의 고령소비자의 보호

소비자기본법 제45조에서는 취약계층의 보호라는 제목의 규정을 두고 "① 국가 및 지방자치단체는 어린이 · 노약자 · 장애인 및 결혼이민자(「재한외국인 처우 기본법」 제2조 제3호에 따른 결혼이민자를 말한다. 이하 같다) 등 안전취약계층에 대하여 우선적으로 보호시책을 강구하여야 한다. ② 사업자는 어린이 · 노약자 · 장애인 및 결혼이민자 등 안전취약계층에 대하여 물품 등을 판매 · 광고 또는 제공하는 경우에는 그 취약계층에게 위해가 발생하지 아니하도록 제19조 제1항의 규정에 따른 조치와 더불어 필요한 예방조치를 취하여야 한다."라고 규정하고 있다.[14]

이는 특별히 고령소비자를 대상으로 소비자문제 전반에 대한 것이 아니며, 어린이 · 노약자 · 장애인 및 결혼이민자 등 안전취약계층을 대상으로 안전측면에서의 보호규정을 두고 있는 데 지나지 않는다.

(2) 소비자관련 조례에서의 고령소비자의 보호

한편, 지방자치단체가 독자적으로 시행하는 조례를 경상북도소비자권익증진조례(이하 '동 조례'라고 한다.)[15]를 예시로 살펴보면, 동

---

11) 통계청, 『2010 고령자통계자료』, 2010.9.30. 참조.
12) 미국은 2007년 「고령자안전법」(Senior Safety Act of 2007) 제3조에서 55세 이상을 고령자로 규정하고 있다.
13) 이기종 외, 『특수거래관련 법령정비 및 효과적인 법집행체계 구축방안』, 공정거래위원회, 2005, 55면.
14) 2016.3.29.개정, 2016.9.30.부터 시행하고 있다.

조례 제6조에서 취약계층의 보호라는 제목으로 "도는 법 제45조에 따라 어린이·노약자 및 장애인 등 안전취약계층에 대하여 안전한 소비생활을 영위할 수 있도록 우선적으로 보호시책을 강구하여야 한다."라고 규정하고 있다. 이는 소비자기본법에서 규정한 것을 조례에서 재차 반복하고 있음에 지나지 않는다.

조례는 법률에 근거하여 보다 세부적으로 고령소비자를 보호하기 위한 규정을 두어 소비자안전, 정보제공, 교육, 피해구제, 소비자계약 등 다양한 면에서 발생하는 소비자피해를 예방하고 구제하기 위한 제도와 행정기구를 갖추는 것이 필요하다.

(3) 고령소비자 보호법규

우리나라 소비자관련법에서 고령소비자의 특성을 반영하여 특화된 피해구제조치를 하고 있는 소비자보호정책을 찾기는 쉽지 않다. 기만상술에 의한 상품구매를 규제하는 「방문판매 등에 관한 법률」(이하 '방문판매법'이라 한다.)에서는 고령소비자를 위한 피해구제조치를 따로 고려하고 있지 않다.

「방문판매법」은 일반소비자를 대상으로 한 특수판매의 특성에 맞춘 규제를 명시하고 있을 뿐, 고령소비자를 대상으로 한 기만상술에 관심을 기울이고 있는 것은 아니다.

2. 문제점

고령소비자의 피해현황을 고려할 때, 현행 고령소비자 관련 법제도나 조례에서 나타나는 문제점과 사업자에 대한 규제 및 고령소비자의 특성을 고려한 측면에서 다음과 같이 지적할 수 있다.

---

15) 경상북도 소비자권익증진 조례는 2001.8.1. 조례 제2,698호(전문개정), 2006.12.28. 조례 제2,955호(일부개정)(경상북도 행정기구 설치조례), 2014. 9.22. 조례 제3,559호(전부개정)로 개정되어 왔다.

첫째, 현재 고령소비자를 구체적으로 개념 정의하고 고령 소비자의 특성에 맞는 관련 법제도를 운영하고 있지 않아서 고령소비자의 피해는 지속적으로 증가하고 있다. 「방문판매법」제7조 제3항에서는 "방문판매자 등은 재화 등의 계약을 미성년자와 체결하고자 하는 경우에는 법정대리인의 동의를 받아야 하고, 이 경우 법정대리인의 동의를 받지 못하면 미성년자 본인 또는 법정대리인이 계약을 취소할 수 있음을 알려야 한다."라고 명시하고 있어서 판단능력이 불완전한 제한행위능력자인 미성년자에게 「민법」의 계약취소권과 동일하게 보장하고 있다. 그러나 고령소비자에 대한 보호규정은 어디에도 찾아볼 수 없다.

따라서 소비자기본법에서 고령 소비자의 개념을 정의하고 악덕상술이 많이 발생하는 방문판매 등과 같은 특수판매에서 별도의 소비자피해구제제도를 두는 것이 필요하다.

둘째, 소비자원의 고령소비자의 피해현황에서 나타난 것처럼 고령소비자의 경제적·사회적·심리적으로 취약한 점을 악용한 기만상술 행위가 만연하다는 점이다. 「방문판매법」제7조에서는 계약 이전에 방문판매업자의 상호, 대표자성명, 주소, 전화번호 등 인적사항 및 계약 및 청약철회, 반품조건 등 중요사항을 의무적으로 고지하도록 하고, 동 사항을 기재한 계약서를 교부하도록 명시하고 있다. 그러나 실제로 판매원들은 고령소비자에게 사실과 달리 허위·과장된 상술로 제품을 판매하거나, 계약서 미교부 행위, 적법한 기한이나 절차에 의한 청약철회 요구에도 이를 묵살하거나 교묘한 방법을 동원하여 청약철회를 고의로 회피하는 등 부당행위와 관련법규를 제대로 지키지 않는다.

이는 고령소비자는 피해가 발생되어도 관련 법규나 피해구제 방법을 모른다는 점과 취약한 심리를 악용하여 위계나 협박을 통한 대금 독촉 행위도 근절되지 않는 등 판매업자들의 법의식 결여 및 법망을 교묘히 피해 빠져나가는 방법을 구사하게 되면 고령소비자

들은 피해를 당할 수밖에 없다는 점이다.[16]

셋째, 고령소비자의 경우, 계약 이전에 계약과 관련한 사항에 대한 정보를 꼼꼼히 확인하지 못할 뿐 아니라, 관련법규 등 법적 지식 부족으로 피해가 발생되었을 때 즉시 가족과 상의하지 못하다가 청약철회 기간이 한참 경과된 다음에야 가족이나 행정기관에 알려서 구제를 받고자 하는 경우가 많을 뿐만 아니라, 고령소비자의 대부분은 피해의 원인이 고령소비자 자신에게 있지 않음에도 불구하고 개인적인 잘못으로 생각하거나 단지 복잡하고 귀찮다는 생각에 스스로 권리를 포기하는 경우가 많아서 문제가 더욱 복잡하게 된다는 점이다. 또한 고령소비자는 외롭고 심심함을 달래기 위해 무료공연이나 무료관광 및 사은품 제공 등의 기만상술에 쉽게 휩쓸리고 여기에 공짜를 좋아하는 심리가 맞물리면서 판매업자의 기만 상술을 더욱 부추기는 등 여러 가지 복합적인 요인들이 고령소비자의 피해 발생을 증가시키는 원인으로 작용하고 있다.

넷째, 고령소비자를 보호하기 위한 여러 가지 규제가 외국의 관련 법률이나 제도와 비교할 때 적정한지도 검토가 필요하다. 예컨대, 고령소비자를 대상으로 이루어진 범죄에 대하여 처벌을 강화하는 방안도 필요하다고 할 수 있으나, 우리나라 소비자 관련 법률의 규정에는 어디에도 찾아보기 어렵다.[17]

1984년 「미국 판결 가이드라인」(U.S. Sentencing Guideline §3A1.1)은 일반거래관계에서 고령소비자를 일반소비자와 구분하고, 1987년도에는 고령자 대상범죄의 처벌을 가중하도록 하였다.[18]

---

16) 안현숙, "노인소비자 피해예방을 위한 제도 개선방안 연구," 숙명여자대학교 대학원 석사학위논문, 2007, 56-62면.

17) 1994년 「고령자법」(Senior Citizens Against Marketing Scams Act of 1994, 18 U.S.C.)에서는 연방형법전의 텔레마케팅 사기형량의 경우 55세 이상을 범죄대상 또는 범죄희생자로 한 자에 대해 5년 이하의 징역형에 처하도록 하였고(동법 제2326조), 그 취득한 재산과 총수익은 법원에 의해 몰수할 수 있게 하였다(동법 제2327조).

IV. 개선방안(맺는 말)

1. 고령소비자보호를 위한 청약철회권의 강화

고령소비자는 방문판매원의 설득에 쉽게 현혹되는 취약소비자로서 방문판매법의 청약철회권 등을 이용할 능력이 부족하다.[19] 그런데 우리 「민법」에서는 미성년자의 경우와 달리 고령소비자를 위하여 특별보호규정을 두지 않고 있다.

2004년 일본 「특정상거래에 관한 법률」(이하 "특정상거래법")에서는 계약의 철회·취소 요건의 완화를 통하여 고령소비자의 특성을 고려한 보호조치를 규정하고 있다. 즉, 계약취소를 쉽게 할 수 있도록 부실통지와 '중요한 사항을 고의로 알리지 않았을 경우'를 소비자계약취소권의 요건으로 규정하고 있다(동법 제6조와 제9조의2). 2008년 「특정상거래법」은 방문판매업자가 계약체결 거절표시 소비자에게 해당 계약체결을 권유하는 것을 금하도록 하고 있고, 통상 필요한 양을 현저하게 초과하여 상품구입계약을 체결한 경우, 계약 후 1년 안에 계약해지 등이 가능하도록 하였다. 일본의 계약철회·취소요건 완화는 일반 소비자보다 기만상술에 의하여 피해 입기 쉽고 피해발생빈도도 높은 고령소비자의 피해 구제에 더 큰 장점을 가진다.

따라서 우리나라도 특수판매 관련법인 할부거래에 관한 법률, 방문판매법, 전자상거래에 있어서 소비자보호에 관한 법률에 일본의 특정상거래법에서 규정한 청약철회권을 받아들여서 고령소비자를 보호하는 방안을 마련하여야 한다.

---

18) 송순영, 앞의 논문, 8면.
19) 양희·이기춘, "방문판매의 소비자문제에 관한 연구," 『한국가정관리학회지』 제18권 제4호, 2000, 136-137면.

2. 고령소비자대상 범죄 처벌 강화

앞에서 살펴본 것처럼 우리나라에서도 고령소비자를 대상으로 가장 많이 발생하는 소비자피해의 유형은 기만상술로 나타났다. 우리나라도 미국의 경우처럼 일정 연령 이상의 고령소비자에 대한 범죄에 대하여 처벌을 강화하는 조항을 마련하여 고령소비자가 기만상술에 의해 피해를 입지 않도록 적극적인 처벌을 통해서도 제도적인 방안을 마련하여야 한다.

실버시장이 확대되면서 고령소비자를 대상으로 한 법위반행위가 사회전반에 걸쳐 큰 피해를 야기하고 있어서 민사적 규제(손해배상책임의 강화나 계약취소 내지 철회권의 요건 완화)와 행정적 규제(영업제한이나 과징금의 부과)의 강화와 함께 형사적 규제의 강화를 통해 법위반행위에 대한 균형 있는 억지력을 발휘할 수 있어야 한다. 따라서 형사제재를 축소하는 것이 전반적인 경향이라 하더라도 이러한 행위유형들에 대해서는 벌칙을 강화하고 그 집행을 엄격하게 할 필요가 있을 것이다.[20]

3. 고령자 보호를 위한 정보전달수단(광고 등) 규제

1973년 영국 IBA(Independent Broadcasting Authority)법에 상업텔레비전과 라디오에 광고의 양 및 내용, 광고 시간 및 위치의 통제, 광고와 일반프로그램을 명확히 구별하게 하는 조항을 신설하였다. 또한 광고실무위원회(CAP: Committee of Advertising Practice)와 광고기준국(ASA: Advertising Standards Authority)과 같은 광고자율규제기관은, 「영국 광고 및 판촉 규정」(BCAS: British Codes of Advertising and Sales Promotion)에 저촉되는 어떠한 광고도 수용하지 않기로 합

---

20) 이기종 외, 앞의 책, 60면.

의하였다. 영국 IBA법은 광고시장 환경을 고령소비자에게 유리하도록 개선하는 역할을 한다.

영국의 「IBA」 법처럼 광고시장에 대한 규제는 사후에 뒤늦은 형사규제나 행정적 규제보다는 사전예방에 더 중점을 둔다. 이 제도는 피해발생 후 신고와 피해구제 등의 사후수습과정에서 관련정보와 지식부족 때문에 일반소비자보다 특히 어려움을 겪는 고령소비자에게 의미있는 제도라고 할 수 있다.

4. 정보전달자(광고출연자)의 허위·과장광고에 대한 연대책임 제도 도입

중국의 「식품유통절차 안전감독관리법」(이하 「식품안전감독관리법」이라 한다.)은 개인이 허위광고에 출연해 추천한 식품이 소비자의 합법적 권익에 손해를 끼치면 식품경영자와 함께 책임을 지도록 규정하고, 허위내용을 알고 있으면서도 가짜 약 광고에 출연한 경우를 형사범죄 범위에 포함시켰다.[21]

우리나라의 경우에도 유명연예인이나 사회 저명인사를 제품이나 서비스의 신뢰성을 주고자 광고에 출연시켜서 광고하는 하는 경우가 많고 일반소비자는 이를 믿고 구매하는 경우가 많다고 할 수 있다. 따라서 우리나라도 중국의 식품안전감독관리법에서 규정하고 있는 광고출연자에게 적용하는 연대책임제도의 도입을 생각할 수 있다. 이러한 제도는 허위과장광고에 출연했다가 문제가 발생하는 경우 출연 유명인에게도 부분적으로 책임을 물을 수 있다는 측면에서 긍정적인 의미를 가진다.

---

21) http://blog.naver.com/foodansim/150068695882.

5. 상습적인 기만상술 사업자에 대한 정보공개의 강화

상습적으로 이름을 바꿔가면서 교묘한 기만상술 행위를 하는 판매업자 즉, '치고 빠지기 식'의 악덕 판매자에 대한 정보의 통합관리가 필요하다. 이를 위해서는 공정거래위원회나 지방자치단체 소비생활센터, 한국소비자원, 소비자단체 등에 기만상술 행위를 상습적으로 하는 판매업자에 대한 신고 창구를 마련하고 이들 각 기관은 신고 접수된 판매업자의 인적사항을 특수거래법 소관기관인 공정거래위원회로 의무적으로 신고함으로써 기만상술 행위 판매업자에 대한 정보를 통합 관리함으로써 상습적인 기만상술 판매업자에 대하여는 상습 정도에 따라 처벌 내용을 단계적으로 강화하는 것이 필요하다.

6. 지방자치단체의 조례내용의 보완과 지방자치단체의 고령소비자 상담창구의 마련

현재 지방자치단체의 조례는 천편일률적으로 대동소이하다. 내용도 소비자기본법에서 규정한 선언적인 내용을 답습하고 있어서 지방자치단체의 독자적인 규정이나 제도를 마련하지 못하고 있는 실정이다. 따라서 지방자치단체가 적극적이고 자발적으로 소비자보호를 위한 제도적인 방안과 행정기구를 마련하여 대응하는 것이 필요하다.

일본의 예를 든다면 다음과 같은 제도와 기구의 설치 및 운영이 필요하다. 일본은 전반적인 소비자상담체계가 지역밀착형으로 잘 갖추어져 있어서 고령소비자 상담의 접근성이 높은 편이며, 나아가 고령자 특성을 감안하여 특별 소비자상담 채널을 개설하여 운영하고 있다.[22] 일본은 2015년 기준으로 47개 광역자치단체와 1,740개 기초자치단체의 거의 전부에서 소비생활센터 및 소비자상담실이 설치되어 있고, 평일 및 주말 상담체계도 운영되는 등 전체 소비자상담체계가 촘촘히 짜여 있는 편이다. 더 나아가 고령자의 성향, 즉, 문제가 있어도 드러내기 꺼려 하거나 소비자상담서비스 인식이 부족한 것 등을 감안하여 '고령소비자 피해 110번'과 같은 고령자 대상 특별 소비자상담 채널도 별도 마련하고 있다는 점이 특징이다.

일본은 소비자청 설립 이후 소비자안전·계약·교육 등 문제 영역별로 새로운 법 제정을 통해 소비자기본법에서 충분히 다루기 어려운 법적 지원체계를 마련해 왔는데, 그때마다 각 분야별로 지역조직, 각 조직 간 역할 및 사무 배분, 유관 조직 간 지역 협의회 개설 등과 같은 세부 규정까지 명문화함으로써 지역의 문제해결구조를 체계화해 왔다.[23]

따라서 우리나라도 지방자치단체가 주도적으로 고령자 소비자상담과 같이 지역밀착형 문제해결이 필요한 부분은 이를 참고하여 조례를 개정하고 행정기구를 설치하여 지역의 고령자 소비자상담체계를 체계화하고 표준화할 필요가 있다.

---

22) 배순영, "일본의 고령소비자 상담추진 현황 및 시사점," 『소비자정책동향』 제72호(2016.8.31), 한국소비자원, 1면.

23) 배순영, 앞의 자료, 15면.

참고문헌

김현수, 『사회적 취약계층 신상보호를 위한 법제정비 방안 연구—고령자보호를 중심으로』, 한국법제연구원 연구보고 2014-06, 2014.

배순영, "일본의 고령소비자 상담추진 현황 및 시사점," 『소비자정책동향』 제72호(2016.8.31), 한국소비자원.

송순영, "고령자 소비자정책의 발전방향," 『소비자문제연구』 제30호, 2006.

안현숙, "노인소비자 피해예방을 위한 제도 개선방안 연구," 숙명여자대학교 대학원 석사학위논문, 2007.

양희 · 이기춘, "방문판매의 소비자문제에 관한 연구," 『한국가정관리학회지』 제18권 제4호, 2000.

이건묵, "고령소비자 허위 · 과장광고 등 피해구제방안 검토," 『이슈와 논점』 제750호(2013.12.6), 국회입법조사처.

이기종 외, 『특수거래관련 법령정비 및 효과적인 법집행체계 구축방안』, 공정거래위원회, 2005.

통계청, 『장래인구추계2010-2060)』, 2011.

통계청, 『2010 고령자통계자료』, 2010.9.30.

한국소비자원 보도자료(2016.9.28. 배포).

http://blog.naver.com/foodansim/150068695882.

고령소비자보호를 위한 국가 및 지방자치단체의 역할 제고방안

고형석*

Ⅰ. 서 론

현대 사회는 자급자족의 시대가 아닌 사업자가 생산하여 판매하는 재화 등을 구입하여 소비하는 시대이다. 따라서 재화의 배분이 시장을 통해 이루어지며, 시장 내에서의 공정한 거래질서는 현대 시장경제질서를 유지 및 발전시킴에 있어서 핵심과제이다. 또한 이는 단지 거래상대방에 대한 보호에 국한되는 것이 아닌 글로벌 시장경제하에서 사업자가 경쟁력을 확보하기 위한 기초이다. 물론 시장에서 공정한 거래질서의 확립은 경제주체 간 경쟁 및 합리적인 선택에 의해 결정되는 것이 가장 바람직하고 기본적이지만, 현실은 경제주

---

* 선문대학교 법학과 교수.

체만의 노력에 의해 이를 달성하는 것은 사실상 불가능하다. 따라서 시장 내 공정한 거래질서를 확립하기 위해서는 상대적 약자에 대한 보호가 필수적인 요건이라고 할 수 있다. 그 대표적인 자가 바로 소비자이다.[1] 즉, 사업자와의 관계에서 소비자는 정보를 비롯하여 자본, 조직, 협상력 등의 모든 면에서 열위의 지위에 있기 때문에 사적자치를 통해 자신의 권리를 보호한다는 것은 시장의 강자인 사업자에게 소비자에 대한 지배를 위임하는 결과를 초래한다. 따라서 시장의 공정한 거래질서를 확립하기 위해서는 상대적 약자인 소비자를 보호하는 것이 현대 국가의 기본적인 의무이다.

이와 같이 현대사회에 있어서 소비자보호는 필수이지만, 그동안 소비자보호에 대한 접근에 있어서는 전체 소비자를 대상으로 이루어졌다. 그러나 모든 소비자가 동일하지 않으며, 소비자 역시 매우 다양하게 분류할 수 있다. 연령에 따라 미성년소비자, 성년소비자, 고령소비자로 구분할 수 있으며, 언어 또는 국적에 따라 내국인 소비자와 외국인 소비자, 판단능력에 따라 행위능력자인 소비자와 제한능력자인 소비자 등 매우 다양한 기준에 따라 분류할 수 있다. 따라서 모든 소비자가 동일한 것이 아님에도 불구하고 단지 사업자와의 관계라는 점만을 고려하여 동등하게 대우하는 것은 헌법의 기본원칙인 평등의 원칙에 반하는 것이다. 즉, "같은 것은 같게, 다른 것은 다르게"라는 평등은 단지 형식적 평등이 아닌 실질적 평등이 구현되어야 함을 의미하며, 이를 위해 서로 상이한 지위 또는 여건을 가지고 있음에도 단지 소비자라는 이유만으로 이를 동일하게 대

---

1) 종전 시장에서의 약자는 소비자로 국한하였다. 그러나 최근에는 사업자 역시 시장 내에서의 약자로 인정하고 있다. 물론 이는 사업자와 사업자 간의 관계로 국한된다. 즉, 도급 또는 하도급거래에서 도급사업자와 수급사업자 간의 관계, 가맹본부와 가맹사업자 간의 관계, 공급업자와 대리점업주 간의 관계에서 후자에 해당하는 사업자는 전자에 해당하는 사업자와 비교하여 열위의 지위에 있으며, 사업자와 소비자와 관계보다 더 열악한 환경에 있다고 볼 수 있다.

우하는 것은 국가가 평등을 구현하는 것이 아닌 불평등을 조장하는 것이라고 할 수 있다. 따라서 각 소비자의 유형에 적합한 보호가 이루어져야 비로소 평등의 원칙에 합치하는 실질적인 소비자보호가 이루어질 수 있다.

이러한 측면에서 최근에는 취약계층 소비자에 대한 별도의 보호가 이루어져야 한다는 주장이 제기되고 있으며, 취약계층 소비자의 대표적인 자로 고령소비자를 예시할 수 있다. 물론 연령이 높다는 그 자체만으로 일반 소비자와 다르게 대우하여야 한다면 이는 고령소비자의 보호에 해당하는 것이 아니다. 그러나 소비생활에 사용되는 재화의 경우, 고도의 과학기술이 접목되어 있기 때문에 일반 소비자도 그 내용을 파악하기 어려울 정도이며, 고령소비자의 경우 더욱 그러하다. 또한 거래방식 역시 매우 다양화되고 있으며, 정보통신기술이 결합되어 있기 때문에 정확한 숙지하에 선택을 한다는 것은 고령소비자의 입장에서 쉽지 않다. 특히 도시화 경향의 가속화로 인해 지방(농어촌 지역 등)의 경우에 고령소비자만이 거주하기 때문에 판매를 빙자한 고령소비자 사기에 쉽게 노출되어 있는 상황이며, 그 피해구제 역시 쉽지 않은 것이 현실이다. 이러한 고령소비자 문제는 일부에 국한되는 문제가 아니며, 고령사회로의 진입에 따라 2026년에는 고령소비자의 수가 천만 명을 상회할 것으로 예상되어 주된 소비자이슈 중 하나로 대두할 것으로 예상된다.

그럼 고령소비자문제를 해결하기 위한 방향은 어떻게 설정되어야 하는가? 이에 대해서는 고령소비자문제의 동향과 추이를 비롯하여 그 원인 및 특성에 대한 분석인 현황조사가 이루어져야 한다. 이를 기초로 고령소비자문제를 해결하기 위한 정책방향과 방안이 마련되어야 함은 지극히 당연할 것이다. 또한 이러한 정책의 수립과 집행에 있어서 국가만의 역할로 달성할 수 없기 때문에 국가와 지자체 간의 역할 배분이 무엇보다도 중요한다.

이에 본 발표에서는 그동안 조사 및 분석된 고령소비자문제의 현황을 기초로 고령소비자문제를 해결하기 위한 국가의 관련 정책을 검토한 후 고령소비자문제를 해결할 수 있는 방향 및 방안에 대해 제언을 하고자 한다. 이러한 내용은 국가차원에 국한하는 것이 아닌 지자체와의 협력방안을 주된 논의의 대상으로 하고자 한다.

II. 고령소비자피해의 현황과 특징

1. 고령소비자피해의 현황

(1) 고령소비자의 정의

고령소비자가 누구인가에 있어서 핵심지표는 연령이다. 그러나 현행법령상 고령자에 대한 정의가 존재하지 않기 때문에 고령소비자의 연령이 몇 세 이상이라고 단정할 수 없다. 다만, 일반적으로 고령소비자의 연령을 65세 이상으로 정하고 있기 때문에 본 발표에서의 고령소비자 역시 65세 이상인 소비자를 고령소비자라고 한다.[2]

<표 1> 지자체별 노인인구 수 및 비율[3]

광역 지자체	전체인구수	노인인구수	비율
서울	9,890,000명	1,188,000명	12%
부산	3,559,780명	516,210명	14.5 %
대구	2,487,829명	316,122명	12.71%
인천	2,925,815명	312,905명	10.69%
광주	1,472,199명	166,389명	11.3%

---

2) 배순영 외, 고령소비자 문제 종합 대응체계 구축방안 연구, 한국소비자원, 2016, 11면.
3) 제3차 저출산·고령사회기본계획 2016년도 지방자치단체 시행계획(총괄), 4~20면.

대전	1,518,775명	165,528명	10.9%
울산	1,173,534명	103,205명	8.8%
세종	210,884명	22,399명	10.6%
경기	12,522,606명	1,318,882명	10.5%
강원	1,549,507명	261,671명	16.9%
충북	1,583,952명	234,813명	14.8%
충남	2,077,649명	341.214명	16.4%
전북	1,869,711명	333,524명	17.8%
전남	1,908,996명	391,837명	20.5%
경북	2,702,826명	479,634명	17.7%
경남	3,447,018명	464,019명	13.8%
제주	624,395명	85,893명	13.75%

※ 음영부분은 노인인구비율 15% 이상인 지역.

(2) 고령소비자의 피해현황

고령소비자 상담 건수는 2013년까지 큰 폭으로 증가하다 최근 전체 상담건수 감소 등과 맞물려 다소 감소하고 있는 추세이다. 그러나 전체 상담건수에서 60세 이상 상담이 차지하는 비중은 매년 증가 추세이다.[4]

〈표 2〉 60세 이상 고령자 1372 소비자상담 건수

구 분	2011년	2012년	2013년	2014년	2015년
60세 이상	25,097	31,638	35,789	34,102	33,864
전체 구성 비율(%)	6.1	6.4	7.0	7.7	8.7

고령소비자관련 상담의 판매유형별로는 일반판매 4,569건을 제외하면 방문판매가 751건으로 가장 많이 접수되었으며, 기타통신

---

4) 배순영 외, 위의 보고서, 54면.

판매 373건, 전자상거래 300건 순으로 접수되었다. 고령소비자 방문판매 접수율(11.3%)은 전체 연령대의 방문판매 접수율(6.9%)보다 높다.

<표 3> 판매유형별 고령자 피해구제 접수 현황

(단위: 건, %)

구분	2013년	2014년	2015년	계
일반판매	1,470(73.6)	1,565(66.9)	1,534(66.0)	4,569(68.6)
방문판매	208(10.4)	297(12.7)	246(10.5)	751(11.3)
기타통신판매	126(6.3)	131(5.6)	116(5.0)	373(5.6)
전자상거래	86(4.3)	97(4.1)	117(5.1)	300(4.5)
전화권유판매	61(3.1)	127(5.4)	95(4.1)	283(4.2)
TV홈쇼핑	36(1.8)	31(1.3)	102(4.3)	169(2.5)
기타	9(0.5)	94(4.0)	116(5.0)	219(3.3)
계	1,996(100.0)	2,342(100.0)	2,326(100.0)	6,664(100.0)

2. 고령소비자피해의 특성

(1) 일반적인 소비자피해의 특징

소비자피해의 일반적인 특징은 소액 다수이며, 피해구제의 소극성으로 제시되고 있다. 즉, 개별소비자가 입은 피해규모는 그리 크지 않지만, 전체 피해액을 감안한다면 결코 적은 금액이라고 할 수만은 없다. 또한 그 피해의 원인이 다수의 소비자에게 공통적으로 존재하기 때문에 피해자의 수는 매우 많다. 그러나 피해를 입은 소비자의 다수가 그 구제를 위한 절차 참여에 대해서는 소극적이다. 그 이유로는 피해구제절차를 통해 구제를 받는 것보다도 그 절차 참여를 통해 지출해야 하는 경제적 비용이 더 크기 때문이다. 즉, 피해구제에 소요되는 시간을 비롯하여 정신적 피로도 등까지 감안한다면 그 절차에 참여하지 않은 것이 더 효과적이라는 인식이 존재하기

때문이다.5)

(2) 고령소비자피해의 특성

위에서 제시한 소비자피해의 특성은 고령소비자에게도 공통되지만, 그 이외의 특징으로는 피해사실의 미인지를 비롯하여 피해사실을 인지하더라도 다른 이유로 인해 피해구제를 신청하지 않는다는 점이다. 즉, 고도의 사기기법 또는 과학기술이 접목된 재품 또는 거래방법에 의한 피해의 경우에 피해를 입은 사실을 인지하지 못하는 경우가 다수이며, 피해사실을 인지하면서도 고령자의 고독을 해결해 주었다는 점에서 피해를 입은 사실을 알리지 않는다. 또한 피해를 입었지만, 그 구제를 받을 수 있는 방법을 알지 못하는 경우도 존재한다. 특히 피해사실이 가족에게 알려질 것을 꺼려 하여 고액의 피해를 입었음에도 이를 알리지 못하는 경우를 비롯하여 금리인하로 인해 불법다단계판매에 가입하였음에도 불구하고 가해자의 처벌보다는 처벌하는 국가에 대해 비난하는 모순된 사례도 발생하고 있다.

Ⅲ. 고령소비자문제와 소비자정책 및 추진체계

1. 고령소비자문제에 대한 소비자정책으로의 포함에 대한 필요성

100세 시대에 있어서 고령소비자는 소비자 중 극히 일부에 해당하는 자가 아닌 전체 국민의 1/4 이상에 해당하며, 이는 전체 소비자의 1/4 이상이 고령소비자에 해당함을 의미한다. 물론 고령소비

---

5) 고형석, "집단적 소비자피해의 효율적 구제를 위한 소송제도의 개선방안에 관한 연구," 재산법연구 제32권 제4호, 2016, 113~115면.

자에 대해 일반 소비자와 동일한 보호가 이루어지는 것만으로 충분한 보호가 이룩될 수 있다면 이를 별도로 다루는 것 자체가 차별이라고 할 수 있다. 그러나 고령소비자문제의 특징은 일반 소비자문제의 특징과 더불어 또 다른 요소들을 가지고 있다. 그럼에도 불구하고 일반 소비자에 대한 정책으로 이를 해결하고자 한다면 평등의 원칙에 반하게 된다. 따라서 소비자정책의 수립에 있어서 보편적 소비자정책과 더불어 고령소비자와 같은 취약계층 소비자에 대한 정책이 수립되어야 함은 현대 소비자정책이 추구하여야 할 방향이라고 할 수 있다. 이러한 측면에서 제3차 소비자기본계획에 고령소비자문제를 포함하고 있으며, 생애주기별 소비자교육 등의 실시 등에 관한 내용은 시기적절한 것으로 평가할 수 있다.[6]

2. 고령소비자문제에 대한 소비자정책의 현황

(1) 고령소비자관련 주요 정책

고령소비자문제에 대응하고, 이를 해결하기 위한 정책은 매우 다양하지만, 그 대표적인 것이 소비자기본법 제21조에 따른 소비자기본계획과 저출산·고령사회기본법 제4조에 따른 종합 저출산·고령사회정책, 같은 법 제20조에 따른 고령사회기본계획이라고 할 수 있다.

(2) 소비자기본계획상 고령소비자정책
1) 소비자정책의 유형 및 수립주체

소비자기본법상 소비자정책은 기본계획과 시행계획으로 구분되며, 후자는 다시 중앙행정기관별시행계획, 시·도별시행계획 및

---

6) 배순영 외, 제3차 소비자정책 기본계획 수립연구, 한국소비자원, 2014, 109면.

종합시행계획으로 구분된다. 기본계획은 소비자정책위원회의 심의 및 의결을 통해 공정거래위원회가 수립한다. 중앙행정기관별 시행계획은 관계 중앙행정기관의 장, 시·도별시행계획은 시·도지사가, 종합시행계획은 공정거래위원회가 수립한다. 이 중 가장 중심이 되는 것은 소비자정책위원회이다. 소비자정책위원회는 공정거래위원회 내에 설치되며, 위원장 2인을 포함한 25인 이내의 위원으로 구성한다. 위원장은 공정거래위원회 위원장과 소비자문제에 관하여 학식과 경험이 풍부한 자 중에서 대통령이 위촉하는 자가 된다.[7] 위원은 관계 중앙행정기관의 장[8] 및 제38조의 규정에 따른 한국소비자원의 원장(이하 "원장"이라 한다)과 소비자문제에 관한 학식과 경험이 풍부한 자 또는 제29조의 규정에 따라 등록한 소비자단체(이하 "등록소비자단체"라 한다) 및 대통령령이 정하는 경제단체에서 추천하는 소비자대표 및 경제계대표 중에서 공정거래위원회 위원장이 위촉하는 자가 된다.

2) 소비자기본계획의 법적 근거 및 주요 골자

소비자기본법에서는 소비자정책위원회의 심의·의결을 거쳐 공정거래위원회가 매 3년 단위로 소비자기본계획을 수립하도록 규정하고 있다.[9] 소비자기본계획에 포함되어야 할 사항으로는 소비자

---

7) 소비자정책위원회 위원장은 1인이 아닌 2인이며, 공동위원장이다. 정책위원회의 위원장은 각자 정책위원회를 대표하고, 위원회의 업무를 총괄한다(동법 시행령 제15조). 물론 복수의 위원장이기 때문에 외부적으로 위원회를 대표하는 것은 각자가 하는 것이 타당하지만, 그 업무를 총괄함에 있어 각자가 하는 것이 타당한 것인가에 대해서는 의문이다. 이보다 더 근본적인 의문은 위원회의 위원장이 복수이어야 하는가의 문제이다.

8) 소비자정책위원회(이하 "정책위원회"라 한다)의 위원이 되는 관계 중앙행정기관의 장은 기획재정부장관·교육부장관·과학기술정보통신부장관·법무부장관·행정안전부장관·문화체육관광부장관·농림축산식품부장관·산업통상자원부장관·보건복지부장관·환경부장관·여성가족부장관·국토교통부장관·해양수산부장관·방송통신위원회위원장·금융위원회위원장 및 식품의약품안전처장이다(동법 시행령 제14조).

9) 공정거래위원회는 제23조의 규정에 따른 소비자정책위원회의 심의·의결

정책과 관련된 경제·사회 환경의 변화, 소비자정책의 기본방향, 소
비자안전의 강화·소비자와 사업자 사이의 거래의 공정화 및 적정
화·소비자교육 및 정보제공의 촉진·소비자피해의 원활한 구제·
국제소비자문제에 대한 대응·그 밖에 소비자의 권익과 관련된 주
요한 사항이 포함된 소비자정책의 목표, 소비자정책의 추진과 관련
된 재원의 조달방법, 어린이 위해방지를 위한 연령별 안전기준의 작
성, 그 밖에 소비자정책의 수립과 추진에 필요한 사항이다. 이에 따
라 2015년 1월 2015년부터 2017년까지의 제3차 소비자기본계획을
발표하였다.[10]

을 거쳐 소비자정책에 관한 기본계획(이하 "기본계획"이라 한다)을 3년마다
수립하여야 한다(동법 제21조 제1항). 이 경우에 소비자정책위원회의 법적
지위에 대해 논란이 제기된다. 즉, 동법상 소비자정책위원회는 소비자기본계
획과 관련하여 심의기구에 해당하는 것이 아닌 의결기구에 해당한다. 따라서
소비자기본계획은 소비자정책위원회의 의결을 통해 확정된다. 그러나 그 수
립의 주체는 공정거래위원회이다. 그 결과, 소비자정책위원회가 의결한 소비
자기본계획을 다시 공정거래위원회가 수립하는 논리적으로 이해할 수 없는
내용으로 규정하고 있다. 이와 같이 소비자정책위원회가 의결한 소비자기본
계획에 대해 공정거래위원회가 수립할 수 있도록 하기 위해서는 그 내용에
대한 변경권이 있어야 한다. 물론 소비자기본법에서는 이를 규정하고 있지
만, 이를 독자적으로 변경할 수는 없다. 즉, 공정거래위원회는 제23조의 규정
에 따른 소비자정책위원회의 심의·의결을 거쳐 기본계획을 변경할 수 있다
(동조 제3항). 따라서 공정거래위원회가 독자적으로 이를 변경할 수 없기 때
문에 소비자정책위원회가 의결한 소비자기본계획을 공정거래위원회는 그대
로 공표할 수밖에 없다. 그럼에도 불구하고 소비자기본법에서 공정거래위원
회가 소비자기본계획을 수립하도록 규정한 것은 소비자정책위원회의 법적
지위에 대한 오해에서 비롯된다고 할 수 있다. 이러한 점은 소비자기본법의
개정전 법인 구 소비자보호법상 소비자정책심의위원회(현 소비자정책위원
회의 전신)의 법적 지위와 혼동에서 비롯된 것이다. 즉, 구 소비자보호법상
소비자정책심의위원회는 심의기구였기 때문에 의결권이 없었다.

10) 공정거래위원회, 보도자료 : 제3차 소비자정책 기본계획 확정·발표, 2015
년 1월 6일. 제3차 기본계획을 비롯하여 현재까지 수립된 소비자기본계획은
보도자료를 제외하고 공정거래위원회 홈페이지 등을 비롯하여 어디에서도
이를 찾아볼 수 없다. 이는 소비자정책의 근간이기 때문에 소비자가 이를 인
식하고, 자신의 권리보호에 필요한 국가정책의 수립에 있어서 의견을 제시할

<그림 1> 제3차 기본계획 체계도

소비자가 함께 만드는 더 나은 시장		
⇧	⇧	⇧
창조와 참여 (소비자)	안심과 상생 (시장, 사업자)	협력과 미래지향 (정부)
창조경제시대에 걸맞는 소비자역량 지원 강화	2. 안심하고 신뢰할 수 있는 시장환경의 확대	3. 소비자정책의 글로컬 민관협력체계 구축
1.1 맞춤형 소비자교육 및 복지 지원 확대 1.2 소비자관련 비교정 보 및 빅데이터 활용 촉 진 1.3 신소비문화 창출 및 확산	2.1 시장의 소비자안전 망 강화 2.2 정보비대칭 시장의 소비자거래 개선 및 소 비자지향성 제고 2.3 소비자 피해구제의 접근성·전문성 향상	3.1 소비자문제 대응을 위한 민관 협력체계 구 축 3.2 글로벌 소비자문제 의 효과적 대응 3.3 지역 소비자행정 활 성화 및 거버넌스 구축

<표 4> 제3차 소비자기본계획상 핵심전략·중점과제·세부과제

핵심전략(3)	중점과제(9)	세부과제(24)
1. 창조경제 시대에 걸맞는 소비자역량 지원 강화 (8개)	1.1. 맞춤형 소비자 교육 및 복지 지원 확대	1.1.1. 생애주기별, 대상별 소비자교육 활성 화 1.1.2. ICT 기반의 소비자교육 강화 1.1.3. 서민소비생활 맞춤형 복지지원 확대
	1.2. 소비자관련 비교정보 및 빅 데이터 활용 촉진	1.2.1. 소비자 비교정보의 제공 활성화 1.2.2. 소비자관련 빅 데이터 생산·활용 지원
	1.3. 신소비문화 창출 및 확산	1.3.1. 신소비자 역할 및 책임 강화 1.3.2. 친환경·윤리적 소비문화 활성화 1.3.3. 안전 소비문화 확산
2. 안심하고	2.1. 시장의 소비자	2.1.1. 다중이용 시설·서비스의 소비자안

수 있는 근간, 즉, 소비자기본법상 소비자기본권 중 알 권리와 의견을 반영할 권리를 부정하는 것이다. 이러한 점은 소비자기본계획이 과연 누구를 위한 기본계획인지에 대해 근본적인 의문이 제기된다.

신뢰할 수 있는 시장 환경의 확대 (10개)	안전망 강화	전 강화 2.1.2. 식품·의약품·화장품 안전 체계 강화 2.1.3. 위해정보기반 안전관리체계 확립 2.1.4. 안전취약계층보호 통합적 개선책 마련
	2.2. 정보비대칭 시장의 소비자거래 개선 및 소비자 지향성 제고	2.2.1. 교육·문화관광서비스의 소비자정보 체계 개선 2.2.2. 새로운 거래방식에 따른 정보비대칭 해소 및 소비자보호 2.2.3. 정부·기업의 소비자지향성 제고
	2.3. 소비자피해 구제의 접근성· 전문성 향상	2.3.1. 소비자피해구제 접근성 제고 2.3.2. 소비자피해 감축 및 예방 체계 강화 2.3.3. 소비자피해구제의 전문성 강화
3. 소비자 정책의 글로컬 민관협력 체계구축 (6개)	3.1. 소비자문제 대응을 위한 소비자 정책추진체계 개선	3.1.1. 소비자문제 대응을 위한 소비자정책 추진체계 개선
	3.2. 글로벌 소비자 문제의 효과적 대응	3.2.1. 해외구매 확대에 따른 글로벌 대응체계 마련 3.2.2. 소비자정책 국제협력 수준 제고
	3.3. 지역 소비자 행정 활성화 및 거버넌스 구축	3.3.1. 지역 소비자행정 거버넌스 모델 개발 3.3.2. 지역 소비자행정 평가 및 환류체계 구축 3.3.3. 지역별 유관기관 협업체계 구축

3) 소비자기본계획상 고령소비자관련 정책

소비자기본계획상 고령소비자관련 정책에 관해서는 정책환경 변화 부분에서 이를 언급하고, 핵심전략별 추진과제에서 이를 구체화하고 있다.

첫째, 정책 환경의 변화에서 인구 고령화 및 사회적 양극화 가속화라는 표제하에 2017년에 고령사회(65세 이상 고령자 비중이 14% 이상인 사회)로의 진입이 전망되는 한편, 소득 격차가 확대되고 빈곤 계층이 지속적으로 증가하고 있음을 제시하고 있다. 따라서 생애 주기

별·계층별 소비자 문제를 진단하고, 고령자 등 사회적 배려계층에
대한 맞춤형 소비자 시책을 추진할 필요가 있음을 제시하고 있다.

둘째, 핵심전략별 추진과제로 창조경제시대에 걸맞은 소비자역
량 지원 강화라는 표제하에 세부지표로 맞춤형 소비자교육 및 복지
지원 확대를 설정하였다. 이에 따라 생애주기별 소비자교육 콘텐츠
를 개발하고, 사회적 배려계층 맞춤형 소비자교육 확대를 추진하는
것을 골자로 소비자 생애주기를 아동·청소년기, 자녀양육기, 은퇴
기 등으로 세분화하고, 생애주기별 소비자문제에 따른 교육콘텐츠
를 개발하고, 노인, 다문화가정 등 사회배려계층별 맞춤형 콘텐츠를
제작하고, 전문기관(한국노인종합복지관, 다문화가족지원센터, 북한이탈
주민센터 등)과 연계하여 지역밀착형 교육을 추진하는 것으로 정하
고 있다. 또한 신소비문화 창출 및 확산으로 취약계층의 소비자역량
을 제고하고, 시장에서 소비자 참여도 제고를 골자로 소비자역량지
표 분석을 통해 취약계층 소비자의 특성을 도출하고, 역량 향상을
위한 방안을 마련하는 것으로 정하고 있다. 안심하고 신뢰할 수 있
는 시장 환경의 확대라는 표제하에 시장의 소비자 안전망 강화를 위
해 학교 안전교육을 강화하고, 어린이·청소년 등 안전취약계층 보
호시책을 마련하기 위해 여러 법령에 분산 규정된 안전교육을 「학
교안전법」으로 일원화하고 안전교육의 내용·횟수·시간을 교육과
정에 반영하고, 어린이 놀이시설, 청소년 수련시설의 안전점검을 강
화하는 것으로 정하고 있다.

〈표 5〉 주요과제 추진일정

과제명	주관기관	협조기관	추진일정
1. 창조경제시대에 걸맞는 소비자역량 지원 강화			
1) 생애주기별 교육콘텐츠 개발	공정위 (소비자원)	-	연중
2) 사회적 배려계층 소비자교육 확대	공정위 (소비자원)	-	연중

3) 교육과정에 소비자교육내용 체계화	교육부	공정위 (소비자원)	연중
4) 소비자교육시범학교 운영내실화	공정위 (소비자원)	-	연중
5) 교사대상 소비자교육 연수 강화	공정위 (소비자원)	교육부	연중
6) 온라인 소비자교육 콘텐츠 개발확대	공정위 (소비자원)	-	연중
7) 소비자교육 표준안 마련	공정위 (소비자원)	-	하반기
8) 저소득층 문화향유권 확대	문화부	-	연중
9) 소비자종합정보망 정보강화	공정위 (소비자원)	교육부 보건 복지부 행자부	연중
10) 서민맞춤형 무료 법률서비스제공	법무부	-	연중
11) 상품서비스 비교정보제공	공정위 (소비자원)	각 부처	연중
12) 스포츠용품 컨슈머리포츠 발간	문화부	-	연중
13) 친환경 관련 가치비교정보 제공	환경부	-	연중
14) 맞춤형 가격정보제공	공정위 (소비자원)	-	연중
15) 생애주기별 소비자 정보플랫폼 구축	공정위 (소비자원)	각부처	상반기
16) 농식품소비정보망 확대구축	농식품부	-	연중
17) 빅데이터 분석 통한 의료정보 제공	보건복지 부	-	연중
18) 기업의 공유가치 창출 확산 여건 조성	산업부	-	연중
19) 소비자 참여 정보생산 여건 조성	공정위 (소비자원)	-	연중
20) 취약계층 소비자역량향상방안 연구	공정위 (소비자원)	-	상반기
21) 친환경상품 유통망강화	환경부	-	연중

22) 친환경위장제품 표시·광고 모니터링	환경부	-	연중
23) 레저스포츠 서비스 안전기준 마련	문화부	-	연중
24) 소비자안전 교육콘텐츠 생산·공유	공정위 (소비자원)	-	연중
2. 안심하고 신뢰할 수 있는 시장환경의 확대			
1) 다중이용시설 위해요소 감시	공정위 (소비자원)	-	연중
2) 서비스분야 안전기준 강화	공정위 (소비자원)	-	연중
3) 어린이 및 학교급식관리 체계 개선	식약처 농식품부	-	연중
4) 농축산물 안전성검사 강화	농식품부	-	연중
5) 농산물 원산지표시 위반업체 처벌 강화	농식품부	-	연중
6) 식·의약 소비자안전교육 및 소통	식약처	-	연중
7) 화장품 안전관리체계 강화	식약처	-	연중
8) 위해정보 수집·공유체계 정비	공정위 (소비자원)	산업부 (기표원) 국토부	연중
9) 결함정보 리콜 활성화	공정위 (소비자원) 국토부		연중
10) 학교 안전교육강화	교육부	-	연중
11) 어린이 놀이시설 안전관리 강화	국민 안전처	-	연중
12) 청소년 수련시설 안전점검	여성 가족부	-	연중
13) 교육관련 가격 점검	교육부	-	연중
14) 문화관광분야 소비자정보체계 개선	농식품부	-	연중
15) 전자상거래, 방문판매·다단계판매 정보신뢰성 강화	공정위	-	연중
16) 건전한 상조시장 질서 확립	공정위	-	연중
17) 개인정보보호 위한 정책 지원	행자부	-	연중
18) CCM인증사업 중소기업 참여지원	공정위	-	연중

	(소비자원)		
19) 기업의 지속가능 평가기준 개선 등	산업부	중기청	연중
20) 소비자참여형 시장평가제도 실시	공정위 (소비자원)	-	연중
21) 소비자피해구제 종합지원 시스템	공정위	행자부	연중
22) 지역소비자분쟁조정시스템 활성화	공정위 (소비자원)	기재부 지자체	연중
23) 상담정보 활용 통한 소비자피해예방	공정위 (소비자원)	-	연중
24) 소비자피해예방 시스템 강화	공정위 (소비자원)	-	연중
25) 새로운 유형분야, 민생분야 소비자피해예방	공정위	-	연중
26) 소비자피해구제 전문교육강화	공정위 (소비자원)	-	연중
27) 전자소비자분쟁조정시스템 확대	공정위 (소비자원)	-	연중
3. 소비자정책의 글로컬 민관협력체계 구축			
1) 소비자정책위원회 기능 활성화	공정위	각부처	연중
2) 소비자권익증진기금 설립	공정위	기재부	연중
3) 지역소비자행정 전담조직 신설	공정위	행자부	연중
4) 해외구매확대 소비자피해 대응	공정위 (소비자원)	-	연중
5) 국제기구 표준제정 참여	공정위 (소비자원)	-	연중
6) 對아시아지역 및 양자협력 강화	공정위 (소비자원)	-	연중
7) 개도국 대상 소비자법·정책 전파	공정위 (소비자원)	-	연중
8) 지역소비자행정 현황조사	공정위 (소비자원)	지자체	연중
9) 지역소비자행정성과 측정	공정위 (소비자원)	지자체	연중

10) 지역소비자권익증진협의회 구성	공정위 (소비자원)	지자체	연중
11) 지역별 유관기관 협업 활성화	공정위 (소비자원)	지자체	연중

4) 소비자기본계획상 지방소비자행정

소비자피해구제의 접근성·전문성 향상이라는 표제하에 소비자피해구제 서비스를 통합하여 원스톱 서비스를 제공하고, 지역 소비자 분쟁조정시스템을 활성화한다. 현재 14개 공공기관이 28개 시스템을 통해 개별적으로 제공하고 있는 피해구제서비스를 통합하여 원스톱 서비스를 구현한다. 소비자분쟁조정위원회의 위원 수 확대, 지역별·분야별 전문가 풀의 구성 등을 통해 지역 소비자 분쟁조정시스템을 활성화한다.

소비자문제 대응을 위한 소비자정책 추진체계 개선이라는 표제하에 공정위의 소비자시책 연계 기능을 강화하고, 소비자단체 및 지자체의 역할 강화를 위한 기반을 마련한다. 소비자시책 추진주체의 활동을 유기적으로 연계·조정하고, 빅데이터 활용을 통해 소비자문제를 해결한다. 소비자정책위원회 및 산하 전문위원회를 통해 안전·교육 분야의 유기적인 협업체계를 구축하고, 각 부처 정책·제도의 소비자지향성을 제고한다. 정부·공공기관 등에서 개별적으로 제공되고 있는 피해구제서비스를 통합하여 「범부처 소비자 종합지원시스템」을 구축·운영한다. 생애주기별 소비자문제 해결을 위한 정보 플랫폼을 구축하고, 빅데이터 활용·분석을 통해 소비자문제 해결을 추진한다. 소비자권익증진기금 설립을 통해 소비자단체의 소비자역량강화사업을 위한 안정적 재원을 확보한다. 지역소비자행정의 활성화를 위해 지역의 특성에 맞는 소비자행정을 추진할 수 있는 기반을 마련한다.

기초지방자치단체의 소비자행정 현황 및 인식 조사라는 표제하에 기초지자체의 소비자행정 조직, 인력, 예산, 업무 등 행정기반 현황을 조사하고, 기초지자체의 소비자행정에 대한 지자체 장, 지역소비자행정 담당자, 지역소비자단체, 한국소비자원(지원) 등의 인식을 조사한다. 또한 지역소비자행정 성과측정을 위한 통합지표[11]를 개발한다. 그리고 지역별 소비자협의체를 구성하고 지역 유관기관 간 공동세미나 등 협업을 활성화한다. 지역별 소비자 유관기관이 참여하는 협의체를 구성하고, 협의체를 통해 세미나, 조사, 취약계층 보호활동 등을 통해 지역소비자문제를 발굴하고 해결방안을 제시한다.

(3) 고령사회기본계획상 고령소비자정책

1) 고령사회기본계획의 법적 근거 및 주요 골자

정부는 저출산·고령사회 중·장기 정책목표 및 방향을 설정하고, 이에 따른 저출산·고령사회기본계획(이하 "기본계획"이라 한다)을 수립·추진하여야 한다. 보건복지부장관은 관계 중앙행정기관의 장과 협의하여 5년마다 기본계획안을 작성하고, 제23조의 규정에 의한 저출산·고령사회위원회 및 국무회의의 심의를 거친 후 대통령의 승인을 얻어 이를 확정한다. 수립된 기본계획을 변경할 때에도 또한 같다. 기본계획에는 저출산·고령사회정책의 기본목표와 추진방향, 기간별 주요 추진과제와 그 추진방법, 필요한 재원의 규모와 조달방안, 그 밖에 저출산·고령사회정책으로 필요하다고 인정되는 사항이 포함되어야 한다(저출산·고령사회기본법 제20조).

2) 저출산·고령사회위원회

저출산·고령사회정책에 관한 중요사항을 심의하기 위하여 대통령 소속하에 저출산·고령사회위원회(이하 "위원회"라 한다)를 둔다. 위원회는 저출산 및 인구의 고령화에 대비한 중·장기 인구구조

---

11) 지역소비자행정의 업무실적, 협력이행실적, 주민만족도 등 소비자행정 전반의 성과를 측정할 통합지표.

의 분석과 사회경제적 변화전망에 관한 사항, 저출산·고령사회정책의 중·장기 정책목표와 추진방향에 관한 사항, 기본계획에 관한 사항, 시행계획에 관한 사항, 저출산·고령사회정책의 조정 및 평가에 관한 사항 및 그 밖에 저출산·고령사회정책에 관한 중요사항으로서 제5항의 간사위원이 부의하는 사항을 심의한다. 위원회는 위원장 1인을 포함한 25인 이내의 위원으로 구성한다. 위원장은 대통령이 되고, 위원은 대통령령으로 정하는 관계 중앙행정기관의 장[12] 및 고령화 및 저출산에 관하여 학식과 경험이 풍부한 자 중에서 위원장이 위촉하는 자가 된다. 위원회에 간사위원 2인을 두며, 간사위원은 보건복지부장관과 제4항 제2호의 위원 중 대통령이 지명하는 자가 된다(동법 제23조).

3) 고령사회기본계획상 고령소비자관련 정책

① 고령사회 대응 패러다임 전환

3차 기본계획은 인구위기 극복을 위한 그간의 미시적이고 현상적인 접근에서 벗어나 종합적이고 구조적인 접근을 시도한다. 고령사회 대응은 소득·건강보장 제도의 사각지대 해소와 지원수준 제고에 중점을 두고, 고령사회 전환에 따른 생산인구 감소 등에 대응할 수 있도록 고용·산업 등 구조 개편에 주력한다. 또한 저출산·고령사회 대응은 사회 전반의 인식·문화가 바뀌어야 하는 문제이므로 정부정책만으로는 한계가 있어 민간·지역과의 협력, 20~30년을 내다보는 장기적 접근을 강화한다.[13]

---

12) 이에 해당하는 자는 기획재정부장관, 교육부장관, 행정안전부장관, 보건복지부장관, 고용노동부장관, 여성가족부장관, 국토교통부장관이다(동법 시행령 제5조).
13) 대한민국정부, 제3차 저출산·고령사회 기본계획, 37면.

〈그림 2〉 고령사회대책 패러다임 전환 방향

기초연금 · 장기요양 등 노후 기반 마련	⇨	국민 · 주택연금 확대 등 노후대비 강화
노인복지대책 위주	⇨	생산인구 확충, 실버경제 등 구조적 대응

② 기본방향

- 안정된 노후를 위한 공 · 사 소득보장체계 강화
- 건강 · 여가 · 사회참여 · 안전 등 고령자 삶의 질 향상 여건 확충
- 생산인구 감소 대비 여성, 중 · 고령자, 외국인력 활용 방안 모색
- 고령친화산업, 인구다운사이징 위기 대응 등 고령친화경제로의 도약

첫째, 공적 연금의 사각지대를 줄여 개개인이 공적연금 혜택을 누릴 수 있도록 1인 1국민연금 체계를 확립한다. 공적 연금뿐만 아니라 다양한 노후 준비 수단을 확충하고 노후에 실제 도움이 될 수 있도록 수익성 · 안정성 강화 등 내실화하며, 고령자의 안전자산 편중으로 인한 장수리스크에 대비하고 고령자의 현금 흐름을 개선할 수 있도록 주택 · 농지연금 등을 활성화한다. 둘째, 건강한 생활습관(운동)에서부터 만성질환 · 치매 · 정신건강 예방관리, 요양 · 돌봄, 호스피스를 아우르는 연속적 의료 · 돌봄 체계를 구현한다. 삶의 의미를 찾고 보람을 느낄 수 있도록 고령자가 여가 · 문화활동과 다양한 사회참여가 가능한 여건을 조성하며, 고령자의 신체적 · 정서적 취약성을 고려하여 주거, 이동, 안전에 대한 사회적 책임을 강화한다. 셋째, 여성이 차별과 경력단절 없이 일할 수 있는 고용환경을 조성한다. 넷째, 고령자가 연령에 관계없이 일할 수 있는 사회와 고용 시스템을 구현한다. 정년과 연금수급연령 일치, 노인기준연령 재검토 등 고령자 고용 · 복지 재설계에 대한 사회적 논의를 본격화한다. 다섯째, 외국인력 활용에 대해 개방적 태도를 취하되, 인구변동과

노동력 수급 시나리오를 고려하여 시간적 틀을 설정, 사회통합 관점에서 체계적으로 접근한다. 여섯째, 세계적 고령화 추세에 따라 신성장동력으로 거론되는 고령친화산업에 대한 국가적 지원체계를 확립한다. 일곱째, 국방자원 부족, 교육인프라 과잉, 지속가능성 위기지역 등장 등에 대비할 수 있도록 구조개혁 논의를 본격화한다. 마지막으로 대폭적 지출 증가가 예상되는 사회보험에 대해서는 단기적 운용 효율화 방안과 함께 구조개혁 논의를 시작한다.

③ 예산규모 및 재원확보방안

예산 투자 규모는 5년간 11.9조 원 증가할 것으로 예상하였다. 즉, 2015년 32.6조 원 → 2020년 44.5조 원으로 연평균 6.5% 증가한다. 2016년 예산은 34.5조 원으로 주요 예산 내역은 보육 10.8조 원, 기초연금 10.3조 원, 반값 등록금 3.9조 원, 청년고용 2.0조 원, 주거 1.8조 원 등이다. 2015년 대비 2016년 예산 증액분은 주거 0.8조 원, 반값등록금 0.1조 원, 청년고용 0.2조 원, 기초연금 0.3조 원 등이다.

〈표 6〉 3차 기본계획 연차별 예산액 추계

(단위: 억 원)

	'15	'16~'20년 소요예산액					
		'16	'17	'18	'19	'20	계
고령사회 대책	132,784	140,712	156,438	166,365	205,710	221,642	890,867
저출산 대책	192,932	204,633	217,224	218,438	220,011	223,837	1,084,143
계	325,716	345,345	373,662	384,804	425,722	445,479	1,975,012

기본계획 소요재원은 국가재정운용계획, 매년 예산편성 시 우선 반영하며, 기존 지출 구조조정, 과세기반 확충을 통해 재원을 마

련한다. 세출 구조조정, 기존사업 지출의 효율화를 추진한다. 중장
기적으로 안정적 재원 확보방안 마련에 대한 사회적 합의를 추진한
다. 저출산·고령사회대책에 대한 장기적 투자 필요성 및 재원 마련
필요성에 대한 사회적 공감대 확산을 지속적으로 추진한다. 사회적
공감대 확산을 바탕으로 중장기적으로 안정적 재원조달방안에 대한
사회적 합의의 마련을 추진한다.

⟨표 7⟩ 중앙부처 시행계획(2016년)[14]

구 분	분 야	과제수	예상(억원)
고령사회	노후소득보장 강화	10	110,351
	활기차고 안전한 노후 실현	33	20,201
	여성, 중고령자, 외국인력 활용 확대	29	5,123
	고령친화경제로의 도약	26	2,556
대응기반강화	저출산·고령사회 대응기반 강화	10	110

3. 지방소비자정책 및 행정의 현황

(1) 지방지자체의 소비자정책의 책무

소비자의 권리를 보호하고 증진하기 위한 소비자정책은 단지
국가의 책무에 국한되는 것이 아닌 지방자치단체의 책무이기도 한
다. 이를 명시하고 있는 규정이 소비자기본법상 국가 및 지방자치단
체의 책무이다(동법 제4조). 즉, 국가 및 지방자치단체는 제4조의 규
정에 따른 소비자의 기본적 권리가 실현되도록 하기 위하여 관계 법
령 및 조례의 제정 및 개정·폐지, 필요한 행정조직의 정비 및 운영
개선, 필요한 시책의 수립 및 실시, 소비자의 건전하고 자주적인 조
직활동의 지원·육성의 책무를 진다.[15]

---

14) 제3차 저출산·고령사회기본계획 2016년도 시행계획, 6면.

〈표 8〉 지방자치법상 자치단체별 소비자보호업무

구 분	시 · 도사무	시 · 군 · 자치구 사무
3. 농림 · 상공업 등 산업진흥에 관한 사무 차. 소비자보호 및 저축의 장려	1) 소비자보호시책 수립 2) 물가 지도를 위한 시책 수 립 · 추진 3) 소비자 계몽과 교육 4) 소비자보호 전담기구 설 치 · 운영 5) 소비자보호를 위한 시험 · 검사 시설의 지정 또는 설 치 6) 지방소비자보호위원회 설 치 7) 민간 소비자보호단체 육성 8) 국민저축운동의 전개	1) 소비자보호시책의 수립 · 시행 2) 가격표시제 실시업소 지 정 · 관리 3) 물가지도 단속 4) 소비자 계몽과 교육 5) 소비자고발센터 등 소비자 보호 전담기구의 운영 · 관 리 6) 민간 소비자보호단체의 육 성 7) 저축장려 및 주민홍보

(2) 시 · 도 소비자조례

소비자기본법에 따라 지자체는 소비자의 기본적 권리의 실현을
위한 조례를 제정하여야 한다. 이러한 조례제정의무는 단지 광역 지
자체에 국한되지 않고, 기초 지자체도 그 대상이다. 지자체의 조례
제정 현황을 살펴보면 광역자치단체의 경우에는 전부가 제정하여
시행하고 있지만, 기초자치단체의 소비자보호조례(규칙) 제정 현황

---

15) 지방소비자행정은 지자체 자치사무로서 중앙정부의 역할이 제한적이라는
    것이 사실이라고 하며, 그 근거로 지방자치법상 지자체 사무에서 소비자보호
    를 규정하고 있음을 근거로 제시하고 있다(권혜정, 2015년 소비자정책 세미
    나 토론 자료, 2015, 26면). 이는 지방소비자행정이 지자체의 고유사무로 파
    악하고 있는 것이다. 그러나 지방자치법 제9조는 단지 고유사무인 자치사무
    만을 규정한 것이 아니며, 이러한 논리에 따르면 소비자는 지역에 거주하는
    것이기 때문에 소비자행정은 지방소비자행정이 되는 결과를 유발한다.

(2015년 조사)을 살펴본 결과, 총 226개의 기초자치단체 중에서 소비자보호조례(규칙)을 제정한 곳은 69곳으로 30.5%에 불과한 것으로 조사되었다. 시·군·자치구별로는 시의 66.7%가 소비자보호조례(규칙)를 제정한 데 반해, 군과 자치구는 각각 18.3%, 5.8%에 불과한 것으로 나타났다. 소비자보호와 관련한 자치법규의 형태는 '규칙'으로 제정한 1곳을 제외하고는 모두 '조례'이고, 자치법규의 명칭은 대부분 「소비자보호조례」이며, 기타 「소비자기본조례」, 「소비생활의 안정 및 향상에 관한 조례」의 명칭을 사용하는 경우도 확인되었다. 이러한 점은 다수의 기초자치단체가 지역소비자의 권익증진에 관한 내용을 담은 자치법규인 소비자보호조례(규칙)를 마련하고 있지 않아 소비자행정을 추진하기 위한 제도적 기반이 매우 취약한 것으로 분석되었다.[16]

〈표 9〉 시·도 소비자조례의 정비 현황(2012년 기준)[17]

지자체	조례의 명칭	제정시기
서울	소비자기본조례	1997.1.15.
부산	소비자권익증진지원조례	1997.2.21.
대구	소비자권익증진조례	2003.5.30.
인천	소비자권익증진조례	2001.9.24.
광주	소비자권익증진조례	1997.6.23.
대전	소비자기본조례	1996.4.15.
울산	소비자센터 등에 관한 조례	1997.7.15.
세종		
경기	소비자기본조례	1997.1.13.
강원	소비자조례	1997.11.9.
충북	소비자기본조례	1998.1.16.

---

16) 지광석, "소비자행정에 관한 기초지방자치단체의 책무와 역할 분석," 한국공공관리학보 제30권 제2호, 2016, 115면.
17) 강성진, 2012년 지방 소비자행정 현황 조사, 한국소비자원, 2012, 21면.

충남	소비자보호조례	1997.11.10.
전북	소비자기본조례	1997.1.20.
전남	소비자기본조례	1997.5.15.
경북	소비자보호조례	1997.3.17.
경남	소비자기본조례	1996.12.31.
제주	소비자기본조례	2006.10.11.

(3) 지방소비자행정조직

2012년 조사에 따르면 각 시·도에서는 행정기구 설치 관련 조례 및 규칙 등에서 본청의 행정조직과 소비자행정 사무를 포함하여 분장 사무에 관한 사항을 규정하고 있었다. 본청에 '계'(담당, 혹은 팀) 이상의 조직 단위로 소비자행정 전담 조직을 두고 있는 시·도는 없으며, 대부분 경제정책 유관 과(課)에서 물가관리담당이 소비자행정 업무를 수행하고 있는 것으로 나타났다. '담당' 혹은 '팀'의 명칭에서도 '소비자' 혹은 '소비'라는 표현이 들어가 있는 시·도는 네 곳밖에 없는 실정이었다.[18] 그러나 기초자치단체의 경우, 광역 시·도의 소비생활센터와 동일·유사한 형태의 소비자업무를 전문적으로 수행하는 기구나 조직을 설치한 곳은 없는 것으로 조사되었다.[19]

〈표 10〉 지방소비자행정조직(2012년 기준)

지자체	본부·실·국	과	담당
서울	경제진흥실	민생경제과	민생정책담당
부산	경제산업본부	경제정책과	소비자물가담당
대구	경제통상국	경제정책과	물가관리담당
인천	경제수도추진본부	생활경제과	협동조합담당

---

18) 강성진, 앞의 정책보고서, 29~30면.
19) 지광석, 앞의 "소비자행정에 관한 기초지방자치단체의 책무와 역할 분석," 116면.

광주	경제산업국	경제산업정책관	소비자보호담당
대전	경제산업국	경제정책과	물가관리담당
울산	경제통상실	경제정책과	유통소비담당
세종			
경기	경제투자실	경제정책과	물가관리팀
강원	경제진흥국	경제정책과	물가소비담당
충북	경제통상국	생활경제과	물가관리담당
충남	경제통상실	일자리경제정책과	생활경제담당
전북	민생일자리본부	민생경제과	소상공인담당
전남	경제산업국	경제통상과	물가관리담당
경북	일자리경제본부	민생경제교통과	경제진흥담당
경남	경제통상국	민생경제과	물가관리담당
제주	지식경제국	경제정책과	물가관리담당

2012년 9월말을 기준으로 전국의 시·도에서 소비자행정 사무를 담당하는 공무원은 총 39명이며, 전임계약직 16명, 일반행정직 23명으로 구성되어 있는 것으로 나타났다. 전임계약직 공무원만 있는 시·도가 4개, 일반행정직 공무원만 있는 시·도가 3개이며, 나머지 9개 시·도는 두 유형의 공무원이 같이 업무를 수행하고 있다.[20] 기초자치단체들은 대체로 소비자행정 담당 공무원을 1명 이상 배치하고 있으나(95.8%), 대부분 다른 업무와 겸하여 소비자업무를 수행하고 있으며, 전체 업무 중에서 소비자업무가 차지하는 비중도 매우 낮은 것으로 나타났다. 구체적으로, 조사대상 중 3.5%만이 전임공무원을 두고 있고, 나머지 기초자치단체들에서는 담당자가 타 업무와 겸임하여 소비자업무를 수행하고 있는 것으로 확인되었다. 또한 겸임 공무원의 업무 중에서 소비자행정 업무가 차지하는 비중에 있어서는 50% 미만인 경우가 90%를 상회할 정도로 소비자

---

20) 강성진, 앞의 정책보고서, 31면.

행정 업무가 차지하는 비중이 매우 낮은 것으로 나타났다.21)

〈표 11〉 지방소비자행정사무담당자의 수(2012년 기준)

지자체	전임계약직	일반 행정직	계
서울	1	4	5
부산	1	2	3
대구	1	1	2
인천	1	2	3
광주	-	1	1
대전	-	2	2
울산	2	3	5
세종			
경기	3	1	4
강원	1	3	4
충북	1	-	1
충남	1	-	1
전북	1	1	2
전남	1	-	1
경북	1	-	1
경남	1	1	2
제주	-	2	2
합 계	16	23	39

(4) 지방소비자행정예산

전국 시·도의 소비자행정 총예산은 2010년도 27억 1,243만 원에서 2011년도 32억 9,572만 원으로 21.5%가 늘었지만 2012년도에는 33억 7,774만 원으로 전년 대비 2.5%가 상승하는 데 그쳤다.

---

21) 지광석, 앞의 "소비자행정에 관한 기초지방자치단체의 책무와 역할 분석," 116~117면.

시·도 간 소비자행정 예산의 편차가 크다. 연간 18억 원 이상인 지
방자치단체가 있는가 하면, 2천만 원에 불과한 곳도 있다.[22] 2015년
기준으로 소비자행정 예산이 편성되어 있다고 응답한 기초자치단체
65곳(54.6%)의 소비자행정 예산 규모는 평균 1,550만 원에 불과하
며, 이 중에서 기초자치단체의 자체 예산이 평균 1,507만 원이고, 광
역자치단체로부터 받은 지원금이 43만 원인 것으로 나타났다. 기초
자치단체별 편차도 심해 가장 적은 곳이 52만 원, 가장 많은 곳이
7,110만 원으로 나타났다. 또한 기초자치단체는 편성된 소비자행정
예산의 77.6%를 소비자단체에 지원하고 있는 것으로 나타나, 소비
자행정을 자체 수행하기보다는 민간단체에 위탁하는 경우가 많은
것으로 조사되었다.

〈표 12〉 지방소비자행정예산(2012년 기준)

(단위: 천원)

지자체	2010년	2011년	2012년
서울	1,540,000	1,882,000	1,820,000
부산	59,000	141,000	147,580
대구	76,000	109,800	96,600
인천	224,358	247,327	238,452
광주	42,000	38,000	54,000
대전	39,000	67,000	41,000
울산	80,086	160,086	244,086
세종			
경기	88,000	92,000	118,000
강원	57,900	44,500	69,500
충북	44,291	42,691	33,191
충남	20,000	20,000	20,000
전북	72,380	85,915	99,935

---

22) 강성진, 앞의 정책보고서, 31면.

전남	21,000	21,000	21,000
경북	176,000	157,000	177,000
경남	136,000	153,000	153,000
제주	36,410	34,400	44,400
합 계	2,712,425	3,295,719	3,377,744

(5) 지방소비자행정에 대한 국가의 지원

국가는 지방자치단체의 소비자권익과 관련된 행정조직의 설치 · 운영 등에 관하여 대통령령이 정하는 바에 따라 필요한 지원을 할 수 있다(소비자기본법 제7조). 이에 따라 지방 소비자행정의 활성화를 위한 국가의 지원내용을 살펴보면, 다음과 같다. 첫째, 광역지자체에 표준소비자조례를 보급하고, 지자체 소비자정책 위원회 발족 및 소비생활센터 설치를 유도하는 등 지방소비자행정의 인프라가 구축될 수 있도록 노력하였다. 둘째, 광역지자체 소비생활센터에 소비자단체 등에서 파견된 직원 1명이 상주할 수 있도록 인건비를 지원하였다(15년 예산 2.7억 원). 셋째, 소비자행정의 효과성 제고 및 행정기관 간 협력강화를 위해 광역지자체 소비자행정 담당공무원 워숍 및 특수 · 할부 · 전자상거래 분야 지방 순회교육을 실시하였으며(15년 예산 25백만 원), 마지막으로 지자체 소비자행정의 적극적 집행을 유도하기 위해 소비자행정분야에 대한 지자체 합동평가 결과가 우수한 광역지자체에 대해 포상금을 지급하였다(15년 예산 20백만 원).[23]

(6) 지방소비자단체의 현황(지자체 등록 2011년 기준)[24]

전국 16개 광역자치단체 중 지자체 등록소비자단체의 수는 44개이며 광주, 대전, 경북, 충남, 충북, 전남, 전북의 경우에는 등록된

---

23) 권혜정, 앞의 토론문, 27면.
24) 윤철한, 지방자체단체 소비자행정 정책 방향 토론문, 20-21면.

소비자단체가 존재하지 않는다.

〈표 13〉 지자체 등록 소비자단체의 현황

지자체(등록 수)	소비자단체명
서울(3)	한국소비자파워센터, 한국장애인소비자연합, 한국씨니어연합
부산(8)	대한주부클럽 부산소비자센터, 부산YWCA, 부산소비자연맹, 전국주부교실 부산지부, 한국부인회 부산지부, 한국소비생활연구원 부산지부, 부산녹색소비자연대, 부산 YMCA
대구(5)	대구소비자연맹, 대구녹색소비자연대, 대구 YMCA, 대구 YWCA, 전국주부교실중앙회 대구지부
인천(1)	인천소비자단체협의회
경기(16)	전국주부교실 경기도지부, 평택녹색소비자연대, 안성의료소비生활협동조합, 전국주부교실 용인시지회, 소비자시민의모임 안산지부, 안산녹색소비자연대, 소비자시민의모임 성남지부, 소비자지킴터, 전국소비자교육원 하남지부, 전국주부교실 중앙회 경기도지부 오산시지회, 대한주부클럽연합회 수원지부, 대한주부틀럽연합회 경기지회, 매홀의료소비자생활협동조합, 대한주부클럽연합회 화성지회, 대한주부클럽연합회 안산지부, 성남 녹색소비자연대
강원(6)	강원소비자연맹, 원주 소비자시민모임, 대한주부클럽 강릉지회, 동해 YWCA, 태백소비자시민모임, 속초YWCA
경남(1)	경상남도 소비자단체협의회
제주(5)	전국주부교실 제주지부, 한국부인회 제주지부, 제주녹색소비자연대, 제주도소비자단체협의회, 서귀포 YWCA

IV. 고령소비자문제 및 지방소비자행정 개선방안에 관한 선행연구

1. 고령소비자문제 해결방안에 관한 선행연구

(1) 고령소비자 피해구제 활성화 방안연구(송순영, 2006)

고령소비자보호에 관해 행정적 대응방향과 법적 대응방향으로 구분하여 각각에 대해 다음과 같이 제시하고 있다. 먼저, 행정적 대응방안으로 ① 소비자관련 기관·단체 및 노인관련 기관·단체를 연계한 소비자상담·피해구제 체계 구축, ② (가칭)고령소비자보호 네트워크 구성 및 운영, ③ 고령소비자 전용 상담전화 운영, ④ 고령소비자에 소비자상담 및 피해에 대한 정보 적극 제공이다. 법적 대응방안으로 ① 소비자보호법(현 소비자기본법)에 고령소비자를 비롯한 취약계층 보호규정 마련, ② 고령친화산업진흥법의 소비자보호규정 강화, ③ 고령소비자를 고려하는 방향으로 방문판매법 개정, ④ 의료 피해구제처리 기간 적정화를 위한 소비자보호법(현 소비자기본법) 개정이다.

(2) 고령소비자의 소비생활 및 소비자문제 특성 한·일 비교(배순영·오수진·황미진, 2016)

향후 우리나라 고령소비자의 소비생활여건, 즉, 순자산, 소득, 소비지출 수준은 향후 지속적으로 증가 혹은 개선될 것이나 이를 보다 촉진하고 이에 따른 문제를 예방할 방안이 필요하다. 고령소비자는 대체로 품질대비 가격에 민감하고, 불만·요구에 대한 사업자대응을 중요하게 생각하므로 고령친화산업의 경우 합리적 가격과 접근성 높은 고객창구가 중요하다. 방문판매, 사기 상술로 인한 고령소비자 피해예방을 위한 정부차원의 체계 구축이 필요하다. 끝으로,

한국의 고령소비자가 노후준비에 있어 건강, 경제 등에만 매몰되지 않고 여가, 사회적 관계망 형성에 보다 적극적으로 참여할 수 있도록 고령소비문화 형성운동을 사회전반에서 실시할 필요가 있다.

(3) 금융상품 판매에 있어 고령소비자보호 방안(황진자, 2012)

금융환경하에서 고령소비자를 보호하는 대책으로는 ⅰ) 금융기관이 금융상품 판매 시 불완전판매를 하지 않았다는 것을 입증하도록 입증책임 전환 법제 마련, ⅱ) 고령소비자의 경우 일본과 같이 "금융투자상품의 엄격한 절차를 통한 판매"를 들 수 있다. 이 밖에 은행에서 보험이나 펀드상품 판매 시 고령소비자가 이를 쉽게 인식할 수 있도록 판매장소를 차별화하고, 고령소비자를 대상으로 금융 교육을 실시하며, 고령소비자가 금융상품 상담을 쉽게 접근할 수 있도록 소비자단체에서 금융상품 상담을 활성화하는 것 등을 들 수 있다.

(4) 고령소비자 거래관련 소비자피해 실태조사(황진자, 2011)

첫째, 홍보관 판매를 방문판매법의 정의 범주에 명확히 포섭, 둘째, 청약철회 방해 시 기간 연장, 셋째, 과량구매 시 일정기간 동안 계약해제권 부여, 넷째, 행사장판매를 금지행위에 포함, 다섯째, 사업자 금지행위를 위반하여 판매 시 민사룰 부여, 여섯째, 각 기관의 유기적 연대 필요, 마지막으로 생활밀착형 고령소비자 교육 및 상담환경 정비 등이다.

(5) 고령소비자의 안전확보 방안 연구(백병성, 2005)

첫째, 노인소비자 안전문제가 정부의 노인정책의 하나로 적극 편입되어 추진되어야 한다. 둘째, 노인용품에 대하여는 정부차원의 산업지원과 더불어 표준화 및 표시 등 사용방법 등에 대해 적정한 기준 제시와 함께 행정관리가 요구된다.

2. 지방소비자행정 개선을 위한 선행연구

(1) 2012년 지방 소비자행정 현황 조사(강성진, 2012)

1) 문제점

(a) 소비자조례 및 지방 소비자정책위원회라고 하는 법령과 조직의 양대 기반이 형식적으로는 존재하지만 그 운영은 대단히 미흡하다. (b) 시·도 본청에서 전담 부서가 없어 행정조직 체계 내에서 소비자행정의 존재적 의의가 희미하다. (c) 시·도에서 소비자행정을 담당하는 공무원이 전국적으로 약 40명에 불과하며, 소비자문제 전문가로서 채용된 전임계약직 공무원들이 일반 소비자행정사무까지 거의 전담하고 있다. (d) 수도 서울을 제외하면 시·도의 소비자행정 예산은 평균 약 1억 원 내외이며, 그나마 이 가운데 약 34%는 민간소비자단체에 대한 보조금으로 지급되고 있는 실정이다. (e) 국가에서 소비자행정과 관련하여 각 시·도에 지원하는 금액은 민간소비자단체에서 파견된 소비생활센터 상담원의 인건비 명목으로 연 1,400만 원 정도에 불과하여 극히 미흡하다. (f) 시·도는 소비자기본법에 따라 매년 소비자정책시행계획을 수립하지만, 시·도의 형편을 고려하지 않은 기본계획의 체계에 따라 소비자행정 주무과(課)의 시책들로만 구성되어 있고, 지방 소비자정책위원회의 사전 심의도 제대로 이루어지지 못하고 있다. (g) 시·도가 특수거래업자의 법률 위반 행위에 대해 규제 집행 업무를 수행하고 있으나 대부분 시정권고에 그치고 과태료 부과 등 적극적인 시정조치로 이어지고 있지 못하고 있다. 또한 결함정보 보고제도, 리콜제도, 위해정보 수집제도 등 소비자안전과 관련한 지방자치단체의 책무 혹은 위임사무도 제대로 시행되고 있지 못하다. (h) 시·도가 소비자정보제공 및 교육의 분야에서는 다른 정책분야에 비해 상대적으로 성과를 내고 있으나, 대체로 관례적인 인쇄물 배포 및 집합 교육에 머물고 있고, 교육 콘텐츠 개발, 소비자교육 강사 풀 구축·운영 등은 미흡한 실정

이다. (i) 범국가적인 단일 전화상담 네크워크인 '1372 소비자상담센터'의 출범으로 그동안 소비자상담·피해처리에 중점을 두어 왔던 지방자치단체의 역할이 모호해졌으며, '소비자피해처리 전담기구'라고 하는 소비생활센터의 법적 정체성에도 혼란을 초래할 수 있다. (j) 소비생활센터 상담원들의 처우가 낮은 편이며, 상담원의 84%를 차지하는 민간단체 파견 상담원에 대한 인사관리에 한계가 있고, 이들의 신분이 불안정한 가운데 전문성 제고에도 애로가 있다.

2) 평가 및 개선방안

우리나라 지방 소비자행정은 한마디로 '총체적인 위기 상황'에 직면해 있다고 할 수 있다. 지역경제 활성화, 일자리 창출 등에 최우선의 관심을 두고 있는 시·도나 지방 소비자행정을 책임지고 있으나 실무자에 불과한 전임계약직 공무원에게만 맡겨 둘 것이 아니라 국가 소비자정책을 총괄·조정하는 공정거래위원회가 적극적인 정책의지를 가지고 대응할 필요가 있다. 제2차 소비자정책기본계획에서도 지방 소비자행정 활성화를 중점과제로 선정하여 포함시키고는 있으나 그 내용을 보면 ① 지역 소비생활센터 운영 내실화, ② 지방 거주 소비자대상 서비스 접근 용이성 확보 등 프로세스 개선에 그치고 있다. 물론 이러한 개선도 필요하지만 지방 소비자행정의 어려운 현황을 고려한다면 근본적인 발상의 전환과 종합적이고 체계적인 접근이 시급히 요청되는 상황이라고 할 수 있다. 무엇보다도 소비자조례, 소비자정책위원회, 소비자행정 담당부서, 소비자행정 인력 및 예산 등 지방소비자행정의 기반에 대한 전면적인 쇄신이 필요하다. 또 지방분권과 행정효율성이라고 하는 두 가지 가치를 어떻게 조화시킬 것인가, 지역의 소비자문제는 일차적으로 지자체가 담당하고 국가는 이를 지원한다는 이념이 여전히 유효한가, 국가-지방자치단체-공공기관 간 소비자행정 사무를 어떻게 배분할 것인가, 사실상 가장 실질적인 문제인 재정 확보 문제를 어떻게 해결할 것인가 등이 먼저 검토되어야 할 것이다.

(2) 지방자치단체의 소비자법 집행 개선에 관한 연구(박희주, 2013)

지방자치단체의 소비자법 집행이 미진한 이유에 대해 법제도적 관점에서 ⅰ) 소비자법 집행 체계의 문제, ⅱ) 인력과 예산 부족, ⅲ) 지방소비자행정의 컨트롤 타워 부재 3가지를 제시하고 있다. 이에 대한 개선방안으로 소비자기본법 등 개정은 지방자치단체의 소비자법 집행의 문제를 넘어 소비자법 집행의 공백을 해결하기 위하여 필요하다. 또한 소비자법 집행의 실행력을 높이기 위해서는 적정한 인력·예산확보, 관계기관의 협력 체계 구축, 지방소비자행정 정책 방향 및 중장기 계획 수립, 지방소비자행정 지원 프로그램 마련 등 다양한 환경 정비가 필요하다. 이를 위해서는 우리나라 소비자정책을 총괄하는 공정거래위원회의 역할 강화가 필요하고, 공정거래위원회가 지방소비자행정의 컨트롤 타워로서 역할을 다하기 위해서는 지방소비자행정을 전담하는 독립된 조직이 필요하다. 궁극적으로 지방자치단체의 소비자법 집행을 포함한 지방소비자행정은 지방자치단체의 자율에 맡겨야 할 것이다. 그러나 소비자행정, 특히 소비자법 집행은 부분적으로는 지역적일 수도 있지만, 전체적으로는 국가사무인 점을 고려할 때, 국가 차원에서 지방자치단체에 지원해야 할 분야는 적극적으로 지원해야 할 것이다.

(3) 소비자행정에 관한 기초지방자치단체의 책무와 역할 분석(지광석, 2016)

첫째, 기초자치단체가 소비자행정을 추진하기 위한 제도적 기반으로서 소비자보호조례(규칙)의 제정 확대를 유도할 필요가 있다. 그런데 기초자치단체는 소비자행정을 추진할 자원과 전문성이 부족하므로 소비자정책 주무기관인 공정거래위원회가 표준 소비자조례(안)를 제정하여 기초자치단체에서 수행할 소비자행정의 내용과 범위 등에 대한 가이드라인을 정해주는 것이 바람직하다.

둘째, 기초자치단체의 여건과 특성을 고려한 소비자행정 인프라를 확충할 필요가 있다. 기초자치단체라 하더라도 시·군·자치구에 따라 인구규모, 예산 및 재정자립도, 면적 및 근접성 등 환경과 여건이 상이하며, 이 연구의 분석결과에서 보듯이 소비자행정의 수준에서도 차이가 크다. 따라서 지역주민들의 접근성과 인구규모에 따라 소비생활센터나 소비자상담실 등 소비자행정서비스를 위한 기구의 설치 여부와 유형을 결정할 필요가 있다. 예컨대, 기초자치단체 중에서 인구 100만이 넘는 대도시에 광역자치단체의 소비생활센터에 해당하는 기구를 설치하여 소비자문제를 종합적으로 처리하게 한다든지, 인구 50만 이상의 도시에 소비자상담실을 설치하여 소비자 접근성을 개선하는 등의 방안을 검토해 볼 수 있다. 그리고 소비자기구 설치에 따른 인력과 이에 필요한 예산을 위하여 기초자치단체의 자체 재원 확보뿐만 아니라 중앙행정기관인 공정거래위원회의 재정적 지원도 뒷받침되어야 한다.

셋째, 중앙정부와 지방정부 간 사무배분의 원칙을 고려하여, 기초자치단체의 소비자행정 사무 범위를 조정할 필요가 있다. 기초자치단체의 소비자행정 사무와 기능의 범위는 국가와 지방자치단체 간, 그리고 광역자치단체와 기초자치단체 간에 이루어지는 일과 책임 및 권한을 어떻게 배분하느냐에 따라 달라질 수 있다. 광역자치단체인 시·도와는 경제적·사회적·정치적 여건에서 여러 가지로 차이가 있는 기초자치단체의 소비자행정을 일률적으로 끌어올리자는 주장은 현실에 부합하지 않은 측면이 있다. 또한, 실제주민들의 수요나 실효성을 고려하지 않고 기초자치단체 소비자행정에 대한 투자를 무작정 늘리는 것은 효율성의 측면에서도 문제가 있다. 따라서 기초자치단체는 보충성의 원칙에 따라 지역주민들과의 접점에서 수행하는 것이 지역소비자 권익향상에 보다 유리한 특수거래, 소비자상담 분야에 선택·집중하고, 인적·물적 자원과 전문성이 요구되는 소비자정보제공과 소비자교육 분야는 효율성의 원칙에 따라 국가나 광역자치단체에서 수행하고 기초자치단체는 이들로부터 지원과 협력을 받거나 자원을 공유하는 것이 바람직하다.

넷째, 기초자치단체가 소비자행정 인프라의 조성과 소비자행정 영역별 사무의 수행에 대한 역할을 원활하게 수행하도록 하기 위해서는 관련기관의 지원과 협조 등 협력적 거버넌스를 강화할 필요가 있다. 이 연구의 조사결과에서도 확인되었듯이, 기초자치단체의 소비자업무 담당자들은 영역별 업무 수행에 있어서 전문성과 인력 부족을 가장 큰 장애요인으로 꼽고 있다. 따라서 소비자행정에 관한 인프라와 전문성이 미흡한 기초자치단체의 입장에서는 소비자행정의 추진에 필요한 자원을 공유하고 업무 수행에 필요한 전문성과 노하우를 전수받기 위해서 공정거래위원회, 한국소비자원, 광역자치단체 등 공공부문과 소비자단체, 학계, 사업자, 주민 등 민간부문과의 협력 및 네트워크 체계를 구축할 필요성이 있다.

(4) 소비자행정에서 지방자치단체의 역할에 관한 연구(지광석 · 하현상, 2015)

첫째, 지방소비자행정의 업무 수행에 있어서 정책영역별 목적과 가치에 기초한 역할과 업무 체계(시스템)를 정립할 필요가 있다. 둘째, 지자체에서 소비자행정 업무를 수행하기 위한 인력 · 예산 등 기반을 확충할 필요가 있다. 셋째, 각 정책영역별 특징에 따른 관련기관의 역할을 정립하고 협력을 강화할 필요가 있다. 넷째, 지방소비자행정의 추진에 있어서 중앙정부의 조정과 지원을 확대할 필요가 있다. 다섯째, 지방소비자행정에 대한 인식 제고와 전문성 강화가 필요하다.

(5) 기초지방자치단체의 소비자행정 현황 및 과제(지광석 · 장호석, 2015)

지역소비자행정 구성요소별 추진 방안에서는 기초자치단체 소비자행정의 인식 · 기반 · 업무 · 네트워크의 4가지 관점에서, ⅰ) 소비자행정에 대한 교육 · 홍보의 강화, ⅱ) 시 · 군 · 구별 특성을 고려한 소비자행정의 기반 확충, iii) 선택과 집중을 통한 소비자행정 업무의 전문성 제고, iv) 협력적 거버넌스의 강화를 제시하고 있다.

첫째, 지방자치단체장과 소비자행정담당 부서장 및 실무 담당자를 대상으로 소비자행정에 대한 교육과 홍보를 강화할 필요가 있다. 이를 위해 소비자행정서비스에 대한 공공정책 마케팅을 도입·적용하는 방안을 모색하는 한편, 현재 주로 광역자치단체의 소비자행정 담당자들을 대상으로 실시되는 교육 및 연수를 기초자치단체 소비자행정 담당자에까지 확대하여 소비자행정에 대한 이해와 인식을 제고시킬 필요가 있다.

둘째, 시·군·구별 여건과 특성을 고려한 점진적인 소비자행정의 기반 확충 노력이 필요하다. 예컨대, 우선적으로 인구 50만 이상의 시에는 1개 이상의 소비자상담실을 설치하도록 하고, 장기적으로 인구 20만 이상의 시에 원칙적으로 1개 이상의 소비자상담실을 설치하며, 인구 20만 미만의 시·군과 인구 50만 이상의 자치구에도 수개의 기초자치단체가 공동으로 소비자상담실을 설치·운영하도록 할 필요가 있다. 또한, 인구 100만 이상의 대도시는 광역자치단체에 준하는 소비생활센터를 설치함으로써 소비자상담 외에도 소비자정보제공이나 소비자교육 등 복합적인 기능을 수행하도록 하는 것을 검토해 볼 수 있다. 또한, 이를 위해서는 소비자불만 및 피해처리를 위한 전담기구의 설치·운영에 대한 책무를 광역자치단체에만 부여하고 있는 소비자기본법을 개정하여 기초자치단체도 이를 설치·운영할 수 있는 근거 규정을 마련할 필요가 있다.

셋째, 기초자치단체에서 수행하는 것이 적합한 소비자행정 영역에 선택과 집중을 하도록 하여 소비자행정 업무의 전문성을 제고할 필요가 있다. 예를 들어, 소비자행정 영역 중에서 지역소비자와의 접점에서 수행하는 것이 지역소비자들의 권익향상에 보다 유리한 특수거래 업무, 소비자안전과 소비자상담의 영역은 기초자치단체에서 직접 수행하도록 하고, 소비자정보제공이나 소비자교육과 같이 국가나 광역자치단체가 수행하는 것이 보다 효율적인 영역은 기초자치단체가 이들로부터 지원과 협력을 받거나 자원을 공유하도록 하는 것이 효과적이다. 또한 조사·연구나 시험·검사와 같이 고도의 전문적·기술적 능력을 필요로 하는 영역은 국가나 광역자치단체가 수행토록 하는 것이 바람직하다.

넷째, 기초자치단체는 소비자행정에 관한 인프라와 전문성이 매우 미흡하므로 기관 내·외부와의 협력 및 교류를 통해 자원을 공유하고 노하우를 전수받는 한편, 지역소비자문제를 원활하게 해결할 수 있도록 공공부문(공정거래위원회, 광역자치단체, 지방 식품의약품안전청, 한국소비자원) 및 민간부문(지역소비자단체, 지역대학, 지역언론, 지역사업자, 지역소비자)과의 협력적 거버넌스를 강화할 필요가 있다. 특히 소비자행정 영역별 특징이 상이하고 소비자행정 유관기관 간에 합리적 기능과 역할 배분이 필요한 만큼, 소비자행정 유형별로 거버넌스의 대상과 방식을 달리 설계하는 것이 바람직하다.

3. 소결(요약)

(1) 고령소비자정책

고령소비자문제에 관한 선행연구의 공통점은 고령소비자보호에 관한 법/정책이 필요하다는 점이다. 또한 그 구체적인 내용에 대해서는 대동소이하다. 이를 요약하면, 첫째, 고령소비자문제를 해결하기 위해 고령소비자와 관련된 여러 기관의 협력체를 구성할 필요가 있다. 둘째, 고령소비자와 관련된 정보를 제공할 필요가 있다. 셋째, 관련 법령의 개정을 통해 고령소비자보호를 추구할 필요가 있다. 마지막으로 고령소비자의 안전을 확보할 필요가 있다.

(2) 지방소비자행정

지방소비자행정에 관한 선행연구의 공통점은 지방소비자행정의 활성화를 위한 법/정책이 필요하다는 점이다. 또한 그 구체적인 내용에 대해서는 대동소이하다. 이를 요약하면, 첫째, 중앙정부의 지방소비자행정에 대한 인식의 전환이 필요하다. 둘째, 지방소비자 행정이 내실화되기 위해 자치단체의 인프라가 확충되어야 한다. 셋째, 기초자치단체의 조례제정과 이를 위한 표준조례안이 마련될 필요가 있다. 넷째, 기초자체단체의 소비자행정 담당자에 대한 교육이 보완될 필요가 있다. 마지막으로 공공부문과 민간부문의 협력적 거버넌스를 강화할 필요가 있다.

V. 글로컬 시대에 있어 고령소비자정책에 관한 제언

1. 소비자정책 및 고령사회정책의 한계 및 전환

21세기 사회에서 소비자문제와 고령자 문제는 국가정책의 핵심을 차지하고 있다고 하여도 과언은 아니다. 이와 관련된 정책으로는 소비자기본법상 소비자기본계획과 저출산·고령사회기본법상 저출산·고령사회기본계획이 있다. 그러나 소비자기본계획에는 소비자정책만 있고, 고령정책은 극히 일부에 국한되어 있다. 또한 고령사회기본계획에는 고령자에 대한 정책만 있으며 소비자에 대한 정책은 극히 미흡하다. 또한 고령소비자의 관점이 아닌 산업관점에서 이를 수립하였다는 점에서 그 문제점은 더욱 심각하다. 이는 고령화사회에서 초고령화사회로 진입하고 있는 국가의 상황을 보았을 때, 고령소비자에 대한 국가의 인식과 대비가 얼마나 미흡한 것인가를 나타낸다고 할 것이다. 따라서 고령화시대에 있어서 고령소비자문제의 심각성을 인식하고, 이를 대비하기 위한 국가정책을 조속히 수립할 필요가 있다. 물론 고령소비자문제는 단지 국가만의 노력으로 해결될 수 없으며, 자치단체와의 협력이 필수적이다. 그러나 자치단체 역시 고령소비자를 비롯하여 소비자보호에 대한 인식이 매우 낮다. 이는 전통적으로 국가를 비롯한 자치단체 역시 경제정책에 있어서 산업지원정책에 중점을 두고 소비자보호에 대해서는 거의 인식을 두고 있지 않다는 점에서 그 원인을 찾을 수 있다. 그러나 소비자보호는 경제정책에 역행하는 것이 아닌 국가경제 또는 지역경제가 보다 건전하게 발전할 수 있는 방안임과 동시에 글로벌 경제하에서 국가경쟁력을 강화할 수 있는 지름길이라는 사실을 인식할 필요가 있다. 즉, 산업육성을 위해 산업지원만을 하고 소비자보호를 등한시할 경우에 국내 또는 지역 내에서는 경쟁력을 갖출 수 있겠지만, 국제시장에서 소비자보호를 도외시한 기업이 생존할 수 없다는 점을 고려한다면 소비자보호정책이 국가경제정책에 역행하는 정책이라는 점에 대한 근본적인 인식 전환이 필요하다.

2. 고령소비자정책에 있어서 국가와 자치단체의 역할

고령소비자문제에 대한 정책을 수립 및 집행하기 위해서 가장 기본적으로 국가의 인식 전환이 필요함은 앞에서 언급하였다. 그럼 국가의 인식전환만으로 고령소비자문제는 해결될 수 있으며, 충분한 대응방안을 마련할 수 있는가? 그러나 고령소비자를 비롯하여 모든 소비자문제에 대한 접근은 단지 국가가 정책을 수립하고, 관련 법제도를 정비한다고 하여 해결될 수 있는 문제가 아니다. 특히 후술하는 바와 같이 이러한 국가정책을 수립함에 있어서 가장 기본은 고령소비자문제에 대한 현황조사이다. 이를 국가만의 노력으로 해결할 수 있는 것은 사실상 불가능하다. 또한 고령소비자문제는 단순히 법제도의 정비 및 교육교재 등의 마련만으로 해결될 수 없으며, 일반소비자에 대한 보호와 같이 소비자교육만으로 해결될 수 없는 다양한 특징들이 존재한다. 그럼에도 불구하고 일반소비자에 대한 정책으로 이를 인식하고 추진할 경우에는 극히 형식적인 고령소비

자정책만 있을 뿐 고령소비자문제를 해결하고, 대응할 수 있는 정책
은 수립될 수 없다. 따라서 고령소비자문제에 대한 대응 및 해결을
위해서는 국가뿐만 아니라 지자체의 협력이 필수적으로 필요한 부
분이다.

3. 고령소비자정책의 수립주체

(1) 정부정책의 수립

고령소비자문제에 대한 대응 및 방안에 대한 기초는 고령소비
자정책의 수립에서 시작한다. 그럼 이러한 정책은 어느 기관에서 수
립하여야 하는가? 이에 대해서는 소비자정책의 일환이기 때문에 소
비자정책위원회에서 담당하여야 한다고 할 수 있으며, 고령사회정
책의 일환이기 때문에 저출산·고령사회위원회에서 수립하여야 한
다고 할 수 있다. 물론 이러한 방식에 의해 수립될 수 있지만, 굳이
어느 한 위원회에서 담당하여야 하는 것은 아니다. 즉, 고령소비자
정책는 단지 소비자정책 또는 고령사회정책에 국한되는 것은 아닌
국민생활 전반에 걸친 정책이기 때문에 매우 다양한 영역에 대한 검
토와 더불어 종합적인 정책이 수립되어야 한다. 그렇다고 한다면 어
느 한 위원회가 아닌 양 위원회가 모두 담당하는 것이 필요하다. 즉,
상호 배타적 방식으로 할 것이 아니라 상호 보완적인 정책 수립과정
을 거칠 필요가 있다. 그런데 문제는 양 위원회의 정책이 상반되는
경우 등에 있어서 어느 정책을 우선시할 것인가의 문제가 발생한다.
물론 고령소비자와 관련된 정책 역시 소비자정책의 일환이기 때문
에 소비자정책위원회에서 결정하는 것이 소비자기본법의 내용을 보
았을 때, 타당하다. 그러나 그 결정절차를 본다면 더 상위기관은 저
출산·고령사회위원회이다. 즉, 위원장이 대통령이며, 국무회의 심
의까지 거치기 때문이다. 반면에 저출산·고령사회위원회의 경우,
그 구성위원을 보았을 때, 소비자문제에 관한 정부부처(공정거래위원

회 등) 및 전문가가 전혀 포함되어 있지 않다. 이는 고령사회에 대한 정부정책의 기조가 소득 및 복지에 국한되어 있기 때문에 고령소비자문제를 고령사회에서의 문제로 인식하지 못하고 있다고 할 수 있다. 또한 양 위원회의 정책수립시기가 상이하다. 즉, 소비자정책위원회의 정책수립주기는 3년이지만, 저출산·고령사회위원회의 정책수립주기는 5년이다. 물론 정책내용의 변경은 가능하지만, 정책수립주기의 상이성은 국가차원에서의 통일적이고 체계적인 고령소비자정책이 수립될 수 없는 여건이다.

(2) 자치단체의 정책위원회의 필수참여

소비자정책위원회 및 저출산·고령사회위원회의 구성을 살펴보면 관련 행정기관 장을 비롯하여 해당 분야 전문가로 구성되어 있다. 따라서 자치단체의 장은 그 어디에도 포함되어 있지 않다. 이는 소비자정책을 비롯하여 고령사회정책의 수립은 국가가 전담하고, 그 시행에 대해서만 자치단체가 참여하는 방식이다. 그 결과, 소비자 또는 고령자가 실제 생활하는 지역을 담당하는 자치단체는 정부의 하위 조직에 불과하게 되며, 정책의 수립 방향등을 결정함에 있어서는 전혀 참여할 수 없는 구조이다. 그럼 정부 차원에서 이를 결정하는 것이 타당한 것인가? 이는 헌법에서 규정하고 있는 지방자치제도와 상반할 뿐만 아니라 소비자기본법상 자치단체가 국가와 동등하게 소비자보호에 관한 책무를 부담한다는 점을 고려할 때, 타당하지 않음은 자명하다. 특히 고령소비자문제는 정부 또는 자치단체 중 어느 하나만으로 해결될 수 없다는 점을 고려할 때, 상하관계로 구성하고 있는 현행법 체계에 대해 근본적인 개정이 필요하다.

4. 고령소비자정책의 수립기초

(1) 소비자기본법 및 저출산·고령사회기본법상 기본계획에 추가

고령소비자정책을 수립하기 위한 가장 기본적인 사항으로는 고령소비자보호에 관한 정책을 수립할 것을 소비자기본법 및 저출산·고령사회기본법상 기본계획에 명시적으로 추가할 것이 필요하다. 그러나 그 방식에 있어서는 소비자기본법과 저출산·고령사회기본법 간에 차등을 두어야 한다. 즉, 소비자기본법에서는 고령소비자에 국한하는 것은 현재와 같은 문제점이 지속될 수 있다. 특정 취약계층만을 명시하였을 경우에 이에 포함되지 않은 취약계층 소비자정책이 문제될 수 있기 때문이다. 따라서 소비자기본법상 기본계획의 목표에 취약계층소비자보호로 모든 취약계층이 포함될 수 있도록 개정되어야 한다. 저출산·고령사회기본법상 기본계획은 그 대상이 한정되어 있기 때문에 이를 명시하는 것이 필요하다.

(2) 고령소비자의 소비생활에 대한 현황 조사

고령소비자정책을 수립하기 위해서는 고령소비자에 대한 현황 분석이 선행되어야 함은 지극히 당연하다. 그러나 이에 대한 현황조사는 극히 미흡하다. 물론 소비생활지표 등의 연구(황은애 외, 2015 한국의 소비생활지표, 한국소비자원 2015 등)에서 일부 이루어지고 있지만, 고령소비자만을 대상으로 한 실태조사는 존재하지 않는다. 또한 피해조사 중 고령소비자에 대한 분석이 존재하지만, 고령소비자의 은닉성이라는 점을 고려할 때, 과연 1372 등의 피해구제신청만이 전부이며, 이를 통해 고령소비자피해를 파악할 수 있는가에 대해서는 의문이다. 따라서 고령소비자정책을 수립하기 위해서는 가장 기본적으로 고령소비자만을 대상으로 한 소비생활 현황에 대한 조사와 더불어 고령소비자의 피해현황에 대한 근본적인 조사가 선행되어야 할 것이다.

5. 고령소비자정책의 시행

(1) 관련 기관의 협력

고령소비자정책을 시행함에 있어서는 국가 또는 자치단체 중 어느 하나의 기관만으로 달성할 수 없다. 또한 고령소비자는 취약계층이며, 급변하고 있는 소비환경에 즉각적인 대응이 곤란하다. 따라서 일반 소비자를 대상으로 한 소비자정책으로는 그 실효성을 거두기가 곤란하다. 만일 이를 통해 고령소비자문제를 접근한다면 이는 형식적인 정책에 불과할 뿐 실질적인 고령소비자에 적합한 정책이라고 할 수 없다. 이를 위해서는 국가와 자치단체의 협력이 필수적이며, 또한 국가 또는 자치단체의 소비자행정부서만의 역할로 충분히 달성될 수 없다. 따라서 국가와 자치단체 간 협력을 비롯하여 지역 내에서 유관기관과의 협력이 필수적이다. 여기에서 지역 내 유관기관은 자치단체를 비롯하여 사법기관(검찰 및 경찰)과 지역 소비자단체 등을 의미한다. 즉, 지역 내 고령소비자정책의 시행은 다른 소비자와 달리 밀착형 행정이 이루어져야 하며, 이를 위해서는 많은 인력이 필요하다. 또한 이러한 인력은 전문적 지식, 즉 소비자보호에 관한 지식을 비롯하여 고령소비자상담에 필요한 지식 등을 갖춘 전문가이어야 한다. 만일 비전문가 또는 어느 한 분야의 전문가에 의해서만 고령소비자문제에 대해 접근할 경우에 그 목표를 충분히 달성할 수 없다. 다만, 현 시점에서 이 모든 역량을 갖춘 자가 그리 많지 않다는 점을 고려한다면 각 분야의 전문역량을 갖춘 자 간의 협업을 통한 방안이 가장 현실적이라고 할 수 있다. 예를 들어, 소비자상담 및 교육은 지역 소비자단체 소속 임직원과 자치단체의 사회복지사 등을 통해 실시하고, 기만적인 소비자거래(위문공연 또는 홍보관 등)에 대해서는 자치단체 소비자전문공무원과 지방경찰관의 합동 단속을 실시하여 고령소비자피해를 예방한다. 또한 소비자피해구제에 대해서는 공정거래위원회, 자치단체, 소비자단체, 지방사법기관 등의 연계를 통해 해결하는 방안이다.

(2) 지방소비자행정의 기반강화

소비자정책의 실현은 소비자행정에 의해 이루어진다고 하더라도 과언은 아니다. 그럼 소비자행정이 구현될 수 있는 여건은 조성되었는가? 이는 인적, 재정적 여건으로 구분하여 살펴보아야 한다. 첫째, 인적 여건의 충족성에 대해서는 광역자치단체의 경우라고 하더라도 인구대비 비율은 거의 제로에 가까울 정도이다. 또한 그 업무도 소비자행정만을 담당하는 것이 아니라 경제관련 업무를 중복하기 때문에 그 인적 여건은 극히 미흡한 것이 현실이다. 따라서 소비자행정이 실현되기 위해서는 가장 기본적으로 전문역량을 갖춘 인력이 대폭적으로 확대될 필요가 있다. 둘째, 재정적 여건의 불충분성이다. 이에 대해서는 전문인력의 운영에 필요한 인건비를 제외한 사업비만을 고려하더라도 사실상 편성된 예산의 비율은 극히 미흡하다. 이는 소비자행정에 대한 국가 및 자치단체의 인식도를 극명하게 보여 주는 지표이다. 물론 소비자행정을 위해 필요한 사업이 없거나 비용이 소요되지 않는다고 한다면 재정여건이 미흡하다는 것이 문제가 되지 않는다. 그러나 소비자행정은 소비자피해예방과 피해구제로 크게 구분할 수 있으며, 전자에 해당하는 사업으로 소비자교육과 상담 및 정보제공 등이 있다. 특히 고령소비자의 경우에 정보통신을 활용한 방법보다는 대면방식으로 추진하여야 한다는 점을 감안한다면 온라인 소비자교육, 상담 및 정보제공은 한계가 있다. 또한 고령소비자의 경우에 전자상거래 등의 비중이 낮다는 점을 감안하다면 정보의 생산 및 제공은 지역을 기반으로 이루어져야 하며, 전국단위의 정보의 생산 및 제공은 그 의미가 그리 크지 않다는 점을 고려하여야 한다. 후자에 해당하는 사항으로는 상담 및 조정 등이 있다. 고령소비자의 경우, 비대면방식(온라인 또는 전화)보다는 대면방식으로 이루어져야 한다는 점을 고려하여야 한다. 이러한 점을 고려한다면 소비자행정을 추진하여 고령소비자보호라는 목적을 달성하기 위해 지방소비자행정을 추진하기 위해 충분한 기반이 조성될 필요가 있다. 이에 대해서는 국가적 차원의 지원이 필요하며, 이에 대해서는 근본적인 인식의 전환이 필요하다. 즉, 소비자보호, 특히 고령소비자보호가 단지 법제도의 개선만으로 이루어진다는 인식에서 탈피하여 실효성 있는 소비자보호가 추진되기 위해 기반조성이 이루어져야 함을 인식하고 실천하여야 한다. 이를 위해 정부차원에서 소비자정책의 주무기관인 공정거래위원회가 소비자보호와 관련된 예산을 편성할 때, 실질적인 소비자보호가 실현될 수 있도록 관련 예산을 편성하여야 함은 지극히 당연하다. 또한 이러한 노력은 단지 공정거래위원회만에 의해 실현될 수 없으며, 자치단체 역시 인식전환과 더불어 이러한 기반이 구축될 수 있도록 예산 및 인력 보강을 위한 노력을 경주하여야 할 것이다.

(3) 전문인력의 보강

고령소비자보호를 위해 전문인력의 보강은 필수적인 요건이다. 그럼 전문인력은 누구를 의미하는가? 이는 소비자문제에 대한 전문지식을 가지고 고령소비자를 상담할 수 있는 자를 말한다. 즉, 고령소비자는 비대면이 아닌 대면방식으로 접촉하여야 하며, 고령소비자가 겪을 수 있거나 겪은 문제에 대해 전문적으로 접근할 수 있는 상담사가 필요하다. 그럼 이러한 역량을 갖춘 자는 구체적으로 누구를 의미하는가? 이에 대한 전문자격을 갖춘 자라고 할 수 있으며, 그 대표적인 자격이 소비자전문상담사이다. 그러나 소비자전문상담사가 이러한 자격을 가지고 있다고 보기는 어렵다. 즉, 아래의 표에서 볼 수 있듯이 소비자전문상담사의 자격시험은 소비자문제에 대해 해결능력을 갖춘 자의 역량을 평가할 수 있는 시험으로 보기에는 매우 미흡하기 때문이다. 따라서 소비자전문상담사의 자격시험제도에 대해서는 전문역량을 평가할 수 있는 자격 시험제도로 전면적인 개

편이 필요하다.

〈표 14〉 소비자전문상담사 시험과목

자격증	시험과목
소비자전문 상담사 1급25)	필기: 소비자법과 정책, 소비자상담론, 소비자 정보관리 및 　　　조사분석 실기: 고급소비자 상담 실무
소비자전문 상담사 2급	필기: 소비자상담 및 피해구제, 소비자 관련법, 소비자와 　　　시장 　　　소비자 교육 및 정보제공 실기: 소비자 상담 실무

(4) 소비자전문 교·강사 육성기관의 설립

현재 운영되고 있는 소비자교육 프로그램은 소비자행정담당자 교육 또는 학교 선생님들을 대상으로 한 교육과 교육콘텐츠 개발에 국한되고 있으며, 이 역시 매우 제한적으로 운영되고 있다. 그러나 소비자교육은 그 대상자가 매우 다양하며, 평생교육에 해당한다. 또한 교육내용 역시 매우 다양하기 때문에 비전문가가 매우 단기간의 교육을 통해 전문가의 지위에 달할 수 있다는 것은 불가능하다. 그러므로 소비자교육전문가를 양성할 수 있는 기관, 제도 및 프로그램을 개발하는 것이 가장 먼저 선행되어야 한다.

---

25) 응시자격－소비자전문상담사 2급 자격취득 후 소비자상담 실무경력 2년 이상인 사람, 소비자상담 관련 실무경력 3년 이상인 사람, 외국에서 동일한 종목에 해당하는 자격을 취득한 사람.

참고문헌

강성진, 2012년 지방 소비자행정 현황 조사, 한국소비자원, 2012.

고형석, "집단적 소비자피해의 효율적 구제를 위한 소송제도의 개선방안에 관한 연구," 재산법연구 제32권 제4호, 2016.

권혜정, 2015년 소비자정책 세미나 토론 자료, 2015

배순영 외, 고령소비자 문제 종합 대응체계 구축방안 연구, 한국소비자원, 2016.

배순영 외, 제3차 소비자정책 기본계획 수립연구, 한국소비자원, 2014.

지광석, "소비자행정에 관한 기초지방자치단체의 책무와 역할 분석," 한국공공관리학보 제30권 제2호, 2016.

공정거래위원회, 보도자료: 제3차 소비자정책 기본계획 확정·발표, 2015년 1월 6일.

고령소비자의 금융거래에 관한 권익 향상 방안*

이승진** · 지광석***

Ⅰ. 들어가며

우리나라는 유래 없이 빠른 고령화(aging)[1] 속도로 2060년에는 65세 이상 인구가 전체의 40%가 될 전망이다.[2] 이처럼 빠르게 진행

---

* 본 논문은 2016년 10월 충북대학교 법학연구소 국제학술대회 및 2016년 한국소비자원 · 경상북도청 공동 소비자포럼에서 발표한 내용을 수정 · 보완하여, 충북대학교 법학연구소 「법학연구」 제27권 제2호(2016.12)에 게재된 논문임.
** 한국소비자원 정책연구실 선임연구원(제1저자).
*** 한국소비자원 정책연구실 법제연구팀장(공동 저자).
1) 고령화(aging)는 전체 인구 중 노인이 차지하는 비중이 증가하는 것을 말한다(저출산 · 고령사회기본법 제3조). OECD에서는 인구고령화란 젊은 근로층이 나이든 근로층 및 퇴직한 고령인구로 변화하는 것을 의미하는 것으로 보고 있다; OECD, Maintaining prosperity in an ageing society, 1998.
2) 통계청, 2015 고령자통계, 2016, 13면; 통계청에서는 2003년 이후 매년 노인

되고 있는 고령화로 작게는 가족관계에서부터 크게는 사회·경제 전반으로 우리 삶의 풍경이 변화될 수 있다. 즉, 고령자가 사회의 주도계층으로서 소비시장의 주체가 되고 정치·사회활동과 각종 이익 단체들에 참여하여 여론을 주도하며 실로 많은 영향력을 행사하게 될 것이다. 다만, 이 같은 기대가 실현되고 다가오는 고령사회가 활력을 가지고 제대로 작동하기 위해서는 사회의 주요 구성원인 고령자가 적정 수준의 노후소득과 안정적인 경제 기반을 갖추어야 한다.

그런데 고령자가 경제적으로 안정된 삶을 누리기 위해서는 라이프 사이클(life cycle)에 부합하는 재무 설계 및 금융활동이 필요함에도 불구하고, 지금까지 우리나라에서 고령자의 노후소득 보장에 관한 논의는 주로 연금을 중심으로 한 노후자금의 준비와 적립에 치중되어 왔다.[3] 그러나 노후자금의 준비와 적립에 중점을 둔 전통적인 노후소득 설계방식은 은퇴까지 상당한 기간이 남은 젊은 사람에게는 적합할지 몰라도, 은퇴 이후에도 30년 이상의 노년생활을 영위하게 될 고령자들에게는 충분한 대응 방안이 되기 어렵다.[4] 고령자들에게는 노후자금을 어떻게 마련할 것인가 하는 적립 계획보다 준비해 온 노후자금과 각종 연금제도를 이용해 다달이 필요한 노후생활비를 어떻게 충당하고 관리하는지가 더 중요하기 때문이다.

의 날(10월 2일)에 맞춰 고령자 관련 통계를 수집·정리한 '고령자 통계'를 발표하고 있다. 이에 따르면, 우리나라는 2000년에 65세 이상의 인구가 7%를 넘어선 고령화 사회(ageing society), 2017년에는 그 두 배인 14%의 고령사회(aged society), 그리고 2060년에는 고령인구가 40%가 될 것으로 전망된다.

3) 2006년부터 2016년 현재 제3차까지 진행되고 있는 우리나라의 대표적인 국가 고령화 정책인 '저출산·고령사회 기본계획'을 보더라도, 고령자의 소득과 관련하여 국민연금, 퇴직연금 등 연금에만 초점을 맞추고 있으며 고령자의 금융거래 확대와 권익 보장에 관한 내용을 담고 있지 않다. 제1차부터 제3차까지의 저출산·고령사회 기본계획의 자세한 내용은 저출산고령사회위원회 홈페이지〈http://precap.go.kr〉 참고.

4) 통계청에 따르면 우리나라 가구주의 예상 은퇴 연령은 66.2세, 실제 은퇴 연령은 61.7세이다; 통계청, 2015년 가계금융·복지조사, 2015, 42면.

노년기는 고령자가 그동안 준비해 온 자산을 관리하고 소비하는 시기이다.[5] 그러므로 젊은 시절에 노후자금을 준비하기 위해 어떻게 목돈을 마련하고 어떤 금융상품으로 노후를 준비할 것인지 등에 대해 고민하고 노력했다면, 이 시기에는 축적된 노후자산을 관리하고 부족한 생활자금은 어떻게 충당해야 할지 등 새로운 내용과 형태의 의사결정 문제에 직면한다. 그런데 최근 고령화와 함께 고령자들의 금융거래 참여 비중이 점차 확대되는 한편, 연령 증가에 따른 신체적·심리적 능력의 감퇴로 인해 금융거래를 하는 데 어려움을 느끼거나 더 나아가서는 불완전판매 등으로 피해를 입는 고령자의 수가 함께 증가하고 있다.

이에 본 연구에서는 우리나라가 고령사회를 맞이하고 있는 현 시점에서 금융시장의 소비자이자 금융거래의 주체로서 고령자가 안전하게 금융거래에 참여할 수 있는 제도적 환경 조성의 필요성을 인식하고, 이와 관련하여 현행 제도와 정책이 가지는 한계를 고령화 정책 및 금융법제를 중심으로 검토할 것이다. 그리고 이 같은 검토 내용을 바탕으로 고령소비자의 금융거래에 관한 권익 향상을 도모하기 위한 방안이 무엇인가를 제시하고자 한다.

---

5) 우리나라 65세 이상 고령자는 하루 24시간 중 수면, 식사 등 필수적인 활동에 11시간 46분(49.0%)을 사용하여 5년 전보다 필수생활시간이 12분 증가하고 문화생활, TV 시청 등의 여가생활시간은 21분이 증가하였으나, 가사노동을 제외한 수입노동을 위한 의무생활시간은 같은 기간 13분 줄어든 것으로 조사되었다. 즉 연령이 높아질수록 수면, 식사 등을 위한 필수시간과 여가시간은 증가하고, 수입노동과 관련된 의무시간은 감소한다고 볼 수 있다; 통계청, 앞의 책, 2016, 3~4면.

II. 고령소비자의 금융거래와 권익 보호 필요성

1. 고령금융소비자의 정의

아직까지 고령소비자와 고령금융소비자라는 용어가 법적으로 명확하게 정립되지 않았으며 일반적으로 사용된다고 보기 어렵지만, 금융시장의 소비자 중 고령자의 권익을 중점적으로 논의하기 위해서는 개념 정립의 방식을 통해 그 대상과 범위를 명확하게 인식할 필요가 있다. 이를 위해 아래에서는 고령자와 금융소비자의 개념을 살펴본 후, 이로부터 고령금융소비자의 정의를 도출하고자 한다.

(1) 고령자의 정의

우리나라는 빠른 속도로 인구의 고령화가 이루어지고 있음에도 불구하고, 법령상 노인 또는 고령자에 대한 기준이 일관되게 제시되어 있지 않다.

먼저 대한민국 헌법(이하 '헌법')에서도 '노인'의 의미에 대해서는 구체적으로 정의하고 있지 않다.[6] 그리고 노인에 관한 대표적인 법률인 노인복지법, 기초연금법, 노인장기요양 보험법에서는 노인을 65세 이상의 자로 범주화하고 있으나,[7] 노인과 비슷한 의미로 '고령자'라는 용어를 쓰는「고용상 연령차별금지 및 고령자고용촉진에 관

---

6) 헌법 제34조 제4항은 "국가는 노인과 청소년의 복지향상을 위한 정책을 실시할 의무를 진다"고 규정하고 있다.

7) 노인장기요양보험법은 '노인'(동법 제2조)을 65세 이상으로, 노인에게 기초연금을 지급하여 안정적인 소득기반을 제공함을 목적으로 하는 기초연금법은 '기초연금수급권자'를 65세 이상으로 규정하고 있다(동법 제3조). 한편 노인복지법은 노인 학대, 경로우대, 건강진단 등의 대상으로서의 '노인'은 65세 이상, 노인복지주택에 입소할 수 있는 자는 60세 이상의 노인으로 규정하고 있다.

한 법률」(이하 '고령자고용법')은 고령자를 55세 이상으로 정의하고 있다.[8]

그런데 인간의 수명이 과거에 비해 현저히 늘어났기 때문에, 노인 또는 고령자의 기준이 되는 연령도 시대와 공간에 따라 달라져야 한다. 노인 또는 고령자라는 개념은 그 사회가 처해 있는 역사, 문화, 사회 환경 및 전체인구 구성비 등을 종합적으로 고려하여 정의할 수 있으며, 같은 사회에서도 시대와 환경의 변화에 따라 유동적일 수 있기 때문이다. 따라서 생물학적 연령을 기준으로 한 노인이나 고령자의 의미는 절대적일 수 없으며, 관련 제도나 정책의 목적에 따라 유동적으로 사용될 수 있다. 대표적인 예로 UN과 우리나라 통계청에서는 65세 이상을 기준으로 고령자에 관한 여러 가지 통계자료를 생산하고 있으나,[9] 최근 미국, 일본뿐만 아니라 우리나라 금융투자업계에서도 고령자의 기준을 70세 이상으로 설정하고 있다.[10]

---

8) 고령자고용법 제2조 제1호 및 동법 시행령 제2조.
9) 통계청에서도 고령자의 고용 현황을 조사하는 통계에서는 고령자의 기준을 55세로 하고 있다. 즉 통계자료의 작성 및 수집 목적에 따라서도 고령자의 연령 기준이 달라질 수 있음을 알 수 있다.
10) 미국 금융회사들은 대부분 70세 이상을 고령소비자로 보고 이들을 위한 별도의 영업규정이나 보호 조치들을 자체적으로 마련·운영하고 있다; Financial Industry Regulatory Authority, SEC National Senior Investor Initiative-A Coordinated Series of Examinations, 2015, p.2. 한편 일본 증권업협회(Japan Securities Dealers Association, JSDA)는 고령투자자 보호에 관한 조치로 2013년에 '고령금융소비자에 대한 권유판매 가이드라인(高齡顧客への勧誘による販売に係るガイドライン)'을 마련하고 75세 이상을 고령투자자로 규정하고 있다. 이 같은 미국, 일본의 사례를 참고하여 우리나라도 표준투자권유준칙에서 고령투자자의 기준을 70세 이상(초고령투자자는 80세 이상)으로 규정하고, 기대수명이 연장되고 고령인구의 경제활동이 늘어난 현실을 감안하여 만 70세까지는 자기 판단에 따라 적극적인 투자를 유도하기 위한 차원이라고 밝히고 있다; 금융감독원·금융투자협회, 금융투자상품 판매 관련 고령투자자 보호방안, 보도자료, 2015.11.23, 3면. 이와 관련하여 표준투자권유준칙이 자율 규정이지만 규제적 성격을 가지기 때문에, 고령소비

그러므로 법이나 제도에 의해 일정한 권리를 보장하기 위한 대상으로서 노인 또는 고령자는 생물학적 연령에 의해 일률적으로 정의하기보다는 관련 제도와 정책의 구체적인 목적에 따라 다르게 정의될 수 있는 개념으로 보는 것이 바람직하다.

(2) 금융소비자의 개념

현재 우리나라에서 금융거래활동에 참여하는 소비자의 권리 등을 보장하기 위한 법률은 자본시장과 금융투자업에 관한 법률(이하 '자본시장법'), 보험업법, 상법, 예금자보호법, 대부업 등의 등록 및 금융이용자 보호에 관한 법률(이하 '대부업법') 등이 있으나, 이 법률들에는 금융소비자에 대한 별도의 정의 규정이 없다.[11]

다만 금융업권에서 소비자 보호를 위해 마련한 '금융소비자보호 모범규준 운용 가이드라인'에서는 금융소비자를 "금융회사와 직접 또는 간접적으로 금융서비스 또는 금융상품 계약 체결 등의 거래를 하는 상대방"으로 명시하고,[12] 2016년 금융위원회에서 입법예고한 「금융소비자보호 기본법(안)」에서는 "금융상품 계약체결 등에 관

자의 연령과 보호 범위를 지나치게 넓게 정할 경우 동 규정의 규제로 인해 금융 산업의 영업행위 위축 등을 야기하면 이를 이용하는 소비자의 불편을 초래할 수 있다는 현실적인 측면을 고려한 것으로 생각된다.

11) '금융소비자'라는 용어 대신, 자본시장법은 '전문투자자' 및 '일반투자자' 개념을 정의하고 있으며(동법 제9조), 보험거래에 관한 보험업법은 '전문보험계약자' 및 '일반보험계약자'(동 법 제2조), 예금자보호법은 '예금자'에 대한 정의 규정을 두고 있다(동법 제2조).

12) 금융감독원은 금융소비자의 권익 증진 등을 도모하기 위한 행정지도로 '금융소비자보호 모범규준'을 운영하고 있다. 동 모범규준은 2006년 시행 이후 3차례(13년, 14년, 16년 3월) 개정된 바 있으며, 16년 12월에 이루어진 4번째 개정으로 기존에 2017년 3월 30일까지이던 유효기간이 17년 12월 31일로 연장되었다. 한편 동 규준의 내용을 보다 구체화하고 원활하게 운용하기 위해 손해보험업권을 제외한 전국은행연합회, 금융투자협회 등 금융산업 분야별 협회들이 중심이 되어 '금융소비자보호 모범규준 운용 가이드라인'을 별도로 마련하고 있다; 전국은행연합회 외, 금융소비자보호 모범규준 운용 가이드라인, 2014, 1면.

한 금융상품판매업자 또는 금융상품자문에 관한 금융상품자문업자
의 거래상대방"으로 정의하고 있다(동 법안 제2조 제6호). [13]

(3) 소결: 고령금융소비자의 개념

우리나라는 고령사회 정책을 입안하고 집행하는 과정의 일환으
로 관련 법령을 통해 노인 또는 고령자의 개념 정의를 마련하고 있
다. 고령화 정책의 대상이 되는 노인 또는 고령자에 대한 명확한 개
념 정의는 사전에 정책 혼란을 예방하고 원활한 법적용을 가능하게
하기 때문이다. 다만, 각각의 법령과 제도들이 서로 다른 정책적 또
는 입법적 목적을 가지고 있기 때문에 노인 또는 고령자에 관한 다
수의 법령들이 서로 다르게 연령 기준을 정하고 있다. 그러므로 법
령이나 제도의 목적이 유사하거나 관련 정책을 수행하는 데 있어서
혼란이 야기되는 경우가 아니라면, 각각의 정책과 법제도가 가지는
고유한 입법 취지 등을 고려하여 노인 또는 고령자 선정을 위한 연
령 기준에 유연성을 부여하는 것이 바람직하다.

한편 소비자기본법은 '소비자'를 "사업자가 제공하는 물품 또는
용역을 소비생활을 위하여 사용(이용을 포함)하는 자 또는 생산 활동
을 위하여 사용하는 자"라고 하여, 사업자의 거래상대방으로 규정하
고 있다(동법 제2조 제1호). 따라서 현행 금융 관련 법령에서는 금융
소비자의 개념을 별도로 정의하고 있지 않지만, 금융소비자는 금융
시장에서 거래상대방인 사업자가 제공하는 금융상품 및 금융서비스
를 이용하는 주체라는 측면에서 "금융시장에서 금융업을 영위하는
사업자(이하 '금융회사')가 제공하는 상품 또는 용역을 이용하는 거래
상대방"으로 볼 수 있다.

그러므로 본 연구에서는 고령금융소비자를 "금융시장에서 금융

---

13) 금융위원회, 금융소비자보호 기본법(안) 입법예고, 공고 제2016-197호,
2016.6.28.

업을 영위하는 사업자가 제공하는 상품 또는 용역을 이용하는 거래 상대방 중 고령자"로 정의한다. 그리고 본 연구에서 고령자 또는 고령금융소비자는 60세 이상을 의미하는 것으로 서술한다. 이는 대다수 금융산업 분야의 통계가 60세를 기준으로 하여 고령자에 관한 자료를 작성하고 있으며, 일반적으로 은퇴시점을 기준으로 개인 또는 가계의 재무설계 및 금융거래에 관한 의사결정이 변화하게 되는데 아직까지 우리나라의 평균적인 은퇴 연령은 60세 전후이기 때문이다.[14]

2. 고령금융소비자의 보호 필요성

(1) 고령자의 금융거래 확대

최근 우리나라 60대 가계의 금융자산 비중이 증가하고 있다. 이같은 현상에 대해 길어진 노후에 불안감을 느낀 고령자들이 예금과 보험, 연금 등과 같은 금융자산 보유 비중을 늘린다는 분석이 있다.[15] 즉, 노후에는 급작스러운 의료비 발생 등과 같이 예기치 못한 현금수요가 발생하는 경우가 많으므로 고령자들이 부동산 등 비금융자산보다는 유동화가 쉬운 금융자산을 보유하려는 경향이 커지고 있는 것이다.

물론 금융자산이 증가하고 있다는 현상만으로 고령자의 금융거래 자체가 증가하였다고 보기는 어렵다. 그러나 고령자들이 과거와 달리 금융자산의 비중을 확대하고 있는 현상을 통해 이들의 노후자

---

14) 통계청 조사에 따르면 우리나라의 평균 은퇴 연령은 61.7세이다: 통계청, 앞의 책, 2015, 42면.

15) 박성준, "가계의 자산포트폴리오 부동산에서 금융 · 안전자산으로," LG경제연구원. 2016, 24~30면 참고. 금융투자협회에 따르면 최근까지도 미국, 일본 등 다른 나라의 금융자산 비중은 39~70% 수준인 반면, 우리나라 가계는 24.9%에 불과하여 부동산 등 비금융자산의 편중이 과도하게 높았다; 금융투자협회, 2014 주요국 가계 금융자산 비교, 2014, 7면 참고.

산 관리 방식에 대한 인식이 변화하고 있으며, 금융거래에 참여할
가능성도 증대되고 있는 것으로 볼 수 있다.

실제 한국거래소의 조사 결과에 따르면 2010년 60세 이상 고령
자의 주식 보유 비중과 금액이 전년보다 10% 가까이 증가하여, 국내
주식투자자 여섯 명 중 한 명이 고령자인 것으로 나타났다.16) 그리
고 최근 금융위원회의 보도 자료에서도 60세 이상 고령 투자자 비율
이 36%로, 전체 투자자의 3분의 1 이상을 차지하고 있다.17)

이러한 현상은 고령자는 빈곤하거나 안전자산만을 선호한다는
기존의 인식과는 달리, 점차 자산관리의 방식에 변화를 꾀하고 있음
을 보여 준다. 즉, 100세 시대에 은퇴시점인 60대에 소득이 중단되면
이후 40년간은 안정된 생활을 영위하지 못할 수 있다는 데 불안감을
느끼고 금융투자의 손실 위험을 감수하면서라도 장수위험(longevity
risk)18)에 대한 두려움을 극복하려는 고령자들이 증가하고 있는 것
이다. 뿐만 아니라, 최근 고령자의 금융자산 확대 및 주식거래 비중
이 증가하는 현상들을 바탕으로, 2025년에는 국내 주식시장에서 60
대 이상의 고령층이 절반에 육박할 것이라는 전망까지 나오고 있
다.19)

---

16) 한국거래소 2010년 조사결과에 의하면, 60세 이상 고령자의 주식 보유액이
    시가총액의 33.7%를 차지해 55~59세(14.8%), 50~54세(14.7%)를 월등히 따
    돌렸는데, 이는 2009년(24.6%)보다 10%나 늘어난 수치이다. 연령별 1인당
    평균 보유액도 60세 이상(1억 2천 90만 원)이 가장 많았는데, 현역 절정기인
    40~44세(4천 3백 80만 원), 45~49세(5천 3백 70만 원)의 두 배를 넘겼다.

17) 금융위원회, 금융투자의 자기책임 원칙 확립 방안, 브리핑 자료, 2016.7.5,
    10면.

18) 장수위험(longevity risk)은 인구구조의 변화로 인한 기대사망률과 실제사
    망률 간의 차이로부터 발생하는 체계적 위험을 의미하며, 보다 쉽게는 '예상
    보다 오래 살게 됨으로 인해 추가비용을 발생시키는 리스크' 또는 '은퇴자산
    의 고갈 리스크(risk of retirement ruin)'로 정의할 수 있다. 장수위험은 대부
    분의 선진국에서 고령인구의 증가와 함께 나타나게 되는 주요 리스크로 부각
    되고 있다; 여윤경, "장수리스크 감소를 위한 은퇴자산의 인출전략에 관한 연
    구," 산업경제연구 제27권 제1호, 한국산업경제학회, 2014, 142면.

(2) 고령금융소비자의 취약성

모든 인간은 나이가 들면서 자연적으로 신체기능이 떨어지고 노화에 따른 기능장애 및 정신능력의 감퇴가 나타나며 인지기능도 저하된다. 이 같은 인지기능은 학습, 지각, 추론, 문제 해결 및 기억 등을 포함하는데,[20] 고령자는 연령이 상승함에 따라 금융거래활동에 필요한 이해력, 판단능력, 의사결정능력 등도 점차 저하된다. 특히 고령자의 금융거래능력과 관련하여, 미국의 한 연구 결과에 따르면 고령자는 스스로 잘 인식하지 못하지만 평균적으로 60세가 되면 합리적인 금융의사결정에 필요한 인지능력이 감퇴하고 70세 무렵에는 금융이해력이 급격히 감소한다고 하였다.[21]

한편 고령금융소비자는 심리적 측면에서도 일반 금융소비자와 다른 취약한 특성을 나타낸다. 고령자의 대부분은 은퇴 후 안정된 수입원이 없어 노후 생계대책에 불안감을 가지고 있기 때문에 돈을 쉽게 벌 수 있다거나 고수익이 보장된다는 말에 쉽게 현혹되는 경향이 있으며, 거짓 유혹의 대상이 될 가능성이 상대적으로 높다.[22]

이와 같은 고령금융소비자의 신체적 · 심리적 취약성 때문에 금융감독원, 금융투자협회 등에서는 고령자를 '금융거래에 있어 특별한 보호가 필요한 대상'이라고 밝힌 바 있다. 고령자는 투자권유에 쉽게 현혹되는 경향이 있고, 손실 발생 시에도 젊은 계층에 비해 상대적으로 회복할 수 있는 기회가 적다는 것이다.[23]

---

19) 서보익, 2013 연간전망: 증권 2020~2030년 증권업 대전망, 유진투자증권, 2013, 25면.

20) 박미정, "노인의 인지기능과 균형능력 및 삶의 질," 기초간호자연과학회지 제13권 제2호, 2011, 1면.

21) State Street Global Advisors, The Impact of Aging on Financial Decisions, 2016, pp.1~20.

22) 김민정 · 김은미, "금융사기 유형과 피해 유경험자의 특성—중고령 소비자를 중심으로," 소비자문제연구 제45권 제2호, 한국소비자원, 2014, 28~29면 참고.

23) 금융감독원 · 금융투자협회, 금융투자상품 판매 관련 고령투자자 보호방안

한편, 오늘날 정보기술(IT) 산업과 기술의 발달로 금융거래에 있어서 금융자동화기기(ATM)뿐만 아니라 컴퓨터, 스마트폰 등 디지털 기술을 이용한 전자금융이 확대되면서 고령금융소비자들이 또 다른 어려움을 느끼게 하고 있다.[24]

한 연구에 따르면, 고령자층은 젊은층에 비해 디지털 기기를 사용하는 데 있어 약 2배 이상의 시간이 소요되고 업무수행 단계별 오류 발생빈도는 약 3배 더 높다. 또한 고령자는 운동기능 저하에서 오는 선택시간 초과오류와 시각·청각·촉각 등의 감각기관의 기능 저하에서 오는 수행오류, 기기 접근성의 시·지각적 문제점으로 불편을 겪는 것으로 나타났다.[25]

이처럼 전자금융 서비스 등에 대해 어려움이나 불편을 느끼는 고령자들과는 달리, 어릴 때부터 디지털 기기를 생활의 일부로 활용해 온 젊은 세대들은 디지털 채널로 제공되는 금융서비스에 익숙할 뿐만 아니라 시공간에 크게 제약받지 않고 이용할 수 있다는 점 등을 이유로 인터넷 뱅킹 등의 전자금융을 선호하는 경향이 있다.[26] 금융회사들도 다수의 젊은 고객의 성향을 반영하고 정보전달의 편

―「국민체감 20대 금융관행 개혁」 과제(12), 보도자료, 2015.11.23.

24) 이 같은 고령금융소비자들의 디지털 금융기기 사용의 어려움을 해소하고자 이미 해외 금융회사들은 고령금융소비자들의 편의를 향상시키고 이들에게 적합한 서비스를 제공하기 위해 노력하고 있다. 예를 들면 영국의 Barclay 은행은 고령 고객 대상 디지털기술 교육을 지원하기 위해 'Digital Eagles'를 고용하여 교육 및 안내서비스를 시행하고 있다; 한국금융투자자보호재단, 은행들, 고령자에 적합한 디지털 서비스를 제공하기 위해 노력, 동향조사 105, 2014.11, 1~2면.

25) 김현정·이경미, "고령자층을 위한 금융자동화기기(ATM)의 사용성 연구 I," 디자인학연구 제21권 제1호, 한국디자인학회, 2008, 127~136면 참고.

26) 2015년 기준으로 PC를 이용하는 응답자(전체의 79.7%) 중 인터넷 뱅킹과 대금결제 서비스를 이용하는 비율은 2014년(57.7%)보다 상승했는데, 연령별 격차가 다소 축소되기는 하였지만 여전히 연령대별로는 30대의 이용비율이 77.3%로 평균보다 높은 수치를, 40대 이후 연령일수록 이용비율이 낮은 수치를 나타내고 있다; 한국은행, 2015년 지급수단 이용행태 조사결과 및 시사점, 2016.

리함, 업무처리의 신속화 및 무인화에 의한 비용 절감 등의 장점을 가지고 있기 때문에 최근 IT 기술의 융합을 통한 전자금융서비스를 확대하고 있다.

이 같은 금융환경의 변화로 인해, IT 기기 사용에 익숙하지 않은 고령금융소비자는 오히려 기기 접근과 사용에 적잖은 심리적 부담감을 느낄 뿐만 아니라, 실제 고령금융소비자가 금융거래에 관한 정보를 놓치거나 기기의 조작 미숙으로 손해를 보는 경우가 발생하고 있다.[27]

(3) 고령금융소비자의 피해 증가

인구 고령화와 함께 고령소비자의 금융 관련 피해도 증가하는 추세를 보이고 있다. 먼저, 한국소비자원의 자료에 따르면 2007년부터 2011년 10월까지의 기간 동안 60세 이상 고령소비자의 피해구제 신청 건수 중 금융 · 보험이 20.4%로 가장 높은 비중을 차지하였다.[28] 그리고 이후 2012년부터 2015년의 기간 동안에도 60세 이상 소비자의 금융 · 보험 분야 피해구제 접수 건수는 매년 증가하여 2012년 96건에서 2015년에는 이의 2배에 가까운 179건으로 나타나고 있다.

---

27) 한국거래소는 고령자의 홈트레이딩시스템(HTS) 사용이 늘어나면서 조작 미숙에 따른 주문 실수도 많은데, 실제 이들은 전산장애라고 주장하지만 확인해 보면 대부분은 본인 실수인 경우가 많다고 말했다: 중앙일보, "60세 이상 금융고객 40% '인터넷 뱅킹? 골치 아파,'" 2012.11.28. 기사 참고.

28) 2007년 이후 2011년 10월까지 약 5년의 기간 동안 60세 이상 소비자가 한국소비자원에 피해구제를 신청한 건수는 총 6,124건으로 2010년을 제외하고는 매년 증가하는 추세를 보였으며, 이 중 보험 · 금융의 건수는 1,250건으로 가장 많은 비중(20.4%)을 차지하였고 그 다음으로는 의료서비스(1,024건, 16.7%), 의류 · 섬유신변용품 및 세탁서비스(701건, 11.5%), 정보통신서비스 및 기기(560건, 9.1%) 순서로 나타났다; 한국소비자원, 고령자 관련 소비자 피해구제 현황 및 주의사항, 한국소비자원 피해예방주의보, 2011.11.10.

〈표 1〉 60대 이상 금융·보험 피해구제 접수 현황

(단위: 건)

구분	2012	2013	2014	2015
금융	22	23	39	29
보험	74	132	128	150
총계	96	155	167	179

자료: 한국소비자원 소비넷 통계자료 재구성

금융감독원의 조사에서도 최근 60세 이상 고령자의 민원 비중이 지속적으로 증가하는 모습을 보이고 있다. 2013년에는 보험과 금융투자 민원이 전체 민원 중 각각 8.0%, 14.8%의 비중을 차지했으나, 2015년에는 상반기에만 각각 전체 민원의 9.5%와 23.7%로 높아졌기 때문이다.[29]

〈표 2〉 60대 이상 보험 및 금융투자 민원 비중

(단위: %)

구분	2013	2014	2015 상반기
금융투자	14.8	21.1	23.7
보험	8.0	9.4	9.5

자료: 금융감독원(2015)[30]

또한 최근 한국거래소의 발표에서도 2016년 상반기 증권·선물업계의 민원·분쟁 신청인의 평균 연령대가 51세에서 61세로, 전년 대비 10세 가까이 상승하여 60대 고령자의 민원·분쟁이 증가한 것으로 나타났다.[31]

---

29) 금융감독원, 금융이해력 조사 결과 분석 및 시사점, 보도자료, 2015.1.30.
30) 금융감독원, "묻지도 따지지도 않는다"는 고연령자 보험가입 시 유의사항, 보도자료, 2015.2.2.

III. 현행 고령금융소비자 보호 제도

1. 법령에 의한 고령금융소비자 보호

(1) 고령금융소비자의 권익을 보장하기 위한 법률의 현황

우리나라에는 노인복지법, 노인장기요양보험법, 장애인 · 고령자 등 주거약자 지원에 관한 법률, 고령자고용법 등 고령자에 관한 다양한 특별법들이 마련되어 있으나, 고령자의 금융거래 권익이나 안전을 보장하기 위한 법령은 마련되어 있지 않다.

그리고 자본시장법, 보험업법, 상법, 예금자보호법, 대부업법 등과 같은 금융 관련 법령에서 투자자, 예금자, 보험계약자, 금융이용자 등과 같은 금융소비자 보호를 위한 제도를 마련하고 있으나,[32] 여기에서도 고령자 또는 고령금융소비자를 위한 별도의 조항이나 내용을 규정하고 있지 않다. 즉, 열악한 금융소비자의 지위를 보완하기 위해 적합성 원칙, 설명의무 등과 같은 금융소비자 보호 제도를 마련하고 있는 금융 법령에서도 고령자를 보호하기 위한 추가적인 보호 장치는 두고 있지 않다.

따라서 고령금융소비자도 연령에 상관없이 자본시장법, 보험업법, 상법, 예금자보호법, 대부업법 등 금융소비자를 보호하기 위한 법령에 따라 투자자, 예금자, 보험계약자, 금융이용자 등과 동일한

---

31) 한국거래소, 2016년 상반기 증권 · 선물업계의 민원 · 분쟁 신청 현황, 2016.

32) 자본시장법은 투자자를 전문투자자와 일반투자자로, 보험업법은 보험계약자를 전문보험계약자와 일반보험계약자로 구분하여, 상대적으로 금융투자 또는 보험계약과 같은 금융거래능력이나 전문성이 떨어지는 일반투자자와 일반보험계약자를 보호하기 위해 적합성 원칙, 설명의무 등의 특별 규정들을 두고 있다. 그 밖에 은행법은 금융회사의 상대방인 금융소비자를 의미하는 개념으로 예금자를, 대부업법은 금융이용자라는 용어를 사용하여 각각의 법률의 목적에 부합하는 금융소비자 보호에 관한 내용들을 규정하고 있다.

수준으로 보호받게 된다.

(2) 금융 법령에 의한 고령금융소비자의 보호와 한계

금융소비자에 대한 보호는 금융상품 및 서비스의 판매 과정뿐만 아니라, 상품의 개발, 판매 이후 관리 등 금융거래와 관련된 전 과정에 걸쳐 이루어져야 한다. 그러나 고령금융소비자의 인지능력, 의사결정능력 등 거래능력의 취약성으로 인한 문제는 대부분 금융상품 등의 판매 과정에서 발생하기 때문에, 본 연구에서는 금융상품 등의 판매 과정을 중심으로 금융 법령과 고령금융소비자 보호의 문제를 살펴보고자 한다.

기본적으로 금융거래활동은 금융소비자의 자기결정 · 자기책임의 원칙에 따라 이루어져야 하므로, 원금보장을 원칙으로 하는 은행예금이나 위험보장을 속성으로 하는 보험 이외에 금융거래로 인한 위험은 금융소비자가 부담해야 한다. 그러나 금융 분야는 사업자와 소비자 간의 지식 및 정보의 격차가 커서 정보비대칭으로 인한 불완전판매행위 등의 발생가능성이 크기 때문에, 자본시장법과 보험업법 등 금융 관련 법령에서는 금융소비자를 보호하기 위한 특별 규정을 마련하고 있다.[33] 대표적인 예가 금융위원회가 제시하고 있는 6대 판매행위 규제 원칙으로, 적합성 원칙, 설명의무, 적정성 원칙, 구속성상품계약 체결금지, 광고규제, 부당권유금지 등이 이에 해당하며 자본시장법 또는 보험업법에 관련 규정을 두고 있다.[34]

이를 좀 더 구체적으로 살펴보면 자본시장법과 보험업법은 금

---

33) 안수현의 논문에서는 금융소비자의 보호 필요성과 특수성으로 ① 금융상품의 물리적 존재 부재, ② 정보의 중요성, ③ 위험의 내재, ④ 투자판단의 곤란, ⑤ 정보의 불균형, ⑥ 사업자의 기회주의 적 · 강압적 행동에 쉽게 노출, ⑥ 위험의 특수성을 들고 있다; 안수현, "(가칭)자본시장통합법과 소비자보호법의 접점―금융소비자의 보호," 증권법연구 제7권 제2호, 증권법학회, 2006, 206~207면.

34) 금융위원회, 금융소비자보호에 관한 법률 제정안 주요 내용, 2012, 5면.

융회사가 금융소비자의 투자목적, 재산상황, 투자경험 등에 비추어 적합하지 않은 금융상품을 권유하지 못하도록 적합성 원칙을 규정하고, 금융회사가 금융투자상품의 투자권유 시 또는 보험상품의 계약체결 시에 금융소비자가 반드시 알아야 할 주요 내용을 설명하도록 설명의무를 부여하고 있다. 또한 자본시장법은 금융회사가 금융소비자에게 투자권유를 하지 않더라도 파생상품 등과 같이 고위험의 금융상품을 판매할 경우에는 해당 금융소비자의 투자목적, 재산상황, 투자경험 등에 비추어 적정하지 않다는 사실 등을 알리도록 적정성 원칙을 추가적으로 마련하고 있다.[35]

그 밖에 자본시장법은 금융회사가 불확실한 사항에 대한 단정적 판단이나 허위사실을 금융소비자에게 제공하는 등의 부당권유행위를 금지하고, 금융상품의 광고가 금융소비자를 오인시키지 않도록 관련 규정을 마련하고 있다. 그리고 보험업법은 금융소비자가 원치 않는 다른 금융상품을 같이 구매하도록 금융회사가 강요하는 행위를 금지하고 있다.[36]

그런데 이 같은 현행 금융소비자 보호 법령과 제도들은 고령자의 특성을 별도로 고려하거나 고령자에 대한 특별 보호 규정을 두고 있지는 않다. 따라서 법령상 금융회사가 금융소비자의 연령을 특별히 고려해서 영업행위를 해야 할 의무는 없다.

예를 들면, 불완전판매방지와 관련하여 금융소비자 보호 장치로서 대표적인 기능을 하는 자본시장법상 적합성 원칙의 경우 금융회사가 금융소비자의 '투자목적, 재산상황, 투자경험 등'의 정보를 파악하여 적합한 금융상품을 투자권유 · 판매하도록 규정하고 있기

---

35) 적합성 원칙: 자본시장법 제45조, 보험업법 제95조의3, 설명의무: 자본시장법 제47조~제48조, 보험업법 제95조의2, 적정성 원칙: 자본시장법 제46조의2 각각 참고.

36) 자본시장법 제49조(부당권유의 금지) 및 제57조(투자광고), 보험업법 제110조의2(불공정한 대출의 금지 등) 규정 참고.

때문에, 원칙적으로 금융소비자의 '연령'을 파악해야 할 의무는 없다. 그런데 영국에서 2011년 금융회사 HSBC가 평균 83세로 기대수명이 2~3년밖에 남지 않은 고령금융소비자들에게 만기 5년 이상의 장기 금융상품을 권유·판매한 행위와 관련하여, 금융감독당국은 고령금융소비자에게 적합하지 않은 판매행위를 했다는 이유로 HSBC에 대해 당시 최고 수준의 벌금을 부과한 사례가 있다.[37]

만약 우리나라에서 금융회사가 재산이 풍부하고(재산상황) 젊은 시절 금융상품에 대한 투자경험이 있으며(투자경험) 일정한 수익을 목적으로 하는(투자목적) 80대의 고령금융소비자에게 만기 5년 이상의 장기상품을 권유했다면 자본시장법상 적합성 원칙을 위반했다고 보기 어려울 수 있다. 즉, 비슷한 상황이라 하더라도 영국과 달리 우리나라에서는 고령금융소비자가 법령을 통해 충분한 보호를 받기는 어렵다.

설명의무의 경우도 자본시장법은 금융회사에 대해 일반투자자, 즉 일반 금융소비자가 금융상품 등을 이해할 수 있도록 설명하고 금융소비자가 이해하였는지 여부를 서명, 기명날인, 녹취 등의 형식으로 확인받도록 명시하고 있지만(동법 제47조), 고령금융소비자의 경

---

37) 물론 영국에서도 FCA(Financial Conduct Authority)의 적합성 원칙과 관련한 영업행위 규정인 Conduct of Business Sourcebook(COBS)에서 '연령'을 요건으로 규정하고 있지는 않다(COBS 9 등). 그러나 영국은 금융감독 및 규제의 방법으로 상세한 규정을 통한 규정중심의 감독(Rule-based regulation)이 아닌, 규제 및 감독의 원칙(principles) 등을 제시하고 이를 달성하는 데 반하는 행위를 규제하는 원칙중심의 감독(principle-based regulation) 방식을 채택하고 있기 때문에 본 사건에서도 영국 금융당국인 FSA(현재 FCA)가 금융회사에 대한 제재조치를 하는 데 있어 영업행위의 기본원칙 중 금융회사는 금융소비자에 대해 적합한 투자권유를 해야 한다는 원칙 9(Principle 9)에 위반했음을 근거로 제시하고 있다. 또한 당시 규제당국인 FSA는 이 사건 위반행위가 심각성을 가지는 이유로, 한 번 피해를 입으면 손실을 회복하기 힘든 취약한 고령의 금융소비자를 대상으로 했기 때문에 더 엄중하게 제재해야 한다고 밝히고 있다; FSA, Final notice, FSA Reference Number. 114216, 2. December. 2011, para. 2.4~2.6, para. 6.4 등 참고.

우 일반적인 금융소비자와 동일한 수준으로 설명을 해도 금융상품에 대한 이해가 부족할 수 있고 위험정보를 알린다 하더라도 고금리등 유리한 정보만을 강조하면 이를 제대로 인지하기 어려울 수 있다. 특히 금융상품을 권유하는 금융회사가 친절한 태도를 보일 경우심리적으로 미약한 상황에 있는 고령금융소비자는 위험정보를 인지하는 데 더 큰 어려움을 느낄 수 있기 때문에, 이 과정에서 설명을이해했는지를 확인하는 절차도 요식적인 행위에 그칠 우려가 있다.

물론 이 같은 설명의무 위반에 따른 불완전판매의 피해는 고령금융소비자가 아닌 금융소비자 모두에게 발생할 수 있지만, 고령금융소비자는 신체적·심리적으로 더 취약한 상황에 있기 때문에 이같은 피해 발생에 노출될 가능성이 상대적으로 더 크다는 데 문제가있다. 실제 2008년에 발생한 저축은행 후순위채 불완전판매 사건의경우, 피해자 구성의 과반수가 60대 이상이었으며 70대 이상 노인이약 20%라고 보고된 바 있다.[38] 이 사건에서 피해를 입은 고령금융소비자들은 금융회사의 안내에도 불구하고 후순위채가 뭔지 몰랐지만, 고정수입은 없고 은행 이자로만 생활을 하기는 어려운 현실 여건 등으로 인해 안전하며 고금리라는 금융회사의 말을 쉽게 믿을 수밖에 없었다고 밝히고 있다.[39]

2. 자율 규정에 의한 고령금융소비자 보호

(1) 고령금융소비자의 권익을 보장하기 위한 자율 규정의 현황

금융소비자의 권익증진과 보호를 위한 자율 규정으로는 금융감독원에서 마련한 「금융소비자보호 모범규준」이 대표적인데, 금융권

---

38) 금융위원회, 저축은행비리 의혹 진상규명을 위한 국정조사특별위원회 현황 보고, 2011.8.3. 105면.

39) 머니투데이, 금융당국 "저축은행, 후순위채 피해 절반이 노인," 2011.8.3. 기사, JTBC, 노인을 위한 금융은 없다, 2012.11.27. 뉴스 참조.

에서는 이를 효율적으로 이행할 수 있도록 「금융소비자보호 모범규준 운용 가이드라인」을 별도로 마련하여 보다 상세한 내용을 규정하고 있다.[40)]

동 가이드라인은 '65세 이상 고령층'을 특별한 보호가 필요한 '취약한 금융소비자'로 보고,[41)] 금융회사가 이들에게 금융상품 등을 투자권유할 경우 '금융소비자의 성향, 재무상태' 외에 '연령'도 적합성 판단의 요소로 고려하며, 고령자를 포함한 취약 금융소비자를 위한 구매권유 사항을 별도의 판매준칙으로 마련하도록 규정하고 있다. 그리고 설명의무를 이행할 때에도 불이익 사항을 다른 정보보다 우선적으로 설명한 후 반드시 그 이해여부를 확인하도록 명시하고 있다.

한편 금융투자협회의 「표준투자권유준칙」도 고령투자자, 즉 고령금융소비자의 불완전판매 피해를 방지하기 위해 금융회사가 준수해야 하는 사항들을 규정하고 있다.[42)] 동 규정에서는 70세 이상과 80세 이상 금융소비자(투자자)를 각각 특별한 보호가 필요한 고령투자자와 초고령투자자로 분류하고, 금융회사에 이들을 위한 전담창

---

40) 손해보험업권에서는 손해보험 판매담당직원이 준수해야 할 판매준칙을 〈별첨〉의 형태로 「손해보험 판매담당직원이 준수해야 할 판매준칙」(이하 '손해보험 판매준칙')을 별도로 마련하고 있다; 전국은행연합회 외, 앞의 책, 2014, 113-127면.

41) 동 가이드라인은 취약한 금융소비자에 '65세 이상 고령층' 이외에도 '퇴직자, 주부 등'도 포함시키고 있다. 한편 손해보험 판매준칙 제2조에서는 "취약한 금융소비자라 함은 65세 이상 고령층, 은퇴자, 주부 등 금융상품 권유 및 판매 시 추가적인 안내 · 보호가 필요한 소비자를 말한다"고 명시적으로 규정하고 있다; 전국은행연합회 외, 위의 책, 2014, 30면, 114면 참고.

42) 표준투자권유준칙상 고령투자자, 즉 고령금융소비자에 대한 보호 강화 규정은 2015년 12월 17일 개정으로 마련되었으며, 2016년 4월 1일부터 시행되고 있다(동 준칙 IV-2. 투자권유 11조, [참고 5] 고령투자자에 대한 금융투자상품 판매 시 보호 기준 참고). 동 준칙은 자율 규정이기 때문에 강제성을 가지지는 않지만, 금융투자협회는 동 준칙을 기준으로 하여 금융회사들이 내규 등의 형태로 고령금융소비자 보호 기준을 마련하도록 권고하고 있다.

구 및 콜센터 전담 상담직원을 두도록 하고 있다. 또한 상품 구조가 복잡하고 투자 위험이 높은 금융상품은 투자권유 유의상품으로 지정하여 금융회사가 이것을 고령의 투자자에게 투자권유할 경우에는 강화된 판매절차를 준수하고 개별적인 고령자의 인지능력 등을 고려하여 판매를 자제할 수 있도록 규정하고 있다. 이에 따라 투자권유 유의상품을 70세 이상의 고령금융소비자에게 판매하려면 지점장이나 준법감시담당자 등 관리직 직원이 사전에 고객을 면담하거나 전화로 해당 상품의 이해도 및 권유 적정성 등을 확인해야 한다. 그 밖에 80세 이상의 초고령투자자에 대해서는 금융회사가 가족 등 조력자의 비상 연락처를 확보해 지속적으로 관리하고, 고령자보호 전담부서에서 판매 절차 내규를 마련하여 이를 영업직원과 전담 콜센터 직원에게 정기적으로 교육하도록 하는 등 금융회사의 고령투자자 보호를 위한 내부통제 강화에 관한 사항도 마련하고 있다.

(2) 자율 규정에 의한 고령금융소비자의 보호와 한계

전반적으로「금융소비자보호 모범규준」또는「표준투자권유준칙」등과 같은 자율 규정에는 법령과 달리 고령금융소비자 보호 및 권익 향상을 위한 구체적인 내용들이 다수 마련되어 있다. 그러나 이 같은 자율 규정들은 법적 강제력이나 구속력이 강하지 않기 때문에 전적으로 고령금융소비자 보호를 금융회사의 자율에 맡기고 있으며, 실제 피해를 입은 고령금융소비자들이 구제나 배상을 받으려 할 경우 법원 등에서 근거 규정으로 활용할 수 없다는 점에서 한계를 가진다.

그럼에도 불구하고 자율 규정은 법령과 정부의 정책을 보완하고, 전문성이나 효율성, 집행과 순응 확보의 용이성, 환경변화의 적응성 등의 측면에서 장점을 보유하고 있기 때문에 우리나라에서는 자율 규정 형식의 고령금융소비자 보호 장치가 많이 활용되고 있는 것으로 보인다.[43] 이와 관련하여, 2016년 금융감독원에서는 금융투

자협회의 표준투자권유준칙 등의 자율 규정을 중심으로 하여 이미
시행하고 있는 고령소비자 보호 정책의 적정성을 하반기 중에 집중
적으로 점검하겠다고 밝힌 바 있다.44) 이 과정에서 자율 규정 형식
으로 마련된 고령소비자 보호 방안들의 내용뿐만 아니라, 일본의 사
례를 참고하여 실천력과 이행 효과 등이 강화될 수 있는 개선 방안
도 함께 검토되어야 할 것이다. 일본에서는 우리나라보다 앞서 증권
업협회(JSDA)의 자율 규정으로 고령투자자에 관한 보호 조치를 마련
하였는데,45) 금융감독당국인 금융청은 실제 이 같은 자율 규제사항
들을 금융회사들이 잘 이행하고 있는지 점검할 수 있는 근거 규정도
마련하고 있다.46)

3. 기타 고령금융소비자 권익 향상을 위한 제도

2005년에 제정된 「저출산·고령사회기본법」47)은 고령자 등을

---

43) 자율 규정의 특성에 대한 보다 자세한 내용은 최성락·이혜영·서재호, "한
국의 자율규제의 특성에 관한 연구: 자율규제 유형화를 중심으로," 공공관리
학보 제21권 제4호, 한국공공관리학회, 2007, 73~96면 참고.

44) 금융감독원, 금융투자의 자기책임 원칙 확립 방안―금융회사의 판매준칙
준수 정착 병행, 보도자료, 2016.7.5.

45) 일본 JSDA는 2013년 12월에 「협회원의 투자 권유, 고객 관리 등에 관한 규
칙」(協会員の投資勧誘、顧客管理等に関する規則)을 개정하여, "협회원은 고
령 고객에게 유가증권 등을 권유하여 판매할 때, 해당 협회원의 업태, 규모,
고객 분포 및 고객 속성, 사회 정세 기타 조건을 감안하고, 고령 고객의 정의,
판매 대상이 되는 유가증권 등 설명 방법 등에 관한 사내규칙을 정하고 적정
한 투자 권유를 하기 위해 노력해야 한다"라고 규정하였다(동 준칙 제5조의
3). 이에 따라 일본의 금융회사들은 2014년 3월 15일까지 JSDA가 마련한 「
고령금융소비자에 대한 권유판매 가이드라인」(高齢顧客への勧誘による販売
に係るガイドライン)을 기준으로 자율적으로 고령투자자 보호를 위한 사내
규칙을 마련·운영하고 있다.

46) 금융청은 금융상품거래업자 감독지침(IV-3-1-2(3))에 따라, 금융회사의 고
령투자자에 대한 금융상품 권유·판매에 관한 사내규칙 정비와 모니터링 태
세 정비, 금융상품 판매 후 사후 보호조치를 실시하는지 여부 등을 중심으로
금융회사 영업행위 등을 점검할 수 있다.

포함한 국민 전체가 적절한 재무 상담과 노후설계 교육을 받을 수 있도록 국가 시책 강구 의무를 부여하고 있다(동법 제15조의2). 이에 따라 금융위원회는 2013년 12월 12일에 고령화에 대응한 금융교육 및 상담을 전문적으로 담당하는 노후설계상담사의 도입과 미래설계센터의 설립을 발표하고,[48] 이에 대한 후속조치의 일환으로 2015년 10월에 국민의 체계적인 재무관리 등 노후준비를 지원하기 위한 '노후행복설계센터'를 출범하였다.

노후행복설계센터는 금융위원회가 중심이 되어 신용회복위원회(간사), 금융감독원, 은퇴연금협회 등 약 7개의 관계기관이 합동으로 국민의 노후준비를 위해 설립하였다.[49] 동 센터의 기본적인 역할은 고액자산가를 중심으로 이루어지던 금융회사의 PB(Private Banking) 서비스와 금융교육의 대상을 넓힘으로써, 전 국민이 1대1 재무상담 및 노후설계 교육 등을 제공받도록 하는 것이다.

그리고 노후설계상담사의 도입 계획에 대한 후속조치로, 노후행복설계센터의 구성원인 은퇴연금협회에서 노후재무설계상담사(Aging Financial Planning Advisor, AFPA)제도를 운영하고 있다.[50] 노

---

47) 우리나라는 저출산과 고령사회 정책의 기본방향과 그 수립 및 추진체계에 관한 사항 등을 규정함으로써 국민의 삶의 질 향상과 국가의 지속적인 발전에 이바지하는 것을 목적으로 '저출산 · 고령사회기본법'을 제정하고 고령화에 따른 국민의 삶의 질 향상 등을 도모하기 위한 국가와 국민의 책무 등을 규정하고 있다.

48) 금융위원회는 보도자료를 통해 고령화에 대응하여 개인별 맞춤형 노후설계 상담 및 서비스를 시행하고, 노후설계교육의 컨트롤타워 기능을 수행할 수 있는 '미래설계센터(가칭)'를 설치할 계획을 밝힌 바 있다; 금융위원회, 100세 시대를 대비한 금융의 역할 강화 방안, 보도자료, 2013.12.12, 7~8면.

49) 노후행복설계센터의 구성기관 및 자세한 내용은 홈페이지(www.100-plan.or.kr) 참고. 동 센터는 전 국민이 편리하게 이용하고 업무의 효율화를 도모할 수 있도록 전국적으로 50개의 지점을 두고, 홈페이지를 통해 재무 설계 서비스 등을 제공하여 접근성과 편리성을 강화하고 있다.

50) 노후설계상담사는 자격기본법 제17조에 따라 금융위원회의 심의를 거쳐 한국직업능력개발원에 등록된 순수 국내 민간자격제도이다. 노후설계상담사에 대한 자세한 내용은 은퇴연금협회 홈페이지 안내(http://www.relife21.

후재무설계상담사(AFPA)는 고령금융소비자를 포함한 전 국민들을 대상으로 노후준비에 필요한 변화관리, 자산관리 등 은퇴설계서비스를 제공하는 민간전문가로서, 은퇴연금협회가 지정한 교육기관에서 일정한 교육과정을 수료한 자는 시험을 거쳐 노후재무설계상담사로 활동할 수 있다.

고령화에 대응하기 위해 정부에서 노후행복설계센터와 같은 금융상담 및 금융교육 전문기구를 설립하고 노후재무설계상담사와 같은 전문가제도를 시행하고 있다는 점은 바람직하다. 그러나 이 제도들은 2015년 10월 출범 이후 벌써 2년이 넘어가는 시점임에도 불구하고, 아직까지 이에 대한 홍보나 활성화가 충분히 이루어지고 있지 않아 향후에 고령금융소비자를 포함한 국민들이 지속적으로 이용할 수 있을지 의문이다.

IV. 고령금융소비자 권익 강화 방안

1. 소비자기본법상 기본 가치의 지향

오늘날 고령자의 인구수가 증가하는 만큼, 이들의 다양성 또한 확대되고 있다. 즉, 평균수명의 연장으로 노년기 기간이 길어지게 되면서 다른 생애발달단계에 비해 노년기 집단 내의 개인차가 커지고 있다. 이 때문에 학자에 따라서는 노인을 75세를 기준으로 전기노인(younger-old)과 후기 노인(older-old)으로 구분하고 각각 서로 다른 특징이 있다고 하였으며,[51] 싱가포르는 고령자를 Young-Old (65~74세), Medium-Old(75~84세), Oldest-Old(85세 이상)의 세 단계

---

org/)를 참고할 수 있다.

51) B. Neugarten, Age Groups in American Society and the Rise of the Young-Old, 1974.

로 구분하여 통계자료를 생산하고 있다.[52]

비단 연령에 의한 구분이 아니더라도 동일한 연령의 고령자들 사이에도 개인별로 다양한 차이가 존재한다. 뿐만 아니라 고령자는 신체적 능력이나 학습능력 등이 떨어진다는 일반적인 인식과는 달리, 때로는 젊은 사람보다 더 뛰어난 능력이나 성과를 보이는 경우도 있다.

그러므로 앞서 언급했던 고령금융소비자의 상담이나 민원분쟁 등의 증가 현상에 대해 판단력, 이해력 저하 등 일반적인 고령자가 가지는 취약성에 근거한 것이라고 성급하게 판단하는 것은 옳지 못하다. 최근 고령금융소비자의 민원분쟁 신청이 증가한 것은 젊은 계층의 경우 취업난 등으로 금융거래를 할 자금이나 여유조차 없는 반면, 고령자들은 인구수 증가뿐만 아니라 이들 중 여유 시간과 자금을 보유한 층의 금융거래 참여 비중이 증가했기 때문인 것으로 해석할 수도 있다. 또한 고령자의 교육과 소비자의식 수준 등이 향상되면서, 오히려 동일한 피해 사례에 대해서도 과거보다 더 적극적으로 민원을 제기하는 등 피해 대응능력이 향상되었기 때문일 수도 있다.

다시 말하면, 반드시 고령금융소비자가 젊은 계층보다 금융이해력이나 의사판단능력 등이 떨어져서 금융거래 관련 피해가 증가한다고 단정하기는 어렵다. 오히려 금융지식이나 투자경험 등이 부족한 젊은 계층이 충분한 금융교육을 받고 거래경험도 풍부한 고령금융소비자보다 금융거래능력이 미흡할 수도 있다. 따라서 모든 고령자를 금융상품 이해력과 판단능력 등이 떨어지는 돌봄의 대상으로 인식하면서, 생물학적인 연령을 기준으로 획일적인 보호나 금융거래 규제의 대상으로 하는 것은 바람직하지 않다. 앞서 살펴본 현행의 고령금융소비자 보호 법령이나 제도들이 고령자 보호의 중요성을 인식하면서도 이를 강제력이 있는 법령보다는 자율 규정을 통

---

52) Singapore, National Statistical Standards, 2015.

해 금융회사의 재량과 자율에 맡기고 있는 것은 금융거래 현장에서 직면하는 고령금융소비자의 개개인별 차이를 획일적으로 규정할 수 없는 현실적 상황이 반영된 것이라 할 수 있다.

따라서 고령금융소비자의 권익 증진도 소비자 권익증진에 관한 일반법인 소비자기본법의 취지를 통해 기본 방향을 찾아야 할 것이다. 고령금융소비자는 금융거래활동에 참여하는 거래당사자이자 금융시장의 소비자이기 때문이다.

소비자기본법의 기본 이념은 무조건적으로 소비자를 보호하는 것이 아니라, 스스로 권익을 실현하고자 하는 소비자를 법과 제도를 통해 지원하고 뒷받침하는 것이다.[53] 그러므로 고령금융소비자의 권익실현 정책도 고령금융소비자를 돌봄과 보호의 대상으로 인식할 것이 아니라 고령금융소비자가 스스로 권익 실현을 도모하는 과정에서 부족한 부분을 보완하고 뒷받침하는 것을 기본 방향으로 해야 할 것이다.

2. 구체적인 방안

이 연구에서는 생물학적인 연령에 의한 획일적 규제를 지양하고 소비자기본법상 기본가치를 지향하면서 고령금융소비자의 권익을 강화하기 위한 방안을 크게 세 가지로 구분하여 제시하고자 한다.

---

53) 소비자기본법은 2006년 전면 개정을 통해 소비자를 일방적인 보호의 대상으로 보던 기존의 가치와 정책에서 벗어나, 자주적 권리를 행사하는 주체라는 인식을 바탕으로 하고 있다. 소비자기본법의 목적이 "소비자의 기본권익 보호"에서 "소비자의 권익증진"으로 변경된 것은 소비자기본법이 전제로 하는 소비자상이 보호의 객체에서 자립의 주체로 바뀐 것을 의미하며, 소비자 주권론을 소비자 정책의 이론적 기반으로 하였다고 볼 수 있다; 서희석, "소비자기본법 30년과 소비자법의 구조 전환," 법조 제654호, 법조협회, 2011, 85면 이하 참고.

첫째는 고령금융소비자 권익 보장에 관한 법제의 개선이고, 둘째는 고령금융소비자의 금융역량을 강화하기 위한 체계적인 금융교육의 실시이며, 셋째는 고령금융소비자의 주체적 권익 실현을 보완해 줄 수 있는 조력인제도의 확립이다.

세 가지 방안 모두 구체적인 내용은 달리 하지만, 고령금융소비자 권익 실현의 실질적인 주체는 바로 고령금융소비자 자신이며 법과 제도는 이를 보장하기 위한 수단이라는 공통된 이념을 토대로 구현될 필요가 있다.

(1) 고령금융소비자에 관한 법제 개선

앞서 살펴본 것처럼 인간이 나이가 들어감에 따라 금융거래에 필요한 능력이 감퇴하는 것은 일반적인 현상이지만, 고령금융소비자라 하더라도 개인이 보유하고 있는 금융거래능력은 제각각이다. 그러므로 법률에 의해 고령금융소비자 보호를 위한 대상이나 내용 등을 획일적으로 규정하는 것은 바람직하지 않다.

대표적인 예로, 고령자를 보호하겠다는 이유를 들어 일정한 나이가 넘은 모든 고령자들이 고위험의 파생상품을 구입하지 못하게 하는 등 획일적으로 금융거래를 제한하는 방법은 금융소비자의 권익을 오히려 저해할 수 있다는 측면에서 바람직하지 못하다. 소비자가 사업자에 비해 상대적으로 취약한 지위에 놓여 거래를 위한 적절한 대응능력을 갖추지 못한 경우, 소비자의 거래참여를 제한할 것이 아니라 법과 제도를 통해 소비자가 자주적으로 권익을 실현할 수 있도록 보완하고 지원하는 것이 소비자정책의 역할이기 때문이다.

따라서 고령금융소비자 개개인의 주체성을 인정함과 동시에 이들의 권익 실현을 도모하기 위해서는 법령을 통해 세부적인 사항을 규정하기보다 기본적인 원칙과 방향을 제시하는 방안이 바람직하다. 현실적인 상황을 즉각적으로 반영하거나 유연하게 대처하기 어려운 특성을 가진 법령으로 고령금융소비자 보호에 관한 내용과 준

수사항들을 구체적으로 나열하고 금융회사와 고령금융소비자들이
따르도록 강제하면, 오히려 이에 대한 실질적인 준수가 형식화될 수
있기 때문이다.

예를 들면 금융회사가 86세의 고령금융소비자에게 사모 파생상
품 펀드를 권유·판매한 사건과 관련하여, 법원은 해당 사건의 소비
자가 86세의 고령이지만 문제가 된 금융상품을 구매할 당시 자신이
직접 펀드의 기초자산 구성을 제안하였던 점, 펀드가입 이후에도 증
권회사의 담당직원과 수시로 통화하면서 기초자산인 주식의 주가가
하락하여 손해가 났는지를 문의한 점 등 여러 가지 제반 사정에 비
추어 보아 고령의 노인으로서 사리분별력이 떨어지는 금융소비자라
고 보기 어렵기 때문에 금융회사의 설명의무 내지 고객 보호의무 위
반을 인정하기 어렵다고 판단하였다.[54] 해당 사례에서 고령금융소
비자는 86세라는 생물학적 연령을 기준으로만 보면 충분히 고령자
로서 추가적인 보호를 받아야 할 대상에 해당하지만 개인적인 능력
과 정황 등에 비추어 볼 때 일반적인 금융소비자와 동일한 수준으로
금융거래를 수행할 수 있다고 본 것이다. 그럼에도 불구하고 앞서
표준투자권유준칙에 규정되어 있던 80세 이상의 초고령투자자 보호
규정을 법률로 입법화하여 해당 사건에서와 같은 86세의 고령금융
소비자와 거래 시 일반 금융소비자보다 강화된 판매절차를 준수하
도록 강제하면 현실과 동떨어진 법률에 대한 준수는 형식적으로 이
루어질 수 있다.

이와 관련하여 법령을 통해 고령금융소비자의 권익 실현의 기
본 원칙과 방향을 제시하기 위해서는 고령금융소비자의 금융거래
안전과 권익 실현의 보장에 관한 내용을 국가의 책무이자 고령화시
책 강구 의무의 일환으로 규정하는 방안을 생각해 볼 수 있다. 즉,
국가의 고령금융소비자 권익실현에 관한 책무를 고령사회정책의 기

---

54) 서울중앙지방법원 2010.6.8. 선고 2009가합65688 판결.

본방향과 내용을 규정하고 있는 「저출산·고령사회기본법」에 명시할 필요가 있다. 동법은 고령사회정책의 일환으로 고용과 소득보장, 의료제공, 생활환경과 안전보장 등 다양한 분야에 대한 국가의 시책 강구 의무를 규정하고 있지만(동법 제11조~제15조의2), 고령자의 금융거래에 관한 안전과 권익보장에 대해서는 별도의 조항을 두고 있지 않기 때문이다.

물론 동법에서는 국민이 노후설계와 관련하여 재무에 대한 상담과 교육을 받을 수 있도록 국가의 시책 강구의무를 규정하고 있으나(제15조의2), 동 조항으로 고령금융소비자의 안전한 금융거래와 권익실현을 보장하기에는 한계가 있다. 금융분야 산업의 특수성을 고려할 때, 고령사회정책에 관한 기본법인 저출산·고령사회기본법에 국가가 고령자의 안전한 금융거래활동을 보장하기 위해 필요한 시책을 강구하도록 하는 별도의 근거 규정을 마련해야 할 필요가 있다.

이에 대한 구체적인 법률 개정 방안으로, 고령금융소비자의 금융거래에 관한 권익을 보장함으로써 노후자산을 안전하게 지킬 수 있도록 '제15조의3(금융거래와 노후자산의 안전보장)'이라는 규정을 신설하는 것이다. 그리고 동 조 제1항의 내용으로는 "국가 및 지방자치단체는 고령자가 금융시장의 소비자이자 금융거래의 주체로서 안전하게 금융거래에 참여할 수 있도록 제도적 기반을 조성하여야 한다"고 명시하고, 제2항에는 "국가 및 지방자치단체는 고령자가 합리적인 의사결정을 통해 금융거래활동을 영위함으로써 노후자산을 안전하게 관리 및 운영할 수 있도록 필요한 조치를 강구하여야 한다"고 규정하는 방법을 생각해 볼 수 있다.

(2) 고령금융소비자의 역량 향상을 위한 금융교육의 강화

금융교육은 금융소비자로 하여금 자산, 은행업무, 투자, 신용, 보험, 세무 등에 관하여 인식하고(knowledgeable), 교육받고(educated), 정보를 습득하게(informed)하는 과정으로, 금융소비자는 금융교육을 통해 증진된 금융지식과 이해도를 바탕으로 하여 보다 책임감 있고 합리적인 의사결정을 할 수 있게 된다.[55] 따라서 금융교육은 고령금융소비자를 포함한 모든 금융소비자의 금융역량(financial capability)을 증진시킴으로써, 궁극적으로 금융소비자 스스로가 권익 실현의 주체로서 역할을 수행할 수 있는 밑거름을 제공한다.

하지만 현재 우리나라 금융교육은 대부분 어린이, 청소년 등 미래세대를 대상으로 하거나 노후자금의 적립을 중심으로 한 미래설계에 집중되어 있으며, 당장 금융거래활동에 참여하려 하거나 참여하고 있는 고령층에 대한 금융교육은 상대적으로 소홀하다. 대표적인 예로, 금융감독원에서 2015년에 전 연령층을 대상으로 실시한 금융이해력 조사 결과는 고령층이 금융교육에 대한 학습 효과가 큰데도 불구하고 이들에 대한 금융교육이 미흡하게 이루어지고 있음을 잘 보여 주고 있다. 이에 따르면, 금융교육을 받은 성인의 금융이해력이 상대적으로 양호하고 특히 금융교육의 학습 효과는 전 연령대 중에서 65~79세의 고령자가 가장 높은 것으로 나타났지만, 실제 금융이해력을 측정해 본 결과는 65세 이상의 고령자가 가장 낮게 나타났다.[56]

최근 금융감독원을 중심으로 2013년부터 대한노인회 및 지역별 노인연합회와 업무협약을 체결하는 등,[57] 금융지식을 습득할 기회가 부족한 고령자들을 위한 금융교육에 힘쓰고 있지만 아직은 이들의 교육수요를 충당하기에는 부족한 수준이다. 또한 2015년에는 고령사회를 대비한 전문적인 금융교육 강화를 위해 노후행복설계센터가 구축되었으나, 기존에 금융투자교육을 실시해 왔던 전국투자

---

55) 이순호, "금융소비자 교육의 현황과 과제," 금융브리프 제21권 제29호, 금융연구원, 2012.
56) 금융감독원, 금융이해력 조사 결과 분석 및 시사점, 보도자료, 2015.1.30.
57) 금융감독원, 대한노인회와 금융교육 MOU 체결, 보도자료, 2013.7.9, 금융감독원, 금감원 충주지원, 고령층 대상 현장방문 금융교육 및 상담 실시, 금감원 새소식, 2016.6.8.

자교육협의회가 동 센터의 일원으로서 교육에 관한 업무를 전담하고 있는 상황이어서 동 센터의 출범 이후에도 고령금융소비자를 위한 교육이 크게 개선된 점을 찾아보기 어렵다.[58]

즉, 현재 금융감독원이나 노후행복설계센터를 중심으로 이루어지고 있는 고령금융소비자 교육은 내용과 범위 등에 있어 다음과 같은 한계가 있다. 첫째, 대부분의 금융교육이 단체를 대상으로 하여 산발적이고 이벤트성으로 이루어지고 있기 때문에 다수의 고령자가 금융교육을 접할 기회가 거의 없거나 이용하기 어려운 형편이다. 둘째, 금융교육 대부분이 지식 전달 위주로 이루어지고 있기 때문에 시간이 지남에 따라 그 효과가 감소하므로 지속적인 보완과 관리가 필요함에도 불구하고, 고령자를 위한 체계적인 금융교육 프로그램이니 시스템이 별도로 마련되어 있지 않다. 셋째, 금융교육의 내용은 대상자의 연령과 인생 주기별로 차이가 있음에도 불구하고 고령자들을 위한 전문적인 교재와 전문 강사가 별도로 준비되거나 양성되지 못하고 있다. 이 같은 한계점들은 여러 가지 복합적인 원인으로 인해 나타나는 것이겠지만, 특히 고령금융소비자를 위한 교육이 수요자 필요가 아닌 교육을 실시하는 기관의 이행과 성과 중심, 홍보 목적의 접근 방식으로 이루어지기 때문이라 생각된다.

따라서 지금보다 더 넓은 범위의 고령자를 대상으로 하여 보다 체계적인 내용과 방법으로 금융교육이 이루어질 수 있도록 이를 전문적으로 관리, 수행하고 관련 인력과 교재 등을 개발하는 전담교육기구가 필요하다. 현재 우리나라에는 어린이와 청소년들을 대상으로 전문적인 금융교육을 하는 청소년금융교육협의회가 있는데,[59]

---

58) 전국투자자교육협의회는 고령자뿐만 아니라 금융투자분야를 중심으로 소비자를 위한 체계적이고 효율적인 교육 및 관련 프로그램을 제공하는 비영리 단체이다. 동 협의회의 소개 등 자세한 사항은 홈페이지(https://www.kcie.or.kr/home/main/index.jsp) 참고.

59) 청소년금융교육협의회는 어린이, 청소년들을 대상으로 금융, 경제 등에 대한 체계적이고 효율적인 금융교육을 지속적으로 실시하기 위해 2002년에 설

고령금융소비자를 위해서도 이 같은 교육 전담기구를 설립하여 이들의 특성을 반영한 금융교육 콘텐츠와 인프라를 설계하고 전문 강사 및 교구를 연구하는 등, 고령자 금융교육을 종합적이고 체계적으로 관리할 수 있는 역할을 부여해야 할 것이다.

한편 고령금융소비자에 대한 교육은 하드웨어적인 측면뿐만 아니라, 소프트웨어적인 측면에서도 개선이 필요하다. 대표적으로 최근 IT 기술의 발달은 금융환경에도 급격한 변화를 가져오고 있는데, 고령금융소비자를 위한 교육에도 이 같은 사회 변화를 반영할 수 있어야 한다. 금융교육의 역할은 단순히 고령자의 피해를 예방하거나 노후대비 재무설계에 대한 지식이나 방법을 제공하는 데 그치는 것이 아니라, 교육을 통해 고령자가 스스로의 금융역량을 강화하고 소비자로서 권익 실현을 도모할 수 있도록 하는 데 목적을 두어야 한다.

따라서 현재 금융사기 예방이나 저축, 투자, 신용관리, 노후준비 등을 중심으로 이루어지고 있는 금융교육의 내용을 확대하여 온라인뱅킹, 금융거래를 위한 IT기기 활용법 등 전자금융 서비스 이용을 위한 고령금융소비자 교육을 추가로 실시해야 한다. 그리고 향후에는 고령소비자 금융교육 전담기구가 중심이 되어, 고령금융소비자가 날로 변화하는 금융환경에 적응할 수 있도록 금융교육의 내용을 지속적으로 개선하는 노력이 필요할 것이다.

(3) 고령금융소비자의 권익 실현 보완을 위한 전문조력인제도의 도입

고령금융소비자를 위한 전문조력인은 자산관리, 재무설계, 금융자문서비스 제공 등 다양한 형태와 방법으로 그들의 금융의사결정을 지원하고 경제적인 안정을 강화하는 역할을 수행한다. 예를 들면, 고령금융소비자는 금융거래를 하는 과정에서 조력인의 도움을

립된 비영리 사단법인이다. 동 협의회에 대한 자세한 내용은 홈페이지 (http://www.fq.or.kr/) 참고.

통해 단기적으로는 탐색하기 어려운 금융상품에 대한 정보를 보다 용이하게 획득함으로써 투자결정에 관한 도움을 얻을 수 있고(금융 자문), 장기적으로는 재무목표와 자산관리 계획을 재설정함으로써 수입과 지출의 균형을 맞출 수 있다(재무설계).

금융환경이 점점 복잡해지고 금융상품도 다양해짐에 따라 고령 금융소비자는 교육을 통해 금융지식을 보유하더라도 실제로 투자를 하거나 스스로 자산을 관리하는 것이 어려워지고 있다. 금융지식이 있더라도 넘쳐나는 금융시장에 대한 정보를 획득하여 이를 금융의 사결정에 실제로 반영하기는 어렵기 때문이다. 이 때문에 West (2012)는 금융교육이 일정한 정보 전달을 위해 필요하지만 충분하지는 않으며, 소비자의 금융 안정성을 위해서는 행동적 개입이 있어야 하기 때문에 유료 재무설계사나 상담 재능기부, 지역기관의 재무코치 등의 방식으로 수행되는 금융자문이 필요하다고 하였다. 즉 자산 관리인 등의 조력을 통해 금융교육과 규제의 한계를 보완할 수 있다는 것이다.[60] Klontz(2008)도 소비자마다 심리적 · 경제적 상황이 달라서 금융지식이 높다고 하더라도 언제나 합리적인 의사결정을 하는 것은 아니라고 하였다.[61]

그러므로 고령금융소비자의 실질적인 권익 실현을 위해서는, 금융교육을 통해 일정한 지식과 정보를 보유한 고령금융소비자가 이를 바탕으로 합리적인 금융의사결정을 할 수 있도록 상담이나 자문 등의 도움을 제공하는 조력인이 필요하며 이를 제도적으로 보장해 줄 수 있어야 할 것이다. 조력인은 다양한 형태로 고령금융소비자가 금융거래결정을 하는 시점에서 필요로 하는 실질적인 도움을

---

60) West, J., Financial Literacy Education and Behaviour Unhinged: Combating Bias and Poor Product Design, International Journal of Consumer Studies, 36(5), 2012, pp.523-530.

61) Klontz, B., R. Kahler and T. Klontz, Facilitating Financial Health: Tools for Financial Planners, Coaches, and Therapists. Cincinnati: National Underwriter Company, 2008.

제공함으로써, 단기간에 지식전달을 중심으로 이루어지고 고령금융
소비자 개개인의 상황을 반영하지 못하는 등의 금융교육의 한계를
보완할 수 있기 때문이다. 그리고 이 같은 고령금융소비자의 조력인
활용을 민간에 전적으로 맡길 경우에는 일부 부유한 계층에 한정되
거나 서비스에 대한 신뢰성을 보장받기 어려울 수 있으므로, 국가에
서 고령금융소비자의 조력인 활용을 제도적으로 보장해 주어야 할
필요가 있다.

　　이와 관련하여 우리나라는 이미 「고령친화산업 진흥법」에서
'노인을 위한 금융·자산관리 서비스'를 고령친화산업의 하나로 규
정하고(동법 제2조), 국가에 대해 이 같은 산업을 활성화하고 발전시
키기 위한 기반을 조성하고 경쟁력 강화에 필요한 시책을 수립 및
시행하도록 명시적으로 규정하고 있다(동법 제3조).[62] 즉, 이미 법령
을 통해서는 고령친화산업의 발전뿐만 아니라, 고령자의 삶의 질 향
상을 위해서 금융 및 자산에 관한 관리 서비스가 필요하다는 점과
이를 위해 국가의 제도적·정책적 지원이 필요하다는 점을 인식하
고 관련 규정을 마련하고 있다.

　　그러나 아직까지 우리나라에서 고령자의 금융거래 자문이나 조
력, 자산관리 서비스에 관한 활성화는 민간 차원을 중심으로 이루어

---

62) 우리나라는 인구 고령화에 대비하여 노인의 삶의 질 향상과 국민경제의 건
　　전한 발전에 이바지함을 목적으로 2006년에 고령친화산업 진흥법을 제정하
　　고 2007년부터 시행하고 있다. 노인을 주요 수요자로 하는 제품 또는 서비스
　　로서 노인요양 서비스, 노인을 위한 금융·자산관리 서비스, 노인을 위한 정
　　보기기 및 서비스, 노인을 위한 여가·관광·문화 또는 건강지원서비스 등을
　　고령친화제품으로 정의하고 이를 연구·개발·제조·건축·제공·유통 또
　　는 판매하는 업을 고령친화산업이라 규정하고 있다(동법 제2조). 동법에서는
　　국가 및 지방자치단체의 시책 수립·시행의무(동법 제3조) 이외에, 고령친화
　　제품 등을 관장하는 중앙행정기관으로서 기획재정부·과학기술정보통신
　　부·문화체육관광부·농림축산식품부·산업통상자원부·보건복지부·고
　　용노동부·국토교통부 그 밖에 대통령령으로 정하는 중앙행정기관이라고 명
　　시하고 있는데 노인을 위한 금융·자산관리 서비스 산업의 발전과 관련하여
　　금융위원회는 규정하고 있지 않다(동법 제2조 제4호 참고).

지고 있는 상황이다. 그런데 이 같은 고령친화산업이 전적으로 민간의 자율에만 맡겨지게 되면 가격별로 제품이나 서비스의 계층화 현상이 일어날 수 있으며, 정보획득 채널이 제한되어 있고 의사결정 과정에 취약한 고령자층은 저급한 제품이나 서비스의 위험에 노출될 가능성이 있다. 즉, 고령친화산업의 활성화뿐만 아니라 이를 이용하는 고령금융소비자의 권익 보호 차원에서 일정 부분 국가의 지원과 개입이 필요하다.

이 같은 배경을 바탕으로 우리나라에서는 금융위원회가 주축이 되어 2015년에 노후행복설계센터와 노후설계상담제도를 출범시켰다. 고령자의 금융 및 자산관리, 노후설계에 관한 산업의 발전과 함께 이를 이용하는 고령금융소비자의 권익 향상을 도모하기 위한 국가적 차원의 노력의 대표적인 예가 될 수 있다. 동 제도들은 일부 부유한 계층에 한정된 재무관리 등 금융상담 서비스를 보다 폭넓은 계층의 국민들이 이용할 수 있도록 하는 데 가장 큰 목적을 두고 있기 때문이다. 특히 그 이전까지는 민간 금융회사의 재무 상담을 받기 어려웠던 저소득자나 노인 등 취약계층을 중심으로, 이들이 한층 쉽게 체계적인 재무관리를 받고 노후의 경제적인 안정을 도모할 수 있도록 하는 데 목적이 있다.

다만, 아직까지 이 제도들은 초기의 시행 목적을 달성하는 데는 운영 등에 있어 미흡한 모습을 많이 보이고 있어 고령금융소비자의 권익 향상을 도모하기에는 부족하다. 예를 들면 노후행복설계센터의 경우 노후재무설계상담사(AFPA) 등이 배치되어 있다고는 하나, 실제 전국 50여 개로 흩어진 지점에는 금융감독원이나 신용회복위원회 이외에는 한정된 범위의 민간 금융회사도 포함되어 있어 상담의 신뢰성이나 중립성이 보장되는지 여부가 불명확하다. 상담의 내용이 이를 운영하는 금융회사의 영업과 연계될 우려가 있기 때문이다. 또한 금융감독원에서 운영하는 상담센터는 국제공인재무설계사(CFP) 등 자격을 갖춘 금융전문상담원이 상담을 실시하고 있다고 하지만, 올해 상반기 중 단 2명의 상담사가 7천 명 이상을 상담했다고 하니 실제 상담의 질적 수준이 보장될 수 있을지도 의문스럽다.[63] 뿐만 아니라, 노후재무설계상담사(AFPA)는 일정 시간의 교육과 시험만 거치면 부여받을 수 있는 민간자격이기 때문에 고령금융소비자를 위한 전문조력인으로서 전문성을 확보할 수 있는지가 우려된다.

우리보다 먼저 고령 사회에 진입한 미국에서는 이미 수많은 고령자 전문 금융자문업자 또는 상담사들이 활동하고 있는데,[64] 이들은 고령금융소비자 전문임을 나타내기 위한 명칭을 사용함으로써 자신의 업무 범위와 전문성을 보다 명확히 나타내고 있지만, 한편으로 충분한 자격을 갖추지 못하거나 명칭과는 전혀 다른 업무를 수행함으로써 소비자들을 혼동시키거나 피해를 입히고 있다. 예를 들면, 금융상품 판매자임에도 불구하고 소비자를 현혹하기 위해 상담사(advisor)라는 명칭을 사용하거나, 몇 시간의 교육 세미나 또는 가정통신학습과정만 이수하면 취득할 수 있는 민간자격으로 전문가(specialist)라는 단어를 사용하는 경우이다.

이와 관련하여 미국은 금융감독당국이 수많은 금융자격제도를 일일이 관리할 수 없기 때문에 금융자격제도의 개발과 교육, 관리 등은 민간에 맡기고 있지만, 잘못된 명칭이나 자격제도의 사용으로 소비자 피해가 발생하지 않도록 민간 자격제도 관리기관들의 운영 실태 등을 규제·감독하고 있다. 또한 소비자들도 자신이 이용하고자 하는 상담사 등이 믿을 만한 자격을 소지하고 있는지 알 수 있도록, FINRA(Financial Industry Regulatory Authority)와 SEC에서는 해당 자

---

63) 금융감독원, 금융감독원에서 부채관리－노후준비 등을 위한 무료 맞춤형 「금융자문서비스」 받으세요, 보도자료, 2016.8.2. 참고.

64) 미국은 1942년에 고령화 사회(65세 이상 고령인구 7% 이상), 2015년에 고령사회(고령인구 14% 이상)에 진입했다. 미국의 고령자들을 위한 전문 금융자문업자 또는 상담인으로는 Chartered Senior Financial Planner(CSFP), Certified Senior Advisor(CSA), Chartered Advisor for Senior Living(CASL) 등이 있다.

격에 대한 정보를 검색할 수 있는 섹션을 홈페이지에서 별도로 운영하고 있다.[65] 다시 말하면, 대부분의 미국 금융전문자격제도는 민간 차원에서 자율적으로 엄격한 자격취득기준과 요건을 통해 전문성과 명성 등을 관리하고 규제당국이 감독함으로써 자신들의 수익성 향상도 도모할 뿐만 아니라 소비자의 신뢰와 이용을 촉진시키고 있다.

우리나라도 고령금융소비자를 위한 전문조력인제도가 필요한 상황에서 정부 차원에서 제도적 시스템으로 관리 · 운영하는 것도 하나의 방법이 될 수 있겠지만, 금융 분야의 전문성과 현실적인 관리 역량 등을 고려할 때 미국과 같이 민간의 자율적인 참여와 협력을 적극 유도함으로써 종국적으로 민관협력을 통한 고령금융소비자 전문조력인제도의 활성화 방안을 모색해야 할 것이다.

또한 현재 노후행복설계센터의 상담서비스는 전 국민이 이용할 수 있는데, 미국과 일본에서는 각각 FINRA의 일본 지역 소비자상담센터에서 공공적인 성격을 가지는 고령자 전문상담서비스를 별도로 운영하고 있다.[66] 이 같은 고령소비자를 전담하는 방식은 업무의 전문성 향상뿐만 아니라 이를 이용하고자 하는 고령소비자들에게도 신뢰성이나 접근성 등의 향상을 기대할 수 있다는 점에서, 우리나라도 향후에는 노후행복설계센터의 업무 분야를 보다 세분화하는 방법 등을 통해 고령금융소비자 전담서비스를 운영하는 방안을 검토해 보아야 할 것이다.

---

65) FINRA Professional Designations 〈http://www.finra.org/investors/professional-designations〉, SEC Investment Adviser Public Disclosure, 〈https://adviserinfo.sec.gov/IAPD/Default.aspx〉.

66) 미국 FINRA는 고령소비자를 위한 특별 무료상담서비스(Securities Helpline for Seniors: HELPS)제도를 2015년 4월부터 운영하고 있는데, 별도의 이용자 연령 제한은 두고 있지 않다. 이는 고령자들의 자녀들이 상담 등을 하는 경우도 있기 때문이다. 일본은 나고야시 소비생활센터에서 2012년부터 60세 이상의 고령자를 위한 '금융상품 등 특별 상담창구'를 운영하며, 2015년에 '금융상품 및 고령자 악질상법 110번'이라는 전화상담서비스도 추가 개설하였다.

V. 결 론

의학과 식생활의 개선으로 백세 시대가 열렸다고 할 만큼 고령
자의 기대 수명이 늘어나고 있지만, 우리나라는 길어진 노후의 안정
적인 경제생활을 보장하기 위한 대응책 마련이 부족한 상황이다. 다
가오는 고령사회에 대두될 수 있는 사회문제는 다양하지만 특히 고
령자들의 경제적 빈곤은 개인뿐만 아니라 국가적 차원에서도 해결
해야 할 과제이다. 이 때문에 정부는 노후 대비를 위한 연금제도를
개편하고 고령자들이 부족한 생활자금을 충당할 수 있도록 고령친
화금융상품을 도입하는 등 다양한 노력을 하고 있지만, 정작 연금이
나 금융상품거래를 통해 노후자산을 관리·운영하는 고령자들의 권
익을 보장하는 데는 소홀하다.

그런데 고령화와 함께 최근 사회적 문제로 대두되고 있는 고령
자 빈곤과 노후 파산은 노후대비를 제대로 하지 못한 것이 주된 발
생 원인이지만, 노후준비를 한 고령자도 예기치 않게 길어진 기대
수명에 맞춰 자산을 관리·운영하지 못하거나 잘못된 금융거래로
인해 한순간에 노후 파산과 빈곤에 직면할 수 있다는 점을 주목할
필요가 있다. 즉, 고령자가 경제적으로 안정된 삶을 영위하기 위해
서는 젊은 시절의 노후 준비도 필요하지만 노년기에 준비된 자산을
안정적으로 잘 관리하는 것도 중요하다.

이처럼 인간이 일생동안 경제적으로 안정된 삶을 영위하기 위
해서는 인생의 각 단계에서 직면할 수 있는 경제적 문제에 대비하여
미리 계획을 세우고, 각 시기별로 적절한 의사결정을 통해 금융문제
를 해결할 수 있어야 한다. 따라서 대부분의 고령자들은 금융거래에
필요한 능력이 감퇴하고 근로소득을 위한 경제활동에서 은퇴를 하
더라도, 금융거래활동에서는 은퇴를 할 수 없다. 뿐만 아니라 최근
자본주의의 고도화와 경제 성장으로 개인주의가 보편화되고 공동체

의식이 약화되면서 노후의 경제생활도 개인 스스로 책임져야 한다는 인식이 확대되면서,[67] 고령자 스스로 가계소득 관리와 운영의 주체가 되고 이와 관련하여 금융거래에 참여하는 비중이 높아지고 있다.

다만 이 같은 사회적인 변화뿐만 아니라 고령자 개인적으로도 과거에 비해 교육 수준이나 건강 상태 등이 많이 향상된 모습을 보이고 있으나, 연령 상승으로 인해 인지능력, 이해력 등 고령자의 신체적 · 정신적 능력이 저하되어 금융거래에 있어 취약성을 가지게 되는 것은 부인할 수 없다. 따라서 지금까지 금융 분야의 소비자 보호를 위한 제도와 정책들이 일반적인 금융소비자에게 초점을 맞춰왔다면, 더 늦기 전에 지금부터라도 고령금융소비자들의 특성을 고려한 보호 장치를 보완할 필요가 있다. 종래의 전통적인 금융소비자 보호 장치들은 이들보다 더 취약한 지위에 놓일 수 있는 고령금융소비자의 권익을 보장하는 데는 한계가 있기 때문이다.

이 연구에서는 고령금융소비자가 보호와 돌봄의 대상이 아닌 금융시장의 거래당사자이자 소비 주체로서 권익을 보장받아야 한다는 인식을 전제로, 고령금융소비자를 위한 금융교육과 금융조력인 제도의 중요성과 제도적 발전 방안을 제언하였다. 고령자의 경제적 안정과 금융거래에 있어서의 권익 향상에 대한 문제는 고령사회의 사회적 · 경제적 상황을 복합적으로 고려하여 지속적으로 연구되어야 할 과제라고 생각되며, 차후의 연구에서는 보다 실질적이고 구체적인 제도와 정책 개선의 방안을 제안하고자 한다.

---

67) 통계청 조사에 따르면 생활비를 자녀에게 생활비나 부양을 받지 않고 스스로 해결하는 부모의 비중이 2014년에는 50.2%였으나 2016년에는 52.6%를 차지했으며, 부모의 노후 생계에 대한 의견도 가족이 돌보아야 한다는 생각은 2008년 40.7%에서 2016년 30.8%로 지속적으로 감소하고 스스로 노후 자금을 해결해야 한다는 생각도 2008년 11.9%에서 매년 증가하여 2016년에는 18.6%로 나타났다; 통계청, 2016년 사회조사 결과(가족 · 교육 · 보건 · 안전 · 환경), 2016, 60면 참고.

참고문헌

[국내문헌]

금융감독원, 대한노인회와 금융교육 MOU 체결, 보도자료, 2013.7.9.

_____, 금융이해력 조사 결과 분석 및 시사점, 보도자료, 2015.1.30.

_____, "묻지도 따지지도 않는다"는 고연령자 보험가입시 유의사항, 보
도자료, 2015.2.2.

_____, 금감원 충주지원, 고령층 대상 현장방문 금융교육 및 상담 실
시, 금감원 새소식, 2016.6.8.

_____, 금융감독원에서 부채관리-노후준비 등을 위한 무료 맞춤형「금
융자문서비스」받으세요, 보도자료, 2016.8.2.

_____ · 금융투자협회, 금융투자상품 판매 관련 고령투자자 보호방안,
보도자료, 2015.11.23.

금융위원회, '100세 시대를 대비한 금융의 역할 강화 방안', 보도자료, 2013.
12.12.

_____, 금융소비자보호 기본법(안) 입법예고, 공고 제2016-197호, 2016.
6.28.

_____, 금융투자의 자기책임 원칙 확립 방안, 브리핑 자료, 2016.7.5.

금융투자협회, 2014 주요국 가계 금융자산 비교, 2015.

김민정 · 김은미, "금융사기 유형과 피해 유경험자의 특성- 중고령 소비자를
중심으로," 소비자문제연구 제45권 제2호, 한국소비자원, 2014.

김현정 · 이경미, "고령자층을 위한 금융자동화기기(ATM)의 사용성 연구
Ⅰ," 디자인학연구 제21권 제1호, 한국디자인학회, 2008.

박미정, "노인의 인지기능과 균형능력 및 삶의 질," 기초간호자연과학회지
제13권 제2호, 2011.

박성준, "가계의 자산포트폴리오 부동산에서 금융 · 안전자산으로," LG경제
연구원, 2016.

서보익, 2013 연간전망: 증권 2020~2030년 증권업 대전망, 유진투자증권,

2013.

서희석, "소비자기본법 30년과 소비자법의 구조 전환," 법조 제654호, 법조
　　협회, 2011.

안수현, "(가칭)자본시장통합법과 소비자보호법의 접점－금융소비자의 보
　　호," 증권법연구 제7권 제2호, 증권법학회, 2006.

여윤경, "장수리스크 감소를 위한 은퇴자산의 인출전략에 관한 연구," 산업
　　경제연구 제27권 제1호, 한국산업경제학회, 2014.

이순호, "금융소비자 교육의 현황과 과제," 금융브리프 제21권 제29호, 금융
　　연구원, 2012.

전국은행연합회 · 생명보험협회 · 손해보험협회 · 금융투자협회 · 여신금융
　　협회 · 저축은행중앙회, 금융소비자보호 모범규준 운용 가이드라인, 2014.

최성락 · 이혜영 · 서재호, "한국의 자율규제의 특성에 관한 연구: 자율규제 유
　　형화를 중심으로," 공공관리학보 제21권 제4호, 한국공공관리학회, 2007.

통계청, 2015년 가계금융 · 복지조사, 2015.

＿＿＿, 2015 고령자통계, 2016.

＿＿＿, 2016년 사회조사 결과(가족 · 교육 · 보건 · 안전 · 환경), 2016.

한국거래소, 2016년 상반기 증권 · 선물업계의 민원 · 분쟁 신청 현황, 2016.

한국금융투자자보호재단, 은행들, 고령자에 적합한 디지털 서비스를 제공하
　　기 위해 노력, 동향조사 105, 2014.

한국소비자원, 고령자 관련 소비자 피해구제 현황 및 주의사항, 한국소비자
　　원 피해예방주의보, 2011.11.10.

한국은행, 2015년 지급수단 이용행태 조사결과 및 시사점, 2016.

[해외문헌]

Financial Industry Regulatory Authority, SEC National Senior Investor
　　Initiative-A Coordinated Series of Examinations, 2015.

FSA, Final notice, FSA Reference Number. 114216, 2. December. 2011.

Klontz, B., R. Kahler and T. Klontz, Facilitating Financial Health: Tools for Financial Planners, Coaches, and Therapists. Cincinnati: National Underwriter Company, 2008.

Neugarten, B., Age Groups in American Society and the Rise of the Young-Old, 1974.

OECD, Maintaining prosperity in an ageing society, 1998.

Singapore, National Statistical Standards, 2015.

State Street Global Advisors, The Impact of Aging on Financial Decisions, 2016.

West, J., Financial Literacy Education and Behaviour Unhinged: Combating Bias and Poor Product Design, International Journal of Consumer Studies, 36(5), 2012.

[웹사이트]

금융감독원, 〈www.fss.or.kr〉.

금융위원회, 〈www.fsc.go.kr〉.

금융투자협회, 〈www.kofia.or.kr〉.

저출산고령사회위원회, 〈http://precap.go.kr〉.

청소년금융교육협의회, 〈www.fq.or.kr〉.

통계청, 〈http://kosis.kr〉.

Japan Securities Dealers Association, 〈http://www.jsda.or.jp〉.

National Council on the Aging, 〈https://www.ncoa.org〉.

National Endowment for Financial Education, 〈http://www.nefe.org〉.

Securities and Exchange Commission 〈http://www.sec.gov〉.

고령소비자피해예방 및 구제에 관한
민사법의 내용과 한계

서종희*

Ⅰ. 들어가는 말

아시아는 세계에서 가장 빠른 고령화 지역이며,[1] 특히 우리나라는 이미 2000년에 노령인구의 비율이 전체인구의 7.2%를 차지하며 고령화 사회에 접어들었고, 2020년에는 노인인구가 전체 인구의 15.7%로 고령사회에, 2030년에는 23.4%로 초고령 사회에 진입할 것이라고 전망되고 있어, 사회가 매우 빠른 속도로 고령화되고 있

---

* 건국대학교 법학전문대학원 부교수, 법학박사.

1) 아시아는 세계에서 가장 빠른 고령화 지역이라고 할 수 있다. 2000년에서 2050년 사이에 아시아의 노인 인구는 1950년부터 2000년 사이의 기간보다 5배가 증가할 것으로 예측된다. Claudis Martin/Diego Rodriquez-Pinson/ Bethany Brown, Human Rights of Older People: Universal and Regional Legal Perspectives, Springer, 2015, p.331.

다.[2] 또한 2015년을 기준으로 가구주(家口主) 연령이 65세 이상인
가구가 전체가구의 20.6%를 차지하였으며, 2035년에는 40.5%까지
증가할 전망이다.[3] 니체의 「최후의 인간과 초인」에 보면, 신의 죽음
이후 인간이 건강을 새로운 여신으로 선포한 것처럼 현대사회의 인
간에게 있어 건강은 중요한 숭배의 대상이다.[4] 그러나 실질적으로
현대사회의 노인(고령자)은 건강하지 않은 상태로 장기간 생존할 뿐,
법의 보호 바깥에 놓인 자에 불과할 수도 있으며 누구보다 외롭고
고독한 존재라고 할 수 있다. 이러한 모습은 우리에게 Swift의 걸리
버 여행기에 등장하는 스트룰드부르그(Struldbrug)[5]와 조르조 아겜

---

2) 통계청(2011), 장래인구추계 참조. 고령화사회(Aging Society)는 전체 인구
대비 고령인구의 비율이 증가하는 중인 사회를 말한다. 인구학에서는 일반적
으로 65세 이상 인구로 노령인구의 비율을 산출하는데, 노령인구의 비율이
전체 인구의 7% 이상이면 고령화(aging) 사회, 14% 이상이면 고령(aged) 사
회, 20% 이상이면 초고령(super-aged) 사회로 규정한다. 우리나라의 인구는
2000년에 이미 65세 이상 노인 인구가 전체 인구에서 차지하는 비중이 7%를
넘어서 '고령화 사회'(Aging Society)로 진입하였다. 2018년에는 65세 이상의
인구가 전체 인구에서 차지하는 비중이 14% 이상 20% 미만인 '고령 사회'
(Aged Society), 2026년에는 노인 인구가 20%를 넘어서는 '초고령사회'
(Post-aged society)로 진입할 전망이라고 한다. 박시내/심규호, "베이비붐
세대의 현황 및 은퇴효과 분석,"『2010년 상반기 연구보고서』제1권(2010,
상반기), 167면.
3) 통계청 2015 고령자통계, 보도자료 31면.
4) "[…] 사람들은 건강을 숭배한다. '우리는 건강을 발명했다.' 최후의 인간들은
이렇게 말하고 눈을 깜빡거린다." Friedrich Nietzsche, Also sprach
Zaratbustra, Kritische Gesamtausgabe, Abt.6, Bd.1, 1989, S. 14. 고령자의
호르몬의 변화가 그들에게 안전과 건강 등에 대한 욕망을 증진시킨다는 현대
적 분석에 대해서는 Yankova/Hören, Besondere Schutzbediirl'tigkeit von
Senioren nach dem WRP 2011, S. 1238.
5) 작가 Swift는 걸리버가 Laputa라는 여행지에서 만나는 'Struldbrug'를 통해
인간에게 있어서 가장 큰 공포인 늙음과 죽음으로부터 벗어나는 것에 대해
의문을 제기하고 유한한 생명을 너머 불사의 존재가 되고자 하는 인간적인
열망을 다룬다. 영원히 살수 있다는 Struldbrug의 이야기를 들은 걸리버는
흥분하여 불사의 존재들이 행복할 것이라고 생각한다. 그러나 이들은 축적된
인간의 지혜를 가지고 있으며 초월적인 세계관을 가지고는 있지만 사회에서
부러움이나 존경의 대상과는 거리가 멀다. 즉 오히려 Laputa 사회에서

벤이 주장하는 로마시대의 호모 사케르(Homo Sacer)를 떠올리게 한
다.[6] 즉 일반적으로 고령자는 연령 또는 생애주기상 노년기에 접어
들면서 경제적 빈곤, 심신의 병고, 인간관계의 단절에서 오는 고독
감 등의 어려움을 겪게 된다. 고령자의 이러한 특성은 소비행동에도
반영되어, 고령소비자[7]는 권리에 대한 자각과 상품 및 서비스 정보
에 대한 이해가 부족한 상태에서 거래행위를 할 여지가 다분하다.
일반적으로 평균인은 충동적이고 비합리적이다.[8] 즉 평균적 인간은

Struldbrug는 멸시의 대상이 될 뿐이다. 그들은 죽지는 않지만 계속 늙어가
는 존재이며, 이로 인하여 치매 및 만성질환의 병을 가진 존재로서 사회적인
부담으로서 이해된다. 더 나아가 이들은 자의적이 아닌 타의에 의해 일정 나
이가 되면(80세), 죽은 것으로 간주되어 80세 이후에는 어떠한 법적 거래(신
용거래, 토지매입, 임대차 등)를 할 수도 없으며 법의 보호대상에서 제외된다
(the status of an accursed outsider). 또한 이들이 부부인 경우에는 부부 모
두가 80세 이상에 되는 시점에 혼인이 종료되게 된다. 요컨대 이 불사의 존재
들은 스스로 행복하지도 않고, 사회에 유익하지도 않다. 그들은 인간적인 공
포와 질병에서 해방된 존재가 아니며, 아무리 오래 살아도 자유로운 정신을
소유하지는 못하고 오히려 사회에 짐이 될 뿐이다. Tuveson, Earnest(ed.),
Swift: A Collection of Critical Essays, Englewood Cliffs, N.J., Prentice-Hall,
1964, p.21 ff.

6) 즉 현대사회를 건강하지 못한 모습과 외롭게 살아가는 노인은 조르조 아겜
벤이 말하는 호모 사케르를 연상시킨다. 살아 있지만 죽은 자로 간주되어 법
과 제도에 의해 인격권 등이 보장되지 못하는 존재, 노인은 이러한 존재('현
대판 좀비(Zombie)')라 할 수 있다. Struldbrug에 대한 부정적인 묘사를 통해
서 Swift는 영생을 꿈꾸는 인간적인 열망조차도 자신의 한계를 망각한 오만
이라고 공격한다. 이들에 대한 Swift의 묘사는 너무나도 음울하고 부정적이
며, 걸리버의 소박한 기대가 좌절되는 과정에서 발견되는 정서는 매우 염세
적이라 할 수 있다(the grotesque ironies of education of Sade's Juliette or
the ingenue mademoiselle in Sade's Philosophy of the Boudoi). Edward
Colless, Black Economy, Prova: Humanities Research Forum Journal,
Royal College of Art, 2013, p.65.

7) 소비자 개념은 소비자기본법 제2조 제1호 참조.

8) Thomas Ulen, "Rational Choice and Economic Analysis of Law," Law and
Social Inquiry (spring 1994); Landes and Posner, The Economic Structure
of Tort Law (Cambridge: Harvard university press, 1987); W. Kip Viscusi,
Reforming product liability (Cambridge: Harvard university press, 1991);

짐작으로 상황을 판단하는 경향(대표성 휴리스틱, representative- ness heuristic)이 있다.[9] 특히 고령소비자는 건강과 죽음에 대한 두려움으로 인하여 그와 관련된 소비에 집중하게 되며, 이로 인하여 합리적인 선택에서 멀어질 수 있다. 실제로 악덕상술에 의한 고령소비자의 피해사례 중에 가장 빈번한 것이 건강(건강보조식품, 의료서비스 등)과 죽음(상조서비스)에 관련된 것인데 이 또한 우연은 아닐 것이다.[10] 특히 고령소비자는 급격하게 변화하는 사회구조 및 신상품에 대한 유연성이 떨어지는 등 취약성을 가진다(Vulnerable Subject). 즉, 기본적으로 고령소비자는 사업자와의 관계에서 일반적으로 상품에 대한 충분한 정보와 교섭력을 갖지 못하고, 생애주기상 거래에 대한 합리적 판단력을 갖추지 못하였다고 할 수 있다.[11] 고령소비자가 가지는 이러한 취약성을 악용한 기만적이고 사기적인 부당거래행위의 사업자에 대해 고령소비자는 어떠한 방법으로 구제를 받게 되는가? 이러한 피해를 사전에 예방할 방법은 없는가? 이에 본고에서는 고령소비자 피해 구제를 위한 예방적 차원에서 후견계약을 확인하고(II), 현행법상의 고령소비자피해구제를 위한 책임법리 및 그 한계를 살

Anthony M. Marino, "Monopoly, Liability and Regulation," *Southern Economic Journal* (April 1988), pp.913, 921.

9) A. Tversky & D. Kahneman, "Judgment Under Uncertainty; Heuristics and Biases," Science, New Series, Vol. 185, No. 4157(1974), p. 1124 ff.

10) 한국소비자원이 2016년 4월 22일부터 5월 2일까지 서울 거주 만 65세 이상 고령소비자 300명을 대상으로 1:1 면접 조사를 실시한 결과, 60세 이상 고령자가 악덕상술과 관련하여 가장 많이 피해구제를 신청한 품목은 상조서비스로 나타났다. 또한 고령소비자가 악덕상술로 가장 많이 구입한 품목은 건강보조 식품이었다. 고령소비자의 소비패턴에 대해서는 배순영/오수진/황미진, "고령소비자의 소비생활 및 소비자문제 특성 한·일 비교," 소비자정책동향, 한국소비자원, 2016/3, 2면 이하 참조.

11) Frauke Wedemann, Ältere. Menschen. ‑. eine. besondere. Herausforderung. für Rechtsprechung, Gesetzgebung und Beratung, NJW 2014, 3419 ff.; 김미혜, "고령소비자 보호를 위한 법제개선방안," 법학논총 제40권 제1호, 단국대학교 법학연구소, 2016/3, 299면.

펴본 후(III), 맺음말에 갈음하여 제도개선방향을 제시하고자 한다
(IV).

II. 고령소비자피해의 예방—후견계약을 중심으로

1. 민법상 후견계약

종래에는 미성년자, 한정치산자, 금치산자로 구분되는 행위무
능력제도를 운용하였으나, 현재는 법정성년후견제도로 개정되었다.
이와 같이 개정된 이유는 한정치산자나 금치산자의 경우, 사회적으
로 부정적인 이미지가 강하고 요보호자의 능력 정도를 획일적으로
규율하여 행위능력을 박탈하거나 제한하여 고령자의 능력에 따른
유연한 보호가 불가능하며 또한 정신적 장애가 있는 자만을 보호대
상으로 하고 있어서 치매성 고령자라든가 신체적 장애가 있는 자를
보호하는 기능을 하지 못한다는 점에 있어서 꾸준히 문제제기가 되
어 왔기 때문이다.12) 개정된 민법에 의하면 성년후견, 한정후견, 특
정후견의 심판을 받은 피후견인도 제한능력자이다. 각 후견의 핵심
요건을 비교하면, 성년후견은 질병, 장애, 노령, 그 밖의 사유로 인
한 정신적 제약으로 사무를 처리할 능력이 '지속적으로 결여된 사람'
에 대한 것이고(민법 제9조 제1항), 한정후견은 이보다는 정도가 낮아
이러한 사무처리능력이 '부족한 사람'에 대한 것이고(민법 제12조 제1

---

12) 김상묵, "성년후견제도의 검토 및 향후 과제,"『법학연구』제50집, 한국법학
연구회, 2013 참조. 성년후견제도는 고령자나 장애인 등을 격리나 분리대상
으로 인식하지 않고 사회의 구성원으로서 일반인들과 더불어 살아야 한다는
'normalization'이라는 사상을 배경으로 자기결정권의 존중과 잔존능력의 용
이라는 새로운 이념에 본인 보호라고 하는 이념이 조화되는 것을 목적으로 하
고 있다. 態倉勝・山田昇, "「任意後見制度の現狀と課題」について考える,"『佐
野短期大學研究紀要 (22)』, 2011, 65面.

항), 특정후견은 이보다 더욱 정도가 낮아 '일시적 후원 또는 특정한 사무에 관한 후원이 필요한 사람'에 대한 것이다(민법 제14조의2 제1항). 이러한 요건에 해당하는 자는 가정법원의 당해 후견개시의 심판을 받아서 각각 피성년후견인, 피한정후견인, 피특정후견인이 된다. 제한능력자들에게 취소권을 부여하는 제도는 사적 자치의 원칙이라는 민법의 기본이념, 특히 자기책임의 원칙의 구현을 가능케 하는 도구로서 인정된다. 즉 제한능력자들은 자기행위에 대한 완전한 책임을 감당하기에는 정신적 · 사회적 능력이 부족하다는 것을 감안한 것이다. 이 제도로서 거래의 안전을 희생시키게 된다 하더라도 제한능력자를 보호하고자 하는 것이다. 또한 법정성년후견제도는 정신적 능력을 제약요건으로 하고 있지만, 모든 유형의 제도 이용자에게 잔존능력을 인정한다. 특히 피한정후견인 및 피특정후견인은 가정법원으로부터 후견개시의 심판을 받더라도 원칙적으로 행위능력을 가지며, 피성년후견인의 경우 종전의 금치산자 제도와는 달리 자신의 신상에 관한 사항에 대해서는 상태가 허락하는 범위에서 단독으로 결정할 수 있도록 하고 있다. 또한 일상생활에 필요하고 그 대가가 과도하지 않은 법률행위, 즉 후견인의 대리권 및 한정후견인의 동의가 필요한 행위의 범위에 관해서 가정법원의 결정권을 인정해 주는 등 종전의 행위무능력제도 보다 탄력적으로 운용하고 있다. 후견인의 권한남용에 대한 우려가 있으나, 이문제는 향후 일본의 '후견제도지원신탁제도'[13)]의 활용을 통해 어느 정도 예방할 수 있을 것이다.

(1) 후견계약의 내용
또한 개정민법은 후견을 받을 자가 본인 스스로 후견인을 선임

---

13) 후견인이 담당하는 재산관리와 신상보호 사무 중 재산관리에 관한 사무에 대하여 신탁을 활용하는 것이다. 이 제도에 대해서는 김현수, "고령자의 신상보호를 위한 법제 개선방안," 법제논단(2015.9), 22면 이하 참조.

하고 후견의 내용을 정할 수 있는 '후견계약'제도를 신설하였다. 법정후견제도가 요보호성인을 보호대상으로 전락시켜 본인의 자율성을 훼손하고 인권을 침해하였다는 반성으로부터 자기결정 존중, 잔존능력의 활용, 요보호성인의 사회복귀를 촉진하는 정상화를 성년후견제도의 이념으로 채용함으로써 그 과정에서 후견계약에 따른 임의후견제도가 등장하게 될 것이다.14) 후견계약은 질병, 장애, 노령 등으로 인한 정신적 제약으로 사무를 처리할 능력이 부족하거나 부족하게 될 상황에 대비하여 자신의 재산관리 및 신상보호에 관한 사무의 전부 또는 일부를 다른 자에게 위탁하고 그 위탁사무에 관하여 대리권을 수여하는 것을 내용으로 하는데(민법 제959조의14 제1항),15) 반드시 공정증서로 체결되어야 하고(민법 제959조의14 제2항), 등기되어야 한다(후견등기에 관한 법률 제20조 제2항). 그리고 후견계약이 등기된 후, 일정한 자의 청구에 의해 가정법원이 임의후견감독인을 선임하면(민법 제959조의15 제1항), 그때부터 후견계약의 효력이 발생한다(민법 제959조의14 제3항).16)

(2) 후견계약의 형식: 공정증서에 의한 체결

우리 민법은 후견계약을 체결하면서 공정증서 작성을 요구하고 있는데, 이는 비교법적으로 특이하다고 할 수 있다.17) 일부 학설은

---

14) 성년후견제도의 취지가 요보호성인의 잔존능력을 활용하고 요보호성인의 자기결정권을 존중하고 있다는 점에서, 임의후견제도는 성년후견제도의 기본이념에 가장 부합한다.

15) 임의후견계약이 있는 경우에도 고령자 스스로 법률행위를 할 수 있다. 이는 결과적으로 고령자에 대한 보호에 미흡할 수 있다. 윤태영, "실버타운 입주계약에서의 고령 소비자 보호," 재산법연구 제31권 제3호, 2014.11, 185면.

16) 후견 계약은 위임사무의 내용이 위임인의 재산관리 및 신상보호에 관한 사무라는 점, 공정증서에 의해 체결되어야 한다는 점, 후견등기부에 의해 등기된다는 점, 계약의 효력발생시기가 가정법원에 의한 임의후견감독인의 선임시라는 점에서 통상의 민법상 위임계약과 다르다.

17) 임의후견계약을 공정증서로 작성하게 하는 나라는 많지 않고 일본이 거의

이러한 요건을 요구하는 것은 통상의 위임계약에 비하여 절차를 복잡하게 하며 후견계약의 첫 출발부터 공증인을 개입시켜 임의후견 제도를 법률화의 길로 인도한다고 비판한다.[18] 반면에 일부 견해는 후견계약은 본인의 재산관리 및 신상보호에 관한 사무의 전부 또는 일부를 임의후견인에게 위탁하는 것으로서 본인의 생활에 미치는 영향이 매우 크므로 본인에게 숙고할 기회를 주는 한편, 이후 발생할 수 있는 분쟁에 대비해 계약의 내용을 명확히 할 필요가 있다는 점에서 공정증서에 의한 체결에 긍정한다.[19] 더욱이 긍정하는 견해는 후견계약을 체결하기 위해서 위임인은 의사능력을 가지고 있어야 하는데, 만약 임의후견 사무가 개시되고 일정 시간이 지난 후 계약체결 당시 위임인에게 후견계약이 가지는 의미와 결과에 대하여 이해할 수 있는 정신능력이 없다는 사실이 입증된다면 임의후견인의 대리행위가 무권대리가 되어 거래안전의 위협이 되는 법적 불안정 상태가 발생할 수 있어 이를 방지하기 위해서라도 후견계약의 체결과정에서 공증인의 적절한 확인과 개입이 요청된다는 본다.[20] 또한 후견계약이 일반적으로 법령을 위반한 행위, 무효인 법률행위 내지 무능력으로 인하여 취소할 수 있는 행위인 경우에는 공증인이 증

유일하며, 오히려 국가가 무료의 임의후견서식을 공중에게 제공하여 누구라도 손쉽게 이용할 수 있어야 한다고 주장한다. 제철웅, "개정 민법상의 후견계약의 특징, 문제점, 그리고 개선방향: 후견대체제도의 관점을 중심으로," 민사법학 제66호(2014.3), 127면.

18) 제철웅, 앞의 논문, 120면.

19) 김형석, "민법 개정안에 따른 성년후견법제," 가족법연구 제24권 2호(2010), 152면; 김현진, "고령화 사회의 대비책: 후견계약," 가족법연구 제29권 제1호(2015), 150면 이하. "공증에 의한 위임의 경우 위임의 내용과 형식이 법에 부합함을 보장할 수 있고, 계약체결일을 확실히 할 수 있다는 점에서 후견계약을 공정증서로 작성할 것을 요함은 적절하다고 본다. 본인의 서명이 진정함은 단순히 증인을 둠으로써 보장될 수 없기 때문이다."

20) 김형석, 앞의 논문, 152면. 공증인이 실질적으로 위임인이 위임계약체결 당시 의사능력이 있음을 판단할 수 있을지에 대해 회의적인 입장은 제철웅, 앞의 논문, 121면 참조.

서를 작성할 수 없는 사유라는 점에서(공증인법 제25조) 공증인에 의해 이러한 검토가 사전적으로 이루어질 수 있다.[21]

(3) 등기에 의한 후견계약의 공시

임의후견인은 가정법원에 후견등기를 신청하여야 하는데(후견등기에 관한 법률 제20조 제2항), 등기신청 시 등기원인을 증명하는 후견계약 공정증서 정본을 첨부하여야 한다. 후견계약의 체결 후 계약이 수정·위조되는 경우가 있을 수 있으므로 가정법원이 후견계약의 내용과 존속여부 등을 정확히 확인할 수 있게 한다는 점에서 등기로서 후견계약을 공시함은 필요 적절하다. 그리고 등기신청 시기에 관하여 명문의 규정은 없다는 점에서 개정 시에 반영해야 할 것이다.[22]

(4) 후견계약의 개시: 임의후견감독인의 선임

후견계약이 등기되어 있고 정신적 장애에 의해 본인이 사무처리 능력이 부족하다고 판단되면, 본인, 배우자, 4촌 이내의 친족 또는 임의후견인은 가정법원에 임의후견감독인의 선임을 청구할 수 있고(민법 제959조의15 제1항), 이 경우 가정법원은 임의후견인에게 부적합한 사유가 있는 경우 등을 제외하고(민법 제959조의17) 임의후견감독인을 선임하여 후견계약의 효력을 발생시킨다(민법 제959조의14 제3항).[23] 이와 같이 임의후견의 개시에 법원이 개입함에 대하여, 피후견인의 자기결정권 존중을 임의후견제도의 정당성 근거로 삼는

---

21) 김현진, 앞의 논문, 151면.
22) 후견계약 후 지체없이 하도록 하는 것이 타당할 것이다. 김현진, 앞의 논문, 153면.
23) 그 취지는 당사자들이 후견계약에서 효력발생시기를 정했다고 하더라도 과연 본인이 계약에서 합의한 정신적 상태에 도달하여 후견계약의 효력이 발생하는지 여부의 판단이 쉽지 않아 후견계약의 발생시점을 유권적으로 확정할 필요가 있기 때문이다. 김형석, 앞의 논문, 154면.

다면, 입법정책적 측면에서 여전히 의문이 있다는 비판이 있다.[24)]
즉 임의후견제도는 법정후견제도와는 달리, 본인의 자기결정권의
존중이 극대화되어 구현된 제도라는 취지를 고려하면, 임의후견인
을 지정하면서 별도로 그에 대한 감독인을 둘지 여부에 대해서도 자
신의 결정에 맡기는 것이 바람직할 것이고, 정당성과 상당성의 원칙
이 준수되지 않는 한, 임의후견인감독의 강제는 본인의 자기결정권
을 근거 없이 침해하는 위헌적 성격이 짙다는 것이다. 더 나아가, 이
러한 임의후견감독인을 필수기관으로 정하면서 그 감독인은 후견인
의 가족이어서는 안 된다고 규정함으로써(민법 제959조의15 제5항, 제
940조의5), 제3자인 임의후견감독인의 보수지급이 문제될 여지가 있
다.[25)]

(5) 재산관리와 신상보호 사무

후견계약에서 위탁하는 사무의 내용은 질병, 장애, 노령, 그 밖
의 사유로 인한 정신적 제약으로 사무를 처리할 능력이 부족한 상황
에 있거나 부족하게 될 상황에 대비하여 자신의 재산관리 및 신상보
호에 관한 사무의 전부 또는 일부에 대하여 대리권을 수여하는 것으
로, 임의후견인의 사무에 대해서는 법정후견인의 사무에 관한 조문
이 준용된다. 신상보호사무와 관련하여, 후견계약에서 예정한 정신
적 미약이 발생한 경우에도 민법 제947조의2 제1항이 유추 적용되
어 본인이 신상결정에 대해 스스로 판단하여 결정할 수 있는 한에서
는 당연히 본인이 결정을 내려야 하고 임의후견인은 그 결정을 대행
해서는 안 된다. 즉 본인의 상태가 신상결정을 허락하지 아니한 때

---

24) 제철웅, 앞의 논문, 118면.
25) 일부 견해는 유상인 경우에는 실질적으로 후견계약의 활용가능성을 저하시
   킬 수 있다는 점에서 공공후견센터를 두어 공공후견센터가 임의후견감독인
   으로 선임되어 무상 또는 실비변상을 통해 후견사무를 지원, 감독하는 것이
   바람직하다고 보고 있다. 제철웅, 앞의 논문, 129면; 김현진, 앞의 논문, 154
   면.

에만 비로소 대행을 할 수 있다고 보아야 한다. 나아가 임의후견인에 의한 보충적 신상결정의 경우에도 가정법원의 감독을 정하는 민법 제947조의2 제2항 내지 제5항이 유추 적용되어야 할 것이다.[26] 특히 고령소비자의 경우에는 본인이 연명치료 중단여부와 관련하여 후견계약으로 미리 정할 수도 있을 것이다. 왜냐하면 후견계약으로 본인이 나중에 연명치료와 관련하여 중요한 결정을 하지 못하게 되면 자신을 갈음하여 임의 후견인이 하도록 하는 취지의 계약(수권행위)도 가능할 것이기 때문이다. 그런데 본인의 사전의료지시[27]와 후

---

26) 가정법원의 감독은 본인의 이익을 보호함과 동시에 임의후견인에게 법적 정당성을 부여해 준다. 김형석, "피후견인의 신상결정과 그 대행," 가족법연구 제28권 2호(2014), 272면; 박인환, "개정민법상 임의후견제도의 쟁점과 과제," 가족법연구 제26권 2호(2012), 213-215면.

27) 대법원 2009.5.21. 선고 2009다17417 전원합의체 판결에 의하면, "환자가 회복불가능한 사망의 단계에 이르렀을 경우에 대비하여 미리 의료인에게 자신의 연명치료 거부 내지 중단에 관한 의사를 밝힌 경우(이하 '사전의료지시'라 한다)에는, 비록 진료 중단 시점에서 자기결정권을 행사한 것은 아니지만 사전의료지시를 한 후 환자의 의사가 바뀌었다고 볼 만한 특별한 사정이 없는 한 사전의료지시에 의하여 자기결정권을 행사한 것으로 인정할 수 있다. 다만, 이러한 사전의료지시는 진정한 자기결정권 행사로 볼 수 있을 정도의 요건을 갖추어야 하므로 의사결정능력이 있는 환자가 의료인으로부터 직접 충분한 의학적 정보를 제공받은 후 그 의학적 정보를 바탕으로 자신의 고유한 가치관에 따라 진지하게 구체적인 진료행위에 관한 의사를 결정하여야 하며, 이와 같은 의사결정 과정이 환자 자신이 직접 의료인을 상대방으로 하여 작성한 서면이나 의료인이 환자를 진료하는 과정에서 위와 같은 의사결정 내용을 기재한 진료기록 등에 의하여 진료 중단 시점에서 명확하게 입증될 수 있어야 비로소 사전의료지시로서의 효력을 인정할 수 있다." 참고로 스위스 성년보호법(Erwachsenschutzrecht, 2013년 1월 1일 시행), 즉 스위스 개정 민법 제360조 이하는 이에 대해 상세히 규정하고 있다. 성년보호법에 대한 스위스 입법 초안에 의하면, 판단능력을 가지는 자는 장래에 스스로 판단무능력자가 될 경우에 어떠한 의학적 조치에 동의할지를 결정할 수 있다(개정 스위스 민법 제370조 제1항 및 제2항). 요컨대 판단능력을 가지는 자는 자신이 판단무능력자가 된 경우, 본인을 대리하여 의사와 함께 그 후의 의학적 조치를 결정할 수 있는 대리권을 자연인에게 위임할 수 있다. 환자의 지시서는 문서로써 작성되며, 날짜를 기입하고 서명을 해야 한다. 의사는 환자의 지시서가 법률에 저촉되는, 자유롭게 작성되지 않았거나 환자의 추정적 의사에 합치하지 않는 경우를 제

견계약이 서로 모순된 경우에는 어떻게 이해해야 할 것인지가 실무에서 문제된다. 후견계약을 체결한 상태에서 사전의료지시서를 작성하였다면 최종의 의사를 존중하여 사전의료지시서에 따라 결정되어야 할 것이다. 반면에 후견계약이 사전의료지시서보다 후에 체결되었다면, 본인의 의사해석의 문제가 발생할 것이나 특별한 사정이 없는 한, 본인이 사전의료지시서의 의사를 철회한 것으로 보는 것이 타당할 것이다.[28)]

(6) 임의후견상태에서 법정후견이 가능한지 여부

고령자가 후견계약을 체결한 이후에 성년후견(또는 한정후견)의 심판을 받은 경우,[29)] 후견계약은 민법 제959조의20 제1항 제2문에 따라 본인이 성년후견 또는 한정후견의 개시의 심판을 받은 때에 종료된다. 명문의 반대해석상 특정후견의 개시 심판이 있더라도 후견계약은 종료되지 않는다고 볼 수 있으나, 예외적으로 특정후견인과 임의후견인이 병존하는 경우에는, 양자의 견해가 충돌하는 것을 전

외하고는 이에 의한 구속을 받아야 한다. 더불어 사전위임기관이 규정된다(개정 스위스 민법 제360조 제1항). 행위능력자는 이 규정에 의해 스스로가 판단 무능력자가 된 경우에 신상감독 또는 재산관리를 인수하도록, 또는 법률교섭에 있어서 자신을 대리하도록 타인에게 위탁할 수 있다. 위임 사항은 수정할 수 있으며 지시도 할 수 있다. 사전위임은 자필로써 작성되어야 하며, 일자를 기입하고 공중하여야 한다. 수탁자는 위탁자를 대리하며 위탁권 규정에 따라 위탁 사항을 책임을 다해 수행한다. 수탁자는 위탁자에게 허가를 요구할 수 없으며, 더불어 위탁자가 사정을 알고 있었다면 수탁자에 그러한 지시하지 않았을 것이라고 상정할 수 있는 경우에는 수탁자는 그 지시에 따르지 않을 수 있다. CURAVIVA Schweiz, NEUES ERWACHSENENSCHUTZRECHT; BASISINFORMATIONEN, ARBEITSHILFEN UND MUSTERDOKUMENTE FÜR ALTERS- UND PFLEGEINSTITUTIONEN, 2012, S. 27 ff.

28) 현소혜, "의료행위 동의권자의 결정," 홍익법학 제13권 제2호(2012), 189면에서도 유사한 입장을 취한다.

29) 후견계약이 체결되어 등기되어 있더라도 "본인의 이익을 위하여 특별히 필요"하다고 인정할 때에는 임의후견인 또는 임의후견감독인의 청구에 의하여 법정후견의 심판을 할 수 있다(민법 제959조의20 제1항 제1문).

제로 후견계약은 종료된다고 보아야 할 것이다.[30] 또한 후견계약이
종료되는 시기와 관련하여 이를 "성년후견 또는 한정후견의 개시의
심판을 받은 때"라고 함은 합리적이지 않다. 적어도 후견인의 선임
시기까지는 본인의 보호가 필요하므로 후견인 선임 시까지는 후견
계약의 효력을 유지시킴이 타당할 것이다.[31] 또한 성년후견개시의
심판 등이 있다고 하여 무조건 후견계약을 종료시키는 것도 문제가
될 수 있다. 가령 재산관리영역에서 임의후견인을 선임하였는데, 자
신의 의사결정능력이 급격히 쇠퇴하여 긴급한 의료적 처치 등에서
의사결정을 대행할 필요가 있는 경우 신상의 영역에서만 법정후견
제도를 활용하도록 함이 본인의 보호를 위하여 더 합당한 경우가 있
을 수 있다. 따라서 후견개시심판에 의해 일률적으로 후견계약을 종
료할 것이 아니라 구체적 사안에 따라 병존할 수 있는 여지를 마련
해 둘 필요가 있을 것이다.[32]

2. 정보제공을 통한 피해 예방

계약의 내용형성은 공서양속(민법 제103조) 등에 반하지 아니하
는 한 당사자의 자기결정에 맡겨져 있고, 계약이 일방 당사자에게
불리하다는 점은 쌍방 교섭의 결과일 뿐 계약을 무효로 할 만한 근
거가 되지 아니함이 원칙이다. 그럼에도 우리 약관규제법은 약관에
한하여 이와 달리 보는데 그 법정책적 근거는 약관 내용에 관한 사
업자와 고객 사이의 정보비대칭(information asymmetry)에서 찾을 수
있을 것이다. 요컨대 완전정보하의 고객은 사업자가 마련한 개개의
약관조항의 자신에 대한 경제적 이익과 비용을 평가하여 그 합과 사
업자가 요구하는 대가를 비교, 거래가 유리한지 여부를 가릴 것이

---

30) 김형석, 앞의 논문(주 19), 162-163면.
31) 김현진, 앞의 논문, 158면.
32) 김현진, 앞의 논문, 158면.

고, 복수의 사업자가 서로 다른 가격 또는 서로 다른 거래조건하에
일정 유형의 급여를 제공하고 있을 때에는 각각의 이익을 위와 같은
방법으로 셈한 뒤 가장 이익이 큰 것을 구매할 것이다. 그러나 현실
의 고객은—한 번 약관을 만들어두면 여러 고객에게 반복하여 사용
할 수 있는 사업자와 달리—개별 약관조항을 꼼꼼하게 따지는 비용
이 그로 인한 기대이익보다 커 대부분의 약관조항을 제대로 검토하
지 아니한 채 그 편입에 동의하게 마련이다. 이는 고객의 입장에서
그 자체 합리적인 선택일 수 있으나, 그 결과 사업자는 이를 이용하
여 고객이 제대로 검토하지 아니할 만한 사항에 대하여—어차피 고
객이 비교하지 아니할 것이므로—다른 사업자보다 고객에게 더 불
리한 약관을 작성할 유인이 있다[그리하여 이른바 레몬시장(lemon
market)의 문제, 즉 악화(惡貨)가 양화(良貨)를 구축(驅逐)하는 일도 생긴
다].33) 약관 내용통제는 이처럼 약관조항이 고객의 기대에 반하여
그에게 불리하게 작성되는 것을 막기 위한 장치이다.34) 대법원
1991.12.24. 선고 90다카23899 전원합의체 판결이 "약관의 내용통
제원리로 작용하는 신의성실의 원칙은 약관이 사업자에 의하여 일
방적으로 작성되고 계약자로서는 그 구체적 조항내용을 검토하거나
확인할 충분한 기회가 없이 계약을 체결하게 되는 계약성립의 과정
에 비추어 약관작성자는 계약상대방의 정당한 이익과 합리적인 기

---

33) Hugh Collins, *REGULATING CONTRACTS* (Oxford: Oxford University
Press, 1999), p.230; Adams, "Ökonomische Analyse des AGB-Gesetzes -
Verträge bei asymmetrischer Information -," BB 1989, 781 = Ökonomische
Theorie des Rechts, 2. Aufl., 2004, S. 127 ff.; Akerlof, "The Market for
Lemons : Quality Uncertainty and the Market Mechanism," 84 Q. J. Econ.
488 (1980).

34) 김진우, "약관내용통제의 정당화사유," 부산대 법학연구 제53권 제1호(2013),
257면 이하; 이병준, 현대 시민사회와 소비자계약법, 집문당, 2013, 88-90면;
Lieb, "Sonderprivatrecht für Ungleichgewichtslagen? Überlegungen zum
Anwendungsbereich der sogenannten Inhaltskontrolle privatrechtlciher
Verträge," AcP 178 (1978), 196, 202.

대에 반하지 않게 약관조항을 작성하여야 한다는 행위원칙"이라고
한 것도 같은 취지이다. 위와 같은 약관규제의 법정책적 근거에 비
추어 볼 때, 약관에 의한 계약을 체결할 때에도 당사자가 주의를 기
울이고 충분히 선택할 것으로 여겨지는 사항에 관하여는 약관규제
법을 적용하거나 임의규정에서 이탈하였다고 하여 불공정하여 무효
라고 볼 까닭이 없다. 학설이 급여와 반대급여에 관한 약관조항은
원칙적으로 내용통제의 대상이 아니라고 하는 것도 같은 이유에서
이다.35) 이러한 모습은 고령소비자의 피해를 사전에 예방하는 차원
에서도 응용될 수 있다. 즉 이러한 정보의 비대칭성은 정보가 일방
당사자에게 편중됨으로써 발생하므로, 고령소비자는 진정한 계약
내용에 대한 자기결정의 결여가 발생할 수 있다는 점에서 보호할
필요가 있으며, 이에 상대방은 고령소비자에게 폭넓은 정보제공
의무를 부담한다고 할 수 있다. 고령소비자가 가지는 정보의 비대
칭성은 고령소비자의 상대방에게 정보제공의무를 부여하여 일정부
분 해결이 가능할 것이다. 요컨대 정보제공의무는 계약체결에 대한
의사형성과정에 있어서 정보의 부족으로 인해 발생할 수 있는 불균
형의 상황을 해결하고 계약당사자의 등가성을 회복하여 사적 자치
의 진정한 실현을 목적으로 활용될 수 있다.36) 따라서 현행 소비자
거래 관련 개별법들에서는 사업자의 정보제공의무를 단순히 선언적
인 의미로 머무르게 해서는 안 될 것이며 불이행시에는 불이익 등을
부담시켜 적극적으로 정보제공의무를 이행하도록 강제해야 할 것이
다.

---

35) 이병준, 앞의 책, 92면; 백경일, "약관규제법의 규범적 정당성에 관한 고찰,"
고려법학 제74호(2014), 62면.
36) 최현태, "소비자계약상 정보제공의무에 대한 일고찰," 한양법학 제24권 제4
호, 한양대학교 법학연구소, 2013, 348면.

III. 현행 민사법의 책임법리상 고령소비자 구제방안 및 그 한계

일반적으로 소비자피해는 소액이라는 특성을 가지고 있다. 이러한 이유 때문에 피해를 입은 소비자는 권리구제에 소극적이다. 이러한 경우에 대개 해당 고객들은 소송과 관련된 소모나 비용위험을 감수하지 않으려고 할 것이므로,[37] 스스로 참는 편이 경제적 손실이 더 적다고 생각한다. 이는 소액다수피해구제에 관한 제도가 충실하지 못하기 때문이라고 할 수 있으며 사업자가 위법행위를 지속하게 되는 원인이 된다. 그러나 이러한 손해는 개별적으로는 극히 적지만, 총액을 따졌을 때는 상당히 큰 손해(티끌 손해, Streuschäden)라고 할 수 있다. 따라서 소액다수의 피해소비자가 원활하게 피해구제를 받을 수 있는 제도적 장치를 해석으로 또는 입법으로 마련하는 것이 필요하다. 특히 고령소비자는 취약적 소비자임이 자명하므로, 고령소비자의 특수성을 감안하여 어떠한 해석 및 입법을 통해 보호할 것인지를 고민해 보아야 할 것이다.

1. 소비자 정책의 한계

일반적으로 「소비자 정책」이라는 표현과 「소비자 행정」이라는 표현을 동일한 의미로 사용하는 경우가 많다. 이는 소비자 정책이 행정 중심의 시책이며, 「소비자 정책」이 약자인 소비자를 대신하여 은혜적으로 소비자를 보호하는 시책이었던 역사적 배경에 의한 것으로 보인다. 물론 민법 및 제조물책임법 등이 민사소비자법의 역할

---

37) 이를 소위 피해자의 (비)합리적 무신경 - 작은 피해사실에 대한 무감각함 (sogenannte (ir)rationale Apathie des Opfers)으로 표현한다.

을 담당하고는 있으나 소비자 구제에 충분하지 않다. 그러한 의미에서 행정에 의한 「소비자 정책」, 즉 「소비자 행정」의 역할은 여전히 중요하다고 할 수 있다. 그러나 소비자 행정은 내재적인 한계를 가진다. 즉 단속법규를 활용한 행정은 미래의 위법행위를 시정하나 이미 발생한 소비자의 피해구제에는 관여하지 못한다. 또한 사업자 규제를 담당하는 관청이 산업 부흥도 함께 목표로 삼는 주무관청에 의해 행해져 왔기 때문에 위법행위의 시정 자체도 적극적으로 임하지 못한다. 또한 규제행정만으로는 소비자의 사적 구제가 불가능하여 발달해 온 소비자상담센터 등의 지원행정은 불만상담을 신청한 당해 소비자의 피해구제에는 일정한 역할을 담당하나, 그 이외의 일반 소비자의 피해구제 혹은 그 원인이 된 사업자의 제재 등에는 전혀 관여할 수 없다.

2. 현행법상 민사법의 책임법리상 구제방법의 한계

(1) 계약의 무효·취소, 청약철회

현행법상 고령소비자를 구제하는 방법으로는 일반적으로 고령소비자가 가지는 생애주기상 가져오는 다양한 취약성을 고려하여 의사무능력을 이유로, 또는 고령소비자의 궁박·경솔·무경험 등을 이용한 불공정법률행위 등(민법 제103조 및 제104조)을 이유로 계약의 무효를 주장하거나, 사기·강박에 의한 취소권을 인정하는 방법 등이 고려될 수 있다.[38] 그러나 이는 재판과정에서 법원의 사실 및 규범판단에 의해 당연히 고려된다는 점에서 고령소비자를 특별하게 보호하고 있는 제도라고 할 수 없다.[39] 마찬가지로 고령소비자는 청약철회권[40]을 통해서도 보호받을 수 있으나 이 또한 고령소비자에

---

38) 윤태영, 앞의 논문, 183-185면; 김미혜, 앞의 논문, 316-323면.
39) 대법원 1992.2.25. 선고 91다40351 판결 등.
40) 방문판매 등에 관한 법률 및 기타 소비자거래 특별법에서 청약철회기간을

게 인정되는 특수한 보호제도는 아니라고 판단된다.[41]

(2) 손해배상

현행 우리 민사법은 개인의 피해구제에는 기여하나 어디까지나 사적인 손해의 회복이 목적이라는 전제하에 원고 적격이 한정적으로 해석되고 있으며 집단적인 소비자의 이익을 집단소송에 의해 보호한다는 발상은 현행법상 불가능하다.[42] 또한 손해배상청구소송에서는 사업자의 위법성이나 고의·과실 및 위법성 등(인과관계)의 증명책임이 소비자에게 부담이 되며,[43] 과실상계에 의해 배상액이 낮게 산정되는 경우도 많다. 이러한 상황에서 볼 때, 우리나라에서는 법령위반이나 부당·부정한 사업 활동에 의해 소비자의 손해로 사업자가 이익을 취하더라도 이러한 이득이 공법분야에서의 제재, 사법 분야에서의 손해배상청구소송 등을 거친 후에도 사업자에 잔존

정해 두고, 당해 기간 내에는 언제든지 소비자가 청약철회를 할 수 있도록 규정하고 있다. 방문판매 등에 관한 법률 제8조에서는 14일의 청약철회기간을 규정하고 있고, 할부거래법 제8조에서는 7일의 청약철회기간을 규정하고 있다. 또한 전자상거래 등에서의 소비자보호에 관한 법률 제17조에서는 7일의 청약철회기간을 규정하고 있다.

41) 참고로 청약철회권의 행사기간이 고령소비자에게는 짧다는 인식하에 민주당 강기정 의원은 고령소비자의 특성을 고려하여 고령자보호를 강화하기 위해 '청약철회 기간'을 두 배로 늘리는 등의 내용을 담은 「방문판매 등에 관한 법률 일부개정법률안」을 2014년 3월 13일에 대표 발의했다. 개정안은 고령소비자가 행사할 수 있는 청약철회 기간을 현행보다 2배의 기간으로 확장해 취약계층 소비자에 속하는 고령소비자에 대한 보호를 강화도록 하는 내용을 담고 있다.

42) 이에 대한 한계 및 개선방안에 대해서는 고형석, "집단적 소비자피해의 효율적 구제를 위한 소송제도의 개선방안에 관한 연구," 재산법연구 제32권 제4호, 2016, 111면 이하; 서희석, "집단소송법의 제정방향—한국형 집단소송제도의 설계," 소비자법연구 제3권 제1호, 2017, 113면 이하; 서종희, "독일의 집단적 피해자 구제를 위한 집단소송제도 도입에 관한 논의," 소비자법연구 제3권 제2호, 2017, 299면 이하 참조.

43) 대법원 2016.3.24. 선고 2015다211425 판결; 대법원 2014.10.15. 선고 2012다100395 판결 등 참조.

하는 경우가 많아, 종래의 소비자 구제 방안은 한계가 있다.

  1) 고령소비자 보호를 위한 증명책임의 완화(또는 전환)이 가능한
지 여부

  우리 판례는 의료과오책임 등에서 일응의 추정법리를 통해 피
해자의 증명책임의 부담을 완화시키기도 한다.[44] 예컨대 의료과오
로 인한 손해배상청구에서 피해자측이 의료상의 과실의 존재 및 과
실과 결과 사이에 의료행위 외의 다른 원인이 개재될 수 없다는 점
을 증명한 경우 인과관계는 추정된다. 그 이유로 대판 2007.5.31.
2005다41863은 "의료행위는 고도의 전문적 지식을 필요로 하는 분
야로서 전문가가 아닌 일반인으로서는 의사의 의료행위의 과정에
주의의무 위반이 있는지의 여부나 그 주의의무 위반과 손해발생 사
이에 인과관계가 있는지 여부를 밝혀내기가 극히 어려운 특수성이
있(다)"는 점을 든다. 즉 의료행위상의 주의의무 위반으로 인한 손해
배상청구에서 피해자 측에서 일련의 의료행위 과정에 있어서 저질
러진 일반인의 상식에 바탕을 둔 의료상의 과실 있는 행위를 입증하
고 그 결과와 사이에 일련의 의료행위 외에 다른 원인이 개재될 수
없다는 점, 이를테면 환자에게 의료행위 이전에 그러한 결과의 원인
이 될 만한 건강상의 결함이 없었다는 사정을 증명한 경우에는 의료
상 과실과 결과 사이의 인과관계를 추정하여 손해배상책임을 지울

---

  44) 증명대상에 관하여는 견해차이가 있는데 일부 견해에 의하면 증명의 대상
    은 법률상의 요건인 과실이므로 과실 자체가 증명의 주요사실이 되고 그 과
    실은 간접사실에 의해 증명될 수 있으며, 이에 대하여 간접반증을 제기할 수
    있다고 한다. 반면에 일부 견해는 과실 등의 불확정개념의 기초가 되는 개개
    의 구체적 사실을 주요사실로 보는데, 현재의 법제 아래서는 사실만이 직접
    증명의 대상이고 권리나 가치판단의 결과는 직접증명의 대상이 될 수 없기
    때문이라고 한다. 어느 설을 취하느냐에 따라 재판실무상 판단의 방식(판결
    서 작성방식)에 차이가 발생한다. 그러나 증명책임이라는 것은 요건사실을
    인정할 증거가 없을 때 그로 인한 불이익을 어느 편에 미룰 것인가 하는 문제
    일 뿐이기 때문에 어느 설을 취하든지 결과에 있어서 별로 다를 것이 없을 것
    이다.

수 있도록 입증책임을 완화한 것이다(대법원 1995.2.10. 선고 93다
52402 판결 등 참조). 그러나 이 경우에도 일련의 의료행위 과정에 있
어서 일반인의 상식에 바탕을 둔 의료상 과실의 존재는 환자 측에서
입증하여야 하는 것이지 의사에게 무과실의 입증책임을 지우는 것
까지 허용되는 것은 아니다(대법원 2003.11.27. 선고 2001다20127 판결
등 참조). 현행 판례의 법리상 고령소비자라는 이유로 증명책임 등을
완화시키는 경우는 존재하지 않는다.

2) 피해자가 고령소비자인 경우 과실상계 인정 여부

민법 제396조(제763조)에 의해 법원은 채권자 및 피해자에게 과
실이 있는 경우에는 손해배상의 책임 및 그 금액을 점함에 있어 이
를 참작하여야 한다(필요적 참작사유). 참작의 정도는 법원의 재량이
며, 피해자의 과실유무는 법원의 직권조사사항이다(대법원 1996.10.
25. 선고 96다30113 판결).[45] 우리 대법원 판례는 "채무불이행 또는 불
법행위에 있어서 과실상계는 공평 내지 신의칙의 견지에서 손해배
상액을 정함에 있어 피해자의 과실을 참작하는 것으로서 그 적용에
있어서는 가해자, 피해자의 고의·과실의 정도, 위법행위의 발생 및
손해의 확대에 관하여 어느 정도의 원인이 되어 있는가 등"의 제반
사정을 고려하여 배상액의 범위를 정한다.[46] 그런데 우리 판례는 불
법행위에 있어서 가해자의 과실은 의무위반이란 강력한 과실인 데

---

45) 대법원 1996.10.25. 선고 96다30113 판결에서 "민법상의 과실상계제도는
채권자가 신의칙상 요구되는 주의를 다하지 아니한 경우 공평의 원칙에 따라
손해의 발생에 관한 채권자의 그와 같은 부주의를 참작하게 하려는 것이므로
단순한 부주의라도 그로 말미암아 손해가 발생하거나 확대된 원인을 이루었
다면 피해자에게 과실이 있는 것으로 보아 과실상계를 할 수 있고, 피해자에
게 과실이 인정되면 법원은 손해배상의 책임 및 그 금액을 정함에 있어서 이
를 참작하여야 하며, 배상의무자가 피해자의 과실에 관하여 주장하지 않는
경우에도 소송자료에 의하여 과실이 인정되는 경우에는 이를 법원이 직권으
로 심리·판단하여야 한다."고 보아 변론주의가 적용되지 않음을 명확히 하
였다.

46) 대법원 1992.2.14. 선고 91다4249 판결 등.

반하여, 피해자의 과실을 따지는 과실상계에 있어서의 과실이란 전자의 것과는 달리 사회통념상, 신의성실의 원칙상, 공동생활상 요구되는 약한 부주의를 가리키는 것으로 보아야 할 것이라고 판시하고 있다.[47] 예컨대 불법행위책임의 배상액삭감과 관련하여서 판례는 "불법행위에 있어서 가해자의 과실은 강력한 과실인 데에 반하여, 과실상계에 있어서의 피해자의 과실이란 전자의 것과 달리 사회통념상, 신의성실의 원칙상, 공동생활상 요구되는 약한 부주의를 가리키는 것" 또는 "피해자가 불법행위의 성립에 요구되는 엄격한 의미의 주의의무를 위한 경우뿐만 아니라, 단순한 부주의로 인하여 손해가 발생 또는 확대되게 된 경우에도 피해자에게 과실이 있는 것으로 보아 과실상계를 할 수 있다"고 하였다.[48] 이렇듯 과실상계에서의 '과실'을 약한 부주의로 완화하여 판단하는 결과 일반적으로 피해자는 잠재적으로 과실상계에 의해 손해배상액이 조정될 수밖에 없는 처지에 놓이게 된다고 볼 수도 있다. 더 나아가 우리 대법원은 책임능력이 없어도 사리변식능력이 있으면 과실상계를 할 수 있다고 보아[49] 고령소비자 또한 과실상계능력이 인정될 것이라는 점에서 과

---

47) 홍천용, "자동차사고손해에 있어서의 과실상계문제," 손해배상법의 제문제: 성헌황적인박사화갑기념, 박영사(1990), 245면; 김상용, 채권총론, 법문사, 2003, 189면. 이은영, 채권총론, 박영사, 2006, 329면은 "과실상계에서의 과실의 의미를 다음과 같이 나누어 본다. 첫째, 과실상계가 책임부정의 기능을 하는 경우에는 피해자의 과실도 가해자의 과실과 같은 정도의 것이어야 한다. 둘째, 과실상계가 단순히 배상액삭감의 기능을 하는 경우에 피해자의 과실은 가해자의 것과는 달리 약한 정도의 과실로 충분하다. 피해자 과실의 전제가 되는 주의의무가 법령이나 관습 등에 의해 부과된 것이 아니라도 사회통념상 피해자가 그 상황에서 그러한 주의를 다할 것으로 기대되는 경우에 과실상계가 인정될 수 있다"고 보아 절충설을 취한다.

48) 대법원 1991.12.10. 선고 91다14123; 대법원 1992.5.12. 선고 92다6112; 대법원 1999.2.26. 선고 98다52469 등.

49) 판례는 초기에는 과실상계를 위해 피해자의 책임능력을 요구하였으나(대법원 1966.12.27. 선고 66다2168 판결 등), 현재는 사리변식능력만으로 족하다는 입장을 취한다. 대법원 1992.6.9. 92다7207 판결 외 다수.

실상계가 적용되어 손해액이 조정될 것이다. 예컨대 판매자의 사기적 수법일지라도 피해자인 고령소비자가 권유자의 말을 안이하게 신용한 점에 과실이 있다 하여 대폭적인 과실상계가 이루어져 손해배상액이 감액되는 경우가 발생할 것이다. 우리와 달리 독일에서는 과실상계를 위해서 과실도 가해자의 책임성립요건에서 요구되는 객관적 과실기준을 요구하며, 책임능력도 동일하게 요구한다.50)

　　예외적으로 대법원은 피해자의 부주의를 이용하여 고의로 불법행위를 저지른 자가 바로 그 피해자의 부주의를 이유로 자신의 책임을 감하여 달라고 주장하는 것은 허용하지 않는다.51) 예를 들어, 은행의 부주의를 이용하여 허위의 선하증권으로 은행으로부터 수출환어음 등의 매입대금을 편취한 행위에 적극 가담하여 허위의 선하증권을 발행한 자로서는 은행의 부주의를 이유로 손해배상책임을 경감하여 달라고 주장할 수 없다고 본다. 그러나 이러한 대법원 판례의 입장이 일반적으로 고의에 의한 불법행위의 경우에 일반적으로 과실상계를 부정하는 것은 아니라고 평가된다. 단지 과실상계를 인정하면 고의의 범죄행위로 재산상 이익을 얻은 자가 이익의 일부를 최종적으로 보유하는 것이 되어 부당한 결과가 발생하기 때문에 상계를 인정하지 않는 것으로 판단된다.52) 고령소비자에게 사기적 수법으로 불법행위를 한 자에게는 피해자의 부주의를 이용한 것으로

---

50) 이러한 점에서 독일의 과실상계규정은 신의칙을 참작한 것이 아니라, 자신의 과실 있는 행위에 대한 책임으로 이해하고 있다. Dirk Looschelers, Die Mitverantwortlichkeit des Geschädigten im Privatrecht, Mohr Siebeck (1999), S. 116 ff.: Looschelders, Schuldrecht Allgemeiner Teil, 3.Aufl., Cahl Heymanns Verlag, 2005, Rn. 1016. 국내견해로는 곽윤직, 채권총론, 박영사, 2003, 120면; 장경학, 채권총론, 교육과학사, 1992, 242면; 김주수, 채권총론, 삼영사, 2003, 194면 참조.

51) 대법원 2007.6.14. 선고 2005다32999 판결; 대법원 1997.9.5. 선고 97다17452 판결.

52) 곽윤직 편집대표(김황식 집필부분), 민법주해(XIX), 박영사, 제763조, 310면.

보아 과실상계를 인정하지 않을 수도 있을 것이다. 이를 통해 고령소비자를 어느 정도 보호할 수 있을 것이다.

참고로 노미 요시히사(能見善久)는, "종래 일본에서는 과실상계의 적용영역이 확대되었으며 이는「공평」의 이념에 의해 정당화된다고 여겨져 왔으나 공평의 내용·기준은 충분히 명확하지 않다[53]"고 하며, 과실상계의 기능을 손해억지기능의 재평가라는 관점에 의해 설명하고자 하였다. 이와 같은 관점에 의하면, 가해자와 피해자는 사고·손해억지의 가능성(사고지배력)에서 차이를 가지며, 그 차이는 과실상계에 있어서 고려되어야 한다고 보았다.[54] 즉 과실상계는 피해자에게도 손해의 분담이라는 부담을 과하므로, 그에 의해 피해자에게도 주의 깊은 행동을 취하도록 인센티브를 부여한다는 의미에서 손해억지기능을 가진다는 것이다. 따라서 손해억지기능을 기대할 수 없는 국면에 있어서는 과실상계가 제한되어야 한다고 보았다.[55] 예컨대 고령소비자 등에게 과실상계를 인정하기보다는 과실상계를 부인하는 것이 고령소비자 등을 노리는 악의적인 가해행위가 억지될 것이라는 점에서 노미 요시히사(能見善久)는 고령자에 대한 가해행위에 대해서는 과실상계를 인정하지 않는다.

3) 소 결

개별소비자는 ① 피해가 소액인 점, ② 증명책임이 소비자에 있는 경우가 많아 재판을 예상할 수 없는 점, ③ 교섭비용, 소송비용의 부담이 있는 점 등의 이유로 손해배상을 청구하지 않고 묵인하는 경우가 많다. 또한 설령 청구하더라도 법원에 의해 과실상계가 인정되어 전액을 배상받지 못하는 경우도 많아 개별소비자에 의한 손해배상만으로는 소비자를 기만한 가해자에게 이득을 유지하게 하는 결

---

53) 能見善久, "過失相殺の現代的機能," 淡路剛久ほか 編, 『不法行爲法の現代的課題と展開―森島昭夫教授還曆記念論文集』, 日本評論社, 1995, 136面.

54) 能見善久, 前揭論文, 122面.

55) 能見善久, 前揭論文, 136面.

과를 낳게 된다. 즉 소비자거래 분야에서는 위법한 사업 활동에 의해 사업자가 이익을 취한 경우, 그 이익을 그대로 사업자가 취득하거나 사업자가 본래 다해야 할 손해배상책임을 사실상 면함으로써, 본래 토출해야 하는 경제적 가치가 사업자에게 잔존하는 결과를 초래하는 소비자피해가 다수 발생하고 있다. 본래 취해서는 안 될 위법행위에 의한 이익을 사업자가 취득하거나 유보할 수 있게 하는 것은 진정한 소비자피해의 구제에도 미흡할 뿐만 아니라 위법행위의 억지와 소비자거래의 적정화라는 관점에서도 간과할 수 없는 문제이다.

3. 이득을 참조하여 손해배상액을 산정하는 방법(gain-based damages)을 통한 위법행위 억지 및 피해자 구제

(1) 국내외 근거법령들

우리 민법은 손해배상액을 산정함에 있어 가해자가 취득한 이득을 고려하지 않는다. 다만 특별법(저작권법 제125조 제1항[56] 및 특허

---

56) 제125조(손해배상의 청구) ① 저작재산권 그 밖에 이 법에 따라 보호되는 권리(저작인격권 및 실연자의 인격권을 제외한다)를 가진 자(이하 "저작재산권자등"이라 한다)가 고의 또는 과실로 권리를 침해한 자에 대하여 그 **침해행위에 의하여 자기가 받은 손해의 배상을 청구하는 경우에** 그 권리를 침해한 자가 그 침해행위에 의하여 이익을 받은 때에는 그 이익의 액을 저작재산권자등이 받은 손해의 액으로 추정한다. ② 저작재산권자등이 고의 또는 과실로 그 권리를 침해한 자에 대하여 그 침해행위에 의하여 자기가 받은 손해의 배상을 청구하는 경우에 그 권리의 행사로 통상 받을 수 있는 금액에 상당하는 액을 저작재산권자등이 받은 손해의 액으로 하여 그 손해배상을 청구할 수 있다. ③ 제2항의 규정에 불구하고 저작재산권자등이 받은 손해의 액이 제2항의 규정에 따른 금액을 초과하는 경우에는 그 초과액에 대하여도 손해배상을 청구할 수 있다. ④ 등록되어 있는 저작권, 배타적발행권(제88조 및 제96조에 따라 준용되는 경우를 포함한다), 출판권, 저작인접권 또는 데이터베이스제작자의 권리를 침해한 자는 그 침해행위에 과실이 있는 것으로 추정한다.

법 제128조 제4항[57] 등)에서는 이러한 구조를 취하고 있다. 이는 일본의 특별법에서 흔히 볼 수 있는 구조이다. 예컨대 일본신탁법 제40조 제3항은 "수탁자가 제30조, 제31조 제1항 및 제2항 또는 제32조 제1항 및 제2항의 규정에 위반한 행위를 한 경우에는 수탁자는 당해 행위에 의해 수탁자 또는 그 이해관계인이 얻은 이익액과 동액의 손실을 신탁재산에 발생시킨 것으로 추정한다."고 하고 있으며, 특허권 등 지적재산권의 침해에 대해서는 이득참조형 손해산정에 대해 손해의 추정이라는 형태로 규정이 마련되어 있다(일본 특허법 제102조 제2항,[58] 저작권법 제114조, 디자인법 제39조 등). 또한 영업비밀의

---

57) 제128조(손해배상청구권 등) ① 특허권자 또는 전용실시권자는 고의 또는 과실로 자기의 특허권 또는 전용실시권을 침해한 자에 대하여 침해로 인하여 입은 손해의 배상을 청구할 수 있다. ② 제1항에 따라 손해배상을 청구하는 경우 그 권리를 침해한 자가 그 침해행위를 하게 한 물건을 양도하였을 때에는 그 물건의 양도수량에 특허권자 또는 전용실시권자가 그 침해행위가 없었다면 판매할 수 있었던 물건의 단위수량당 이익액을 곱한 금액을 특허권자 또는 전용실시권자가 입은 손해액으로 할 수 있다. ③ 제2항에 따라 손해액을 산정하는 경우 손해액은 특허권자 또는 전용실시권자가 생산할 수 있었던 물건의 수량에서 실제 판매한 물건의 수량을 뺀 수량에 단위수량당 이익액을 곱한 금액을 한도로 한다. 다만, 특허권자 또는 전용실시권자가 침해행위 외의 사유로 판매할 수 없었던 사정이 있으면 그 침해행위 외의 사유로 판매할 수 없었던 수량에 따른 금액을 빼야 한다. ④ 제1항에 따라 손해배상을 청구하는 경우 특허권 또는 전용실시권을 침해한 자가 그 침해행위로 인하여 얻은 이익액을 특허권자 또는 전용실시권자가 입은 손해액으로 추정한다. ⑤ 제1항에 따라 손해배상을 청구하는 경우 그 특허발명의 실시에 대하여 통상적으로 받을 수 있는 금액을 특허권자 또는 전용실시권자가 입은 손해액으로 하여 손해배상을 청구할 수 있다. ⑥ 제5항에도 불구하고 손해액이 같은 항에 따른 금액을 초과하는 경우에는 그 초과액에 대해서도 손해배상을 청구할 수 있다. 이 경우 특허권 또는 전용실시권을 침해한 자에게 고의 또는 중대한 과실이 없을 때에는 법원은 손해배상액을 산정할 때 그 사실을 고려할 수 있다. ⑦ 법원은 특허권 또는 전용실시권의 침해에 관한 소송에서 손해가 발생된 것은 인정되나 그 손해액을 증명하기 위하여 필요한 사실을 증명하는 것이 해당 사실의 성질상 극히 곤란한 경우에는 제2항부터 제6항까지의 규정에도 불구하고 변론 전체의 취지와 증거조사의 결과에 기초하여 상당한 손해액을 인정할 수 있다.

위법한 이용에 대해서는 부정경쟁행위에 해당하며 역시 이득참조형 손해산정을 가능케 하는 손해추정규정이 마련되어 있다(일본 부정경쟁방지법 제5조 제2항).[59]

이득참조형 손해산정방식을 민법상의 불법행위손해배상청구권(민법 제750조)에서도 준용할 수는 없는가? 국내에서는 이에 대한 논의가 없으나, 일본의 구보타 아쓰미(窪田充見)는 불법행위책임의 목적을 위법행위의 제재 및 억지로 보고 가해자의 이익을 손해로 보아 토출시켜야 한다는 입장을 취하고 있다.[60] 즉 구보타(窪田)는 불법행위(일본민법 제709조)를 통해 영리활동이 인정되는 것이 허용되어서는 안 된다는 전제하에 불법행위손해배상청구권에 기하여 가해자의 이익을 토출(吐出)시킬 수 있다고 본다. 왜냐하면 그는 불법행위법은 제재 혹은 일반예방을 실현해야 한다고 보기 때문이다.[61] 모리타(森田)·고즈카(小塚) 또한 최적의 억지를 위해서는 규제되는 행위가 발생시키는 사회적 불이익과 규제에 소요되는 비용의 조화와 그 행위가 사회 전체에 야기하는 이익을 비교하여 그 차이를 최대한으로 줄여야 한다는 전제로 가해자가 취득한 이득의 토출을 불법행위 손해배상으로 실현할 수 있다고 본다.[62] 더 나아가 일본의 일부

---

58) 일본 특허법 제102조 제2항에 대해서는 이를 일실이익의 산정에 관한 규정으로 파악하는 견해와 시장기회의 상실이라는 손해 개념에 의해 파악하는 견해가 있다(田村善之,『知的財産権と損害賠償[新版]』, 弘文堂, 2004, 334-336面).

59) 참고로 일본 특허법 제102조 제4항 및 부정경쟁방지법 제5조 제4항은 각각 실시료상당액 이상의 손해배상을 요구하는 때에 법원은 특허침해행위나 부정경쟁행위의 위법성을 참작하여 손해배상액을 정할 수 있다고 규정하고 있다.

60) 窪田充見, "不法行為法と制裁," 石田古稀『民法学の課題と展望』, 成文堂, 2000, 667面 이하.

61) 浦川道太郎ほか, "〈座談会〉不法行為法の新時代を語る," 法時78巻8号(2006), 9面[窪田充見発言] 참조.

62) 森田果/小塚壮一郎, "不法行為法の目的 ―『損害填補』は主要な制度目的か," NBL 874号(2008), 13面.

견해는 가해자(기업 등)가 인격권 등을 침해하여 부정하게 취득한 이익의 완전한 환수를 위해 이른바 「제재적 위자료」를 적극적으로 인정하자고 주장한다.[63]

참고로 네덜란드 민법 제6편 제212조 제1항은 "타자의 손실에 있어서 부당하게 이득을 취한 자는 그것이 적절한 경우라면 그 이득의 금액의 한도 내에서 손해를 배상할 의무를 진다"고 하고 있어 부당이득반환을 손해배상의 문제로 이해한다.[64] 프랑스 지적소유권법전 L. 615-7조 1항에 따르면, 법원은 "손해배상액의 산정에 임하여 피침해당사자가 입은 일실이익을 포함한 소극적인 경제적 결과, 침해자가 실현한 이익 및 침해의 원인에 의해 권리보유자에게 발생한 정신적 손해를 고려할 수 있다." 예를 들어 손실자의 100의 손실로 침해자가 1000의 이익을 취한 경우에 법원은 침해자가 취득한 이익을 「고려할 수 있다」이므로, 1000의 손해배상을 명할 수도 있다.[65] 캐나다에서는 판례의 의해 이득참조형 손해배상(gain-based damages)이 인정되고 있는데, Weinrib는 교정적 정의의 관점에서 이득참조

---

63) 後藤孝典, 『現代損害賠償論』, 日本評論社, 1982, 179面, 187面 以下, 256面 以下; 小島武司, "脚光を浴びる制裁的賠償," 判タ278号, 6面 以下; 樋口範雄, "制裁的慰謝料論について―民刑峻別の「理想」と現実―," ジュリ911号, 1988, 19面 以下.

64) A. S. Hartkamp, Mr. C. Asser's Handleiding tot de Beoefening van het Nederlands Burgerlijk Recht, Verbintenissenrecht, Bd. III, 11. Aufl., 2002, Rn. 363.

65) 물론 동조의 「고려할 수 있다」는 이익액과 손해액의 등가를 의미하지 않으므로 법관은 손해를 1000으로 평가할 수도 있으나, 700 또는 100의 배상만을 명할 수도 있을 것이다. 이 규정에 의해 법원이 손해배상액 산정 시 침해자가 얻은 이익을 고려할 수 있게 되었다는 점을 감안하여, 일부 학설은 이 규정에 의해 프랑스 내에서도 징벌적 손해배상(punitive damages)의 길이 열렸다고 평가한다. Guillemin Alexis, « Nouvelle répression: la loi sur la contrefaçon », LEGICOM 1/2010 (N° 44), p. 99ff.; Voir commentaires, sous l'article 3 du projet de loi, du nouvel L. 521-8 du code de la propriété intellectuelle; Carval, La responsabilité civile dans sa fonction de peine privée, no. 29, p. 31f.

형 손해배상(gain-based damages)의 근거를 찾는다. Weinrib는 이러한 사고에 의거하여 이득참조형 손해배상을 원칙적으로 property 침해의 경우에만 인정되는 것이라고 판단한다. 그 이유로 그는 property가 권리자의 목적물에 대한 배타적인 권리이며, 물건의 이용으로 발생하는 모든 이익을 향수할 수 있는 권한인바, property를 침해하여 취한 부정한 이득을 권리자에 귀속시키는 것이 권리를 회복하고 부정의를 시정하는 것이라 본다.[66]

(2) 검 토

불법행위 손해배상청구권을 통한 제재 및 억지를 주요목적으로 하여 이득의 토출을 손해배상으로 실현시키는 것이 가능한가? 그러나 손해배상이란 발생한 손해의 전보를 목적으로 한다[67]는 점에서 가해자를 제재하기 위하여 또는 가해자의 행위를 억지하기 위하여 취득한 이득의 토출을 손해배상으로 인정하기에는 무리가 있을 수 있다. 물론 손해배상이 전보적 기능과 제재적 기능을 동시에 가지는 것으로 보는 견해에 의하더라도 손해배상에 의한 제재는 위자료의 액수를 산정하는 경우에 고려한다는 점을 감안하면,[68] 이득참조형

---

66) E. J. Weinrib, "Restitution and Unjust Enrichment: Restitutionary Damages as Corrective Justice," Theoretical Inquiries in Law 1(2000), p.1 ff, p.12.

67) 독일 내에서도 다수는 이러한 전보적 기능을 손해배상의 유일한 목적으로 이해한다. Schiemann, Argumente und Prinzipien bei der Fortbildung des Schadensrechts, 1981, S.185; v. Caemmerer, Das Verschuldensprinzip in rechtsvergleichender Sicht, RabelsZ 42 (1978), S.19. 일본의 통설 또한 마찬가지이다. 四宮和夫,『事務管理・不当利得・不法行為(中)』, 青林書院, 1983, 266面; 加藤一郎,『不法行為(增補版)』, 有斐閣, 1974, 3面, 228面 등. 독일 입법이유에서도 민사책임법상 손해배상에서 형벌적 요소의 완전한 분리를 강조하였다. Motive, Mugdan(Benno), Die gesamten Materialien zum Bürgerlichen Gesetzbuch für das deutsche Reich, Bd. II, Recht der Schuldverhältnis, R. von Decker's Verlag, 1899, S. 17f.

68) 김상용, 채권각론, 화산미디어, 2009, 844면; 박동진, "손해배상의 지도원리

손해배상이 제재라는 목적만으로 정당화되기도 어려울 것이다.

4. 가해자가 취득한 이득의 토출(Disgorgement of profits)을 인정하는 책임법리

(1) 국내외 근거법령들(원고적격이 피해자에게만 인정되는 경우)

우리 신탁법 제43조 제3항[69]은 명문의 규정에 의하여 취득한 이득을 직접 토출시킨다. 대만 신탁법 제35조 제2항 및 중국 신탁법 제26조에서도 마찬가지로 수탁자의 이득토출을 인정하고 있다.[70]

와 기능," 비교사법 제11권 제4호, 2004.12, 313면; 이명갑, "제재적 위자료의 입론 II," 사법행정, 1987.5, 28면; 이은영, 채권각론, 박영사, 2004, 764면; 장재옥, "위자료에 관한 몇 가지 고찰, 한국민법이론의 발전," 「이영준 교수 화갑기념논문집」, 1999, 616면; Schäfer, Strafe und Prävention im Bürgerlichen Recht, AcP 202(2002), 397ff. 참조. 우리 판례 또한 대판 2009.12.24, 2008다3527에서 예방적 차원에서의 위자료 산정을 적시하였다는 점에서 어느 정도 제재를 통한 예방을 고려한 것으로 이해된다. 일본의 문헌 중에는 위자료의 주된 기능을 전보가 아닌 제재로 보는 견해가 오래전부터 제기되었다. 戒能通孝, "不法行爲に於ける無形損害の賠償請求権(一)(二・完)," 法協 第50巻 第2号, 1932, 210面 以下. 최근에는 위자료의 본질을 제재로 보아야 한다는 견해가 다수 존재한다. 田中英夫/竹内昭夫, "法の実現における私人の役割(四・完)," 法協 第89巻 第9号, 1972, 1033面 以下; 三島宗彦, "損害賠償と抑制的機能," 立命館法学 第105・106号, 1972, 676面 以下; 淡路剛久, 『不法行爲法における権利保障と損害の評価』, 有斐閣, 1984, 13面, 16面, 104面 以下, 147面, 156面; 森島昭夫, 『不法行爲法講義』, 有斐閣, 1987, 474面; 四宮和夫, 前掲書, 256面 以下.

69) 신탁법 제43조(수탁자의 원상회복의무 등) ① 수탁자가 그 의무를 위반하여 신탁재산에 손해가 생긴 경우 위탁자, 수익자 또는 수탁자가 여럿인 경우의 다른 수탁자는 그 수탁자에게 신탁재산의 원상회복을 청구할 수 있다. 다만, 원상회복이 불가능하거나 현저하게 곤란한 경우, 원상회복에 과다한 비용이 드는 경우, 그 밖에 원상회복이 적절하지 아니한 특별한 사정이 있는 경우에는 손해배상을 청구할 수 있다. ② 수탁자가 그 의무를 위반하여 신탁재산이 변경된 경우에도 제1항과 같다. ③ **수탁자가 제33조부터 제37조까지의 규정에서 정한 의무를 위반한 경우에는 신탁재산에 손해가 생기지 아니하였더라도 수탁자는 그로 인하여 수탁자나 제3자가 얻은 이득 전부를 신탁재산에 반환하여야 한다.**

우리 상법 제17조 제2항 및 제397조 제2항에서도 이득의 토출을 인정하고 있다.[70] 독일상법(HGB) 제61조 제1항, 독일상법 제113조 제1항 및 독일회사법(AktG) 제88조 제2항에도 유사한 조문을 두고 있다. 또한 독일은 지식재산 등이 침해된 경우의 이익토출을 인정하는 명문규정을 두고 있다[독일 저작권법(UrhG) 제97조 제2항, 독일 특허법(PatG) 제139조 제2항 등]. 미국 또한 신탁법 등에서 이득토출을 인정하고 있다.[72]

DCFR VI편(타인에게 발생한 손해에 대한 비계약적 책임, PEL Liab.Dam.) 4장 101조 c호 및 DCFR VI편 6장 101조 4항은 이익토출 법리를 두고 있다. 먼저 DCFR VI편 4장 101조 c호는 타인의 권리 및 이익의 상업적 실현으로부터 발생한 이익의 토출을 인정한다. 즉 가

---

70) Lusina Ho/Rebecca Lee, Trust Law in Asian Civil Law Jurisdictions: A Comparative Analysis, Cambridge University Press, 2013, p.160.

71) **제17조(상업사용인의 의무)** ① 상업사용인은 영업주의 허락없이 자기 또는 제삼자의 계산으로 영업주의 영업부류에 속한 거래를 하거나 회사의 무한책임사원, 이사 또는 다른 상인의 사용인이 되지 못한다. ② 상업사용인이 전항의 규정에 위반하여 거래를 한 경우에 그 거래가 자기의 계산으로 한 것인 때에는 영업주는 이를 영업주의 계산으로 한 것으로 볼 수 있고 제3자의 계산으로 한 것인 때에는 **영업주는 사용인에 대하여 이로 인한 이득의 양도를 청구할 수 있다.**
제397조(경업금지) ① 이사는 이사회의 승인이 없으면 자기 또는 제삼자의 계산으로 회사의 영업부류에 속한 거래를 하거나 동종영업을 목적으로 하는 다른 회사의 무한책임사원이나 이사가 되지 못한다. ② 이사가 제1항의 규정에 위반하여 거래를 한 경우에 회사는 이사회의 결의로 그 이사의 거래가 자기의 계산으로 한 것인 때에는 이를 회사의 계산으로 한 것으로 볼 수 있고 제삼자의 계산으로 한 것인 때에는 그 이사에 대하여 이로 인한 이득의 양도를 청구할 수 있다. ③ 제2항의 권리는 거래가 있은 날로부터 1년을 경과하면 소멸한다.

72) Restatement of the Law, Third, Agency § 8.01 cmt. d (1); Uniform Trust Code § 1002(a); Restatement (Third) of Trusts § 208; Uniform Trust Code § 1002(a); Restatement (Third) of Trusts §§ 202 ff. 더 나아가 미국 신탁법 제3차 Restatement는 수탁자에 대한 징벌적 손해배상을 인정한다. Restatement (Third) of Trusts § 100 cmt. d.

해자가 권리자에게 어떠한 손해를 발생시키지 않은 경우에도 가해자는 그의 선의여부에 관계없이 취득한 이득을 반환해야 한다. DCFR Ⅵ편 6장 101조 4항도 이익토출책임을 인정한다. 한편 DCFR Ⅹ편(신탁, PEL Trusts)에서도 수탁자가 신탁상의 의무를 위반하여 취한 이득을 토출하는 독자적인 책임법리를 두고 있다(DCFR Ⅹ편 7장 203조, PEL Trusts 제6조 [73])참조).

(2) 국내외 근거법령들(원고적격이 피해자 이외의 자에게도 인정되는 경우)
미국과 독일은 대표적으로 피해자 이외의 단체 등에게 이득토출 청구를 인정하는 법령이 존재한다.
1) 미국의 증권거래위원회(SEC) 및 연방거래위원회(FTC)에 의한 이득토출
연방증권규제위반행위가 있는 경우, 증권거래위원회(SEC)는 법령위반에 대한 금지명령(Injunction)을 요구하는 외에 그에 부수하여 위법행위에 의해 취한 이득의 토출을 법원에 청구할 수 있다(이하 〈그림 1〉참조).[74] SEC는 통상 이익토출청구권을 통해 지급된 금전을 펀드(Disgorgement fund)로 편입하여 위법행위에 의해 피해를 입은 투자자에 분배한다. 토출된 이익은 가능한 한 피해자에게 분배하는 절차를 취하나, 잔액이 발생한 경우에는 국고에 귀속되거나 소비자교육에 관한 비용에 충당된다. SEC가 동일한 피고에게 토출명령과 민사제재금을 동시에 부과한 경우에는 민사제재금도 펀드로 편입하는 것이 가능하다.[75]

---

73) 유럽신탁법원칙 제6조는 임채웅, "유럽신탁법원칙에 관한 연구," 홍익법학 제11권 제1호, 2010, 247면 참조.
74) 상세한 설명은 Russell G. Ryan, THE EQUITY FAÇADE OF SEC DISGORGEMENT, HARVARD BUSINESS LAW REVIEW ONLINE, Vol. 4, 2013, p. 1 ff. 참조.
75) 한편 토출해야 할 이익액을 특정할 수 없는 경우에는 민사제재금을 토출하여 펀드에 편입하는 것이 가능하도록 1달러의 이익토출을 명령한 후 다액의

【그림 1】

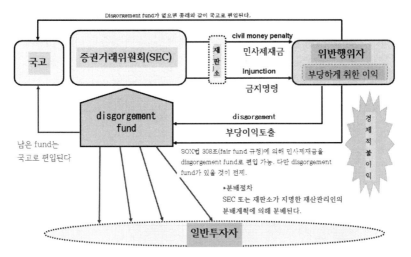

또한 연방거래위원회(FTC)는 UDAP(unfair or deceptive acts or practices) 위반행위에 대해 금지명령(Injunction)을 요구하는 외에 그에 부수하여 위법행위에 의해 취한 이득의 토출을 법원에 청구할 수 있다(이하 〈그림 2〉 참조).[76] 토출된 이익은 가능한 한 피해자에게 분배하는 절차를 취하나, 잔액이 발생한 경우에는 국고에 귀속되거나 소비자교육에 관한 비용에 충당된다. FTC는 금지명령(Injunction)에 부수하여 위반행위의 피해자에 대해 위반행위가 없었다면 놓였을 지위를 회복하는 것(위반행위의 결과, 과대하게 지급된 금전의 반환 등)을 법원에 청구할 수도 있는데,[77] 기만적 광고의 사안에서는 기만적

제재금을 과하는 실무관행이 있다.

76) 상세한 설명은 Einer Elhauge, Disgorgement as an Antitrust Remedy, 76 ANTITRUST L.J. 79 (2009) 참조.

77) FTC법 제19조는 UDAP 규정위반을 이유로 배제조치명령을 받은 자로, 자신의 행위가 UDAP 규정을 위반함을 알았을 자에 대해 법원을 통해 소비자피해의 회복을 청구할 수 있다고 규정한다. 동 조에서는 소비자피해회복조치로서 구체적으로 ① 계약의 취소, ② 금전·재산의 반환, ③ 손해배상 등을

광고에 의해 피해를 입은 자의 특정이 용이하지 않기 때문에 원상회
복이 현실적인 수단이라고 볼 수 없으므로 그와 같은 사안에서는 이
득토출(Disgorgement)이 주로 이용된다.

【그림 2】

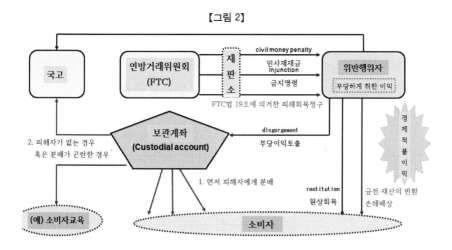

2) 독일의 이득토출 제도

독일은 부정경쟁방지법(Gesetz gegen den unlauteren Wettbewerb:
UWG) 제10조 제1항에 의해 소비자단체의 이익토출청구권을 인정
하고 있다.[78] 즉 부정경쟁방지법은 손해배상액을 결정하기가 어려
운 경우를 고려하여 부정경쟁법 위반으로 직접 취득한 이득의 토출
을 인정하고 있다.[79] 이는 제재를 위해 마련된 규정이다.[80] 특히 이

열거하고 있다.
78) 특히 독일 부정경쟁방지법 제3조 제4항은 '연령'을 고려하여 고령자를 특별
    한 보호가치가 있는 소비자로 전제한 후, 그자와의 거래행위는 그 특정집단
    의 평균구성원이 갖는 관점에서 판단되어야 한다고 하여, 독일은 일반소비자
    와 고령소비자를 다르게 판단할 근거조항을 마련하고 있다.
79) BT-Drs. 15/3640, 35, 54.
80) BT-Drs. 15/3640, 36.

는「고의」에 의한 위반행위로 인하여 다수의 구매자가 손해를 입었
으나, 각각의 손해가 매우 약소하여 손해배상청구가 주장될 가능성
이 극히 적은, 이른바 티끌 손해의 경우에 행사된다. 요컨대 부정경
쟁방지법은 사업자에 대해 부정경쟁방지법 위반에 의해 획득한 이
익의 반환을 요구하는 권리를 소비자단체 등의 일정 단체에 인정하
고, 당해 권리의 행사로서 위반사업자로부터 위법행위에 의해 획득
한 이익을 박탈하여 국고에 지급토록 한다. 박탈된 이익은 국고에
귀속된 후 소비자보호를 위해 사용되지 않고 연방정부의 일반적 지
출에 사용된다.

또한 독일은 경쟁제한금지법(Kartell법, Geset gegen Wettbewerbsbe-
schränkungen, GWB) 제34조 a에 의해 이익토출을 실현하고 있다.[81]
고의로 Kartell법을 위반하여 이득을 취득한 경우, Kartell청은 먼저
행정처분으로서 고의 또는 과실로 획득한 모든 이익의 박탈을 명할
수 있다(이하 〈그림 3〉 참조).[82] 영업이익단체 또한 사법상의 청구권
으로서 이익박탈청구를 주장할 수 있으나, Kartell청이 이미 과료(과
징금)[83] 또는 이익박탈을 명한 경우에는 단체에 의한 이익박탈청구
는 금지된다.

---

81) 제재를 위한 것이다. BT-Drs. 15/1487, 23.
82) 이 경우 Kartell청은 이익박탈과 과료 중 하나만을 명한다. 과료와 달리 이
    익박탈에 있어서의 이익의 산정은 다양한 경제적 사정을 고려해야 하며 절차
    가 장기화될 수 있다는 점에서 통상적으로 과료처분을 한다고 한다. van
    Raay, Gewinnabschöpfung als Präventionsinstrument im Lauterkeitsrecht :
    Möglichkeiten und Grenzen effektiver Verhaltenssteuerung durch den
    Verbandsanspruch nach § 10 UWG; Untersuchung unter vergleichender
    Heranziehung insbesondere der Verletzergewinnhaftung im Rahmen der
    dreifachen Schadensberechnung nach Immaterialgutsverletzungen, KIT
    Scientific Publishing, 2012, S. 100 ff.
83) 과료와 이익토출은 침해자에 대한 제재라고 할 수 있다. BT-Drs. 15/1487,
    23.

【그림 3】

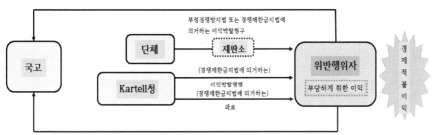

그러나 독일 내에서도 이 법을 통한 이익토출제도는 실효성이 크지 않다고 본다. 왜냐하면 일단 토출된 이익이 모두 국고로 환수되므로 이 청구권이 활성화될 유인(incentive)이 작기 때문이다. 이러한 이유 때문에 독일에서 이익토출제도는 사실상 죽은 권리(praktisch totes Recht)라고 불리기도 한다.[84]

3) 검 토

우리 또한 미국과 독일과 같이 사업자들이 소비자를 기만한다거나 불량한 제품을 시장에 공급하여 이익을 얻는 경우에는 이득을 박탈시키는 제도를 도입하여 그들의 행위를 억지할 수도 있을 것이다. 고령소비자를 포함한 소비자의 보호를 위해 가해자들의 위법행위를 억지하기 위하여 이익환수청구권제도를 도입할 경우, 소비자단체 등에게도 원고적격을 인정할 것인지, 환수한 금전을 국고로 귀속시킬 것인지 아니면 소비자 등에게 분배하거나 다른 목적으로 활용할 것인지 등을 면밀하게 검토해 보아야 할 것이다. 다만 환수된 이득을 모두 국고에 편입시키는 시스템으로 인하여 실질적으로 이득토출제도의 활용이 저조한 독일을 고려한다면, 국고에 환수하는

---

84) Goldmann, Gesetz gegen den unlauteren Wettbewerb(UWG)—Kommentar, 3. Aufl., 2013, § 10 Rn. 5; Emmerich, in Wettbewerbsrecht GWB-Kommentar zum Deutschen Kartellgesetz Bd. 2, 4. Aufl., 2007, § 34 a Rn. 4.

방법은 지양하는 것이 타당할 것이다.

(3) 민법상 부당이득에 기하여 이득의 토출이 가능한지 여부

우리 판례는 민법 제741조의 부당이득 성립요건으로 '손해'[85]의 발생을 요구하고 있으며,[86] 동시에 손해를 한도로 이득의 반환을 제한한다.[87] 따라서 부당이득의 반환범위는 손해로 제한되어 이득의 토출을 실현시킬 수 없는 한계가 있다. 비교법적으로 프랑스는 우리와 마찬가지로 손해로 이득의 반환범위를 제한하고 있으며,[88] 독일은 객관적 가치를 한도로 이득의 범위를 제한하는 견해가 지배적이다.[89] 코먼웰스(commonwealth) 국가들 중 다수는 위법행위에 대한 원상회복(restitution for wrong)을 부당이득과 별개의 독자적인 책임 영역으로 보고 부당이득과 차별화를 시도하고 있다.[90] 반면에 미국

---

85) 우리민법 제741조의 '손해'를 '손실'로 개정할 것인지에 대해서는 권영준, "부당이득에 관한 민법개정안 연구," 서울대학교 법학 제55권 제4호, 2014/12, 159면 이하 참조.

86) 대법원 1988.4.25. 선고 87다카1073 판결. 참고로 네덜란드 민법 제6편 제212조 제1항은 "타자의 손실에 있어서 부당하게 이득을 취한 자는 그것이 적절한 한 그 이득의 금액의 한도 내에서 손해를 배상할 의무를 진다"고 하고 있어 부당이득을 손해배상의 문제로 보고 있어 손실 및 손해의 발생 요건이 매우 중요한 요소가 된다고 할 수 있다. Hartkamp, a.a.O., Rn. 363.

87) 대법원 2008.1.18. 선고 2005다34711 판결은 "부당이득반환의 경우 수익자가 반환해야 할 이득의 범위는 손실자가 입은 손해의 범위에 한정되고, 여기서 손실자의 손해는 사회통념상 손실자가 당해 재산으로부터 통상 수익할 수 있을 것으로 예상되는 이익 상당이라 할 것이며, 부당이득한 재산에 수익자의 행위가 개입되어 얻어진 이른바 운용이익의 경우, 그것이 사회통념상 수익자의 행위가 개입되지 아니하였더라도 부당이득된 재산으로부터 손실자가 통상 취득하였으리라고 생각되는 범위 내에서는 반환해야 할 이득의 범위에 포함된다."고 보고 있다(밑줄은 필자가 첨가).

88) J. FLOUR/J.-L.AUBERT/É.SAVAUX, Les obligation/2. Le fait juridique, 14e éd., Sirey, 2011, n° 33 ets.; P. Schlechtriem, Restitution und Bereicherungsausgleich in Europa, Bd. I (2000), S. 4 f., S. 11 f.

89) 이에 대해서는 서종희, "침해부당이득에서 수익자의 초과수익반환," 저스티스 제151호, 2015/12, 178면 이하 참조.

제3차 원상회복 및 부당이득법 리스테이트먼트[Restatement (Third) of Restitution and Unjust Enrichment]는 피고가 악의의 침해행위자 (conscious wrongdoer)이거나 신인의무를 위반한 경우, 피고는 최소한 시장가격에 상당하는 이익을 취한 것으로 간주되며,[91] 시장가격을 초과하는 이익을 취한 때는 그 자체를 반환할 책임을 부당이득의 효과로 인정하고 있다(§51(4)).[92]

그렇다면 우리의 경우에는 피해자가 입은 손해와 관계없이 가해자가 취득한 이득을 토출시킬 수 있는 방법이 전혀 없는가? 독일은 준사무관리(독일민법 제687조 제2항)를 통해 이득의 토출을 실현할 수 있으나 그 요건을 충족하지 못하는 경우가 발생할 수 있어,[93] 우리와 동일한 문제제기가 발생하였다. 이에 독일 내에서의 논의를 확인해 보는 것이 우리 부당이득법의 해석론 및 개정방향에 시사하는 바가 있을 것이라는 점에서 이하에서 간단히 살펴보고자 한다.

독일민법 제812조 이하의 부당이득의 반환범위에 대해서는 객관적 시장가치로 제한하는 견해가 다수이다.[94] 따라서 객관적 가치

---

90) Birks, "The Role of Fault in the Law of Unjust Enrichment," in The Search for Principle: Essays in Honour of Lord Goff of Chieveley(2000), W. J. Swadling/G. Jones (Hg.), p. 235 ff. 이 구제는 원고가 취한 이득(gain)을 기준으로 하여 피해당사자인 원고에게 손실이 없는 경우에도 인정된다는 점에서, 부당이득법(unjust enrichment)과 다르다. Smith(Lionel D.), "Disgorgement of the Profits of Breach of Contract : Property, Contract and 'Efficient Breach'," 24 Can.Bus.L.J. 121(1995), 123.

91) Restatement (Third) of Restitution and Unjust Enrichment §51(2), 51 cmt c, d.

92) 침해행위를 전제로 한 초과수익을 부당이득으로 환수시키는 이 법리에 대해서는 획기적이라고 할 수 있으나, 판단에 신중을 기하고 있는 것이 현재 추세라고 할 수 있다. 학설 중에는 제3차 Restatement가 위법한 침해행위나 신인의무위반 사안에서 이득반환청구(위법행위에 의한 원상회복)의 근거를 「부당이득」으로 포섭한 것에 대해 강하게 비판하며, 위법행위(불법행위 등) 그 자체가 당해 청구의 근거라고 주장하기도 한다. Lionel D. Smith, "Book Review," 57(3) MCGILL L. J. 629(2012), 635 ff.

93) BGH NJW 2006, 2323; BGH NJW 2012, 3572, 3573.

를 초과하는 이득의 토출은 부당이득으로 불가능하다.⁹⁵⁾ 다만 객관
적 가치로 제한하는 견해들 또한 침해되는 법익 및 침해의 모습에
따라 이득의 토출을 인정할 수 있음을 시인한다. 예컨대 신인의무를
위반한 경우에는 부당이득을 통해 이득토출이 가능하다고 보며,⁹⁶⁾
악의적으로 인격권 등을 침해하여 이득을 얻은 경우에는 [준사무관
리와 별개로] 이득의 토출을 인정할 수 있다는 견해가 지배적이
다.⁹⁷⁾ 더욱이 제66회 독일법률가 대회에서 Gerhard Wagner는 독일

---

94) Martinek(Michael), in: Staudinger/Eckpfeiler Des Zivilrechts(2008), S.
   845; Larenz/Canaris, Lehrbuch des Schuldrechts, Zweiter Band:
   Besonderer Teil, 2. Halbband, 13.Aufl., 1994, S. 266.
95) 주관적 가치의 반환을 인정하는 견해에 의하면 객관적 가치를 초과하는 이
   득의 토출이 인정된다. Koppensteiner(Hans-Georg)/Kramer(Ernst), Unge-
   rechtfertigte Bereicherung, 2. Aufl., 1988, S. 128, 153, 169ff.; Jakobs
   (Horst Heinrich), lucrum ex negotiatione, Kondiktionsrechtliche
   Gewinnherausgabe in geschichtlichen Sicht, 1993, S. 3ff., S. 101ff.
96) Rusch, Gewinnhaftung bei Verletzung von Treuepflichten - Eine
   rechtsvergleichende Untersuchung zum englischen und deutschen Recht,
   2003, S. 242 ff.
97) Helms, Tobias, Gewinnherausgabe als haftungsrechtliches Problem, 2007,
   S. 309; Wagner, Gerhard, Neue Perspektiven im Schadensersatzrecht -
   Kommerzialisierung, Strafschadensersatz, Kollektivschaden, 2006, A 89;
   Wagner, Gerhard, Geldersatz für Persönlichkeitsverletzungen, ZEuP 2000,
   200 ff.; Dreier, Kompensation und Prävention; Rechtsfolgen unerlaubter
   Handlung im Bürgerlichen, Immaterialgüter- und Wettbewerbsrecht, 2002,
   S. 132; Canaris, Claus-Wilhelm, Gewinnabschöpfung bei Verletzung des
   allgemeinen Persönlichkeitsrechts, in: Festschrift für Erwin Deutsch(1999),
   S. 278; Amelung, Ulrich, Der Schutz der Privatrecht im Zivilrecht (2002),
   S. 7 ff., S. 289 ff. 반면에 부당이득은 객관적 가치의 이득의 반환이라는 점
   에서 이를 초과하는 이익의 토출을 부당이득을 통해 실현하는 것에 대해 부
   정적인 견해로는 Köndgen, Johannes, Gewinnabschöpfung als Sanktion
   unerlaubten Tuns: Eine juristisch-ökonomische Skizze, RabelsZ 64 (2000),
   661 ff. 참조. 독일 연방대법원은 손해를 산정함에 있어 이득을 취득한 부분
   을 고려하여 증가시키고는 있지만 일반적인 이득토출의 법리를 인정하고 있
   지는 않는다. BGH 2005, 215, 126; BGHZ 128, 1, 16. 이러한 분석에 대해서
   는 Helms, a.a.O., S. 295 ff. 참조.

민법 제687조 제2항을 삭제하고 독일민법 제251조 제3항[의도적으로 채무자 및 제3자의 권리를 침해한 경우에는 채권자 및 피해자가 손해배상을 청구하는 대신에 채무자나 침해자가 취득한 수익(Gewinns)의 토출을 주장할 수 있다]을 추가하여 이득토출의 일반법리를 민법전에 수용하자고 주장한다.[98]

(4) 검 토

일본의 통설은 악의적인 침해자의 이득의 토출을 부당이득이 아닌 독일민법상의 준사무관리를 유추하여 실현시킨다.[99] 그러나 어떠한 법익이나 권리침해에 대한 법적 제재 및 구제수단을 강구할 때에는 이미 정립되어 있는 현행법체계와 법학방법론을 토대로 하여 합리적인 해결책을 먼저 고려하는 것이 바람직하다. 따라서 독일과 달리 준사무관리를 인정할 만한 명문규정이 없는 우리나라에서 일본의 통설처럼 준사무관리를 적용하자는 주장은 지양될 필요가 있다.[100] 그렇다면 사법(부당이득 및 불법행위)을 통한 교정적 정의는 어떠한 모습으로 이루어져야 할까? 아리스토텔레스는 교정적 정의를 일방이 더욱 많은 이익을 얻고 타방이 더욱 적은 이익을 얻은 때에 전자의 이득을 박탈하고 후자에게 제공하여 공평한 사태를 회복하는 것이라고 설명한다. 그러나 이 설명에는 얼마만큼을 제공하면

---

98) Wagner(2006), a.a.O., A 97.

99) 澤井裕, テキストブック事務管理・不当利得・不法行為(第3版), 有斐閣, 2001, 22面; 四宮和夫, 前揭書, 43面; 新版注釈民法(18)/田中整爾, 321面 이하; 川村泰啓, "返還されるべき利得の範囲(四)," 27面 이하; 加藤雅信, 事務管理・不當利得・不法行爲(新民法大系 V), 24面; 藤原正則, 不當利得法, 信山社, 2002, 269面 이하. 국내 학설 또한 이러한 입장이 다수이다. 김증한/김학동, 채권각론(제7판), 박영사, 2006., 686면; 김형배, 사무관리・부당이득, 박영사, 2003, 51면; 윤철홍, 채권각론, 법원사, 2001, 348면.

100) 안춘수, "무권리자의 처분과 부당이득 및 사무관리," 법학연구 제24권 제1호, 연세대학교 법학연구원(2014.3), 149면, 154면 이하; 곽윤직, 채권각론, 박영사, 2002, 343면.

공평한 상태가 회복되는가를 확정하는 기준이 없다.[101] 불법행위와
부당이득을 통해 교정적 정의의 실현을 시도한다고 할지라도 결국
시정되어야 할 부정의를 결정하기 위해서는 사회적으로 바람직한
재화의 배분과 같은 관점(배분적 정의)이 등장할 수밖에 없다.[102] 이
런 이유에서 일본의 이시다(石田) 교수나 다니구치(谷口) 교수는 교
정적 정의를 실현하면서도 그 정의 실현의 범위를 배분적 정의를 고
려하여 조정하고 있다.[103] 결국 이득토출의 모습은 다양할 수밖에
없으며 최종적으로는 입법자의 결단을 통해서 범위 및 요건이 확정
되어야만 한다.

5. 징벌적 손해배상제도 및 법정손해배상제도의 활용

경우에 따라서는 특별법에 의해 실손해가 아닌 법정손해액을
청구할 수 있다. 예컨대 2011.12.2. 개정 저작권법 제125조의2[104]와

---

101) 이러한 이유 때문에 Kelsen은 아리스토텔레스가 무엇이 교정적 정의인지
를 논하지 않으며, 그 내용은 토톨로지[Tautologie]라고 지적한다. H.
Kelsen, What is Justice: Justice, Law and Politicsin of California Press,
1957), p.131. Weinrib는 이 비판에 대해 교정적 정의가 정당화를 위한 구조
에 지나지 않음을 인정한다. E. J. Weinrib, The Idea of Private Law
(Harvard University Press, 1995), p. 68; J. Edelman, "in Defence of
Exemplaly Damages," in Charles E. F. Rickett ed., Justifying Private Law
Remedies(Hart Publishing, 2008), pp.239-241.

102) H. Dagan, "The Distributive Foundation of Corrective Justice," 98
Michigan Law Review 139(1999); W. Lucy, Philosophy of Private
Law(Oxford University Press, 2007), p. 376 ff.

103) 石田文次郎, 債権各論, 早稲田大学出版部, 1947, 249面; 谷口知平, 不当利
得の研究, 有斐閣, 1949, 280面 이하.

104) 제125조의2(법정손해배상의 청구) ① 저작재산권자등은 고의 또는 과실로
권리를 침해한 자에 대하여 사실심(事實審)의 변론이 종결되기 전에는 **실제
손해액이나 제125조 또는 제126조에 따라 정하여지는 손해액을 갈음하여 침
해된 각 저작물등마다 1천만원(영리를 목적으로 고의로 권리를 침해한 경우
에는 5천만원) 이하의 범위에서 상당한 금액의 배상을 청구할 수 있다.** ② 둘

같은 날 개정된 상표법 제67조의2 및 정보통신망법 제32조의2[105)
등에서는 법정손해배상을 인정하고 있다.[106) 또한 하도급거래 공정

이상의 저작물을 소재로 하는 편집저작물과 2차적저작물은 제1항을 적용하
는 경우에는 하나의 저작물로 본다. ③ 저작재산권자등이 제1항에 따른 청구
를 하기 위해서는 침해행위가 일어나기 전에 제53조부터 제55조까지의 규정
(제90조 및 제98조에 따라 준용되는 경우를 포함한다)에 따라 그 저작물등이
등록되어 있어야 한다. ④ 법원은 제1항의 청구가 있는 경우에 변론의 취지
와 증거조사의 결과를 고려하여 제1항의 범위에서 상당한 손해액을 인정할
수 있다.
105) 제32조의2(법정손해배상의 청구) ① 이용자는 다음 각 호의 모두에 해당하
는 경우에는 대통령령으로 정하는 기간 내에 정보통신서비스 제공자등에게
제32조에 따른 **손해배상을 청구하는 대신 300만원 이하의 범위에서 상당한**
금액을 손해액으로 하여 배상을 청구할 수 있다. 이 경우 해당 정보통신서비
스 제공자등은 고의 또는 과실이 없음을 입증하지 아니하면 책임을 면할 수
없다.
　1. 정보통신서비스 제공자등이 고의 또는 과실로 이 장의 규정을 위반한
　　경우
　2. 개인정보가 분실·도난·유출·위조·변조 또는 훼손된 경우
② 법원은 제1항에 따른 청구가 있는 경우에 변론 전체의 취지와 증거조사의
결과를 고려하여 제1항의 범위에서 상당한 손해액을 인정할 수 있다.
③ 제32조에 따라 손해배상을 청구한 이용자는 사실심의 변론이 종결되기
전까지 그 청구를 제1항에 따른 청구로 변경할 수 있다.
106) 법정손해배상은 미국 민사법상 책임형식 중 하나인 'statutory damages'에
서 유래한다. 법정손해배상제도에 대한 상세한 설명은 최경진, "새로 도입된
법정손해배상에 관한 비판적 검토－개인정보보호 관련법에서의 법정손해배
상을 중심으로," 정보법학회 발표문, 2015, 1면 이하; 이규호, "미국 연방저작
권법상 법정손해배상제도에 대한 연구," 정보법학, 제11권 제1호(2007.7),
87면 이하; 조영선, "저작권 침해로 인한 법정손해배상－개정 저작권법 제
125조의2에 대한검토," 법조, 통권 제667호(2012. 4), 122면 이하; 이동진,
"개정 정보통신망법 제32조의2의 법정손해배상: 해석론과 입법론," 서울대학
교 법학 제55권 제4호, 2014/12, 365면 이하; Berg, "Remedying the
Statutory Damages Remedy for Secondary Copyright Infringement
Liability: Balancing Copyright and Innovation in the Digital Age," 56 J.
Copyright Soc'y 265 (2009); Barker, "Note. Grossly Excessive Penalties in
the Battle Against Illegal File-Sharing: The Troubling Effects of
Aggregating Statutory Damages for Copyright Infringement," 83 Tex. L.
Rev. 525 (2004) 참조.

화에 관한 법률 제35조 제2항에서는 징벌적 손해배상[107])제도를 인정하고 있다.[108] 특히 우리사회 일각에서는 최근 일어난 가습기 살균제 사건 및 독일 폭스바겐의 디젤게이트 사건 등이 발생하면서 사회적으로 징벌적 손해배상제도의 도입이 강하게 주장되고 있다.[109]

---

107) 중첩적 손해배상은 입증할 수 없었던 손해를 고려하여 입증이 가능했던 손해의 2배, 3배의 배상액을 인정하는 것이라는 점에서 징벌적 의미는 없다. 그런데 동법은 반사회적인 행위를 한 경우의 장래의 억지를 목적으로 하는 손해배상이라는 점에서 징벌적 손해배상으로 이해해야 할 것이다. 김미혜, 앞의 논문, 328면 및 김도년/송민수, "소비자거래법 제정방향," 한국소비자원, 2014, 171면 이하에서는 손해배상의 추정의 의미로 이해한다면 이는 징벌적 손해배상이 아닌 중첩적 손해배상의 의미로 이해해야만 한다. 참고로 미국에서는 재판관의 재량에 위임된 징벌적 손해배상 외에 실손해의 2배 내지 3배의 금액을 배상하도록 인정하는 중첩배상(2·3배액 배상) 제도가 마련되어 있으며, 아시아에서도 중국의 소비자권익보호법과 대만의 소비자보호법에 도입되었다.

108) 제35조(손해배상 책임) ① 원사업자가 이 법의 규정을 위반함으로써 손해를 입은 자가 있는 경우에는 그 자에게 발생한 손해에 대하여 배상책임을 진다. 다만, 원사업자가 고의 또는 과실이 없음을 입증한 경우에는 그러하지 아니하다. **② 원사업자가 제4조, 제8조 제1항, 제10조, 제11조 제1항·제2항 및 제12조의3 제3항을 위반함으로써 손해를 입은 자가 있는 경우에는 그 자에게 발생한 손해의 3배를 넘지 아니하는 범위에서 배상책임을 진다. 다만, 원사업자가 고의 또는 과실이 없음을 입증한 경우에는 그러하지 아니하다.** ③ 법원은 제2항의 배상액을 정할 때에는 다음 각 호의 사항을 고려하여야 한다.
 1. 고의 또는 손해 발생의 우려를 인식한 정도
 2. 위반행위로 인하여 수급사업자와 다른 사람이 입은 피해규모
 3. 위법행위로 인하여 원사업자가 취득한 경제적 이익
 4. 위반행위에 따른 벌금 및 과징금
 5. 위반행위의 기간·횟수 등
 6. 원사업자의 재산상태
 7. 원사업자의 피해구제 노력의 정도
 ④ 제1항 또는 제2항에 따라 손해배상청구의 소가 제기된 경우 「독점규제 및 공정거래에 관한 법률」 제56조의2 및 제57조를 준용한다.

109) 김명엽, "징벌적 손해배상제도의 도입과 개선에 관한 연구," 일감법학 제34호, 2016/6, 63면 이하; 엄동섭/김현수, "징벌배상제도의 부작용 방지대책 연구," 2013년도 법무부 연구용역 과제보고서, 2013; 고세일, "대륙법에서 징벌적 손해배상 논의―민법의 관점에서," 법조 제688권, 법조협회, 2014, 142면

그러나 미국의 징벌적 손해배상제도의 실제 현황을 살펴보면 현실
적으로 배상액 산정 등을 포함하여 이 제도를 운영하기란 쉽지 않다
는 것을 알 수 있다.[110] 이런 이유에서 미국 연방대법원은 징벌적 손
해배상이 과도한 것인지를 살피는 기준으로서 ⅰ) 피고 측 행위의
비난가능성 정도, ⅱ) 원고 측이 받은 실제 손해액과 징벌적 손해배
상액 사이의 불균형 정도, ⅲ) 배심원단에 의한 징벌적 손해배상과
다른 법률 등에 의하여 부과될 수 있는 민사적 벌금액 사이의 차이
등을 제시한다.[111] 요컨대 미국의 경우 실질적으로 징벌적 손해배
상액은 일반전보배상액과는 상당한 차이가 있지만, 한편으로는 과
도하게 운영된다는 비판을 상쇄하기 위해 전보배상액과의 비례 등

이하 참조.

110) 왜냐하면, 산술적으로 계산된 징벌배상액이 막상 가해자에게 최종적으로
부과될 때는 '지나친 부담'이라고 여기게 되는 심리적인 경향이 생겨버리기
때문이다. 이러한 이유에서 미국에서도 최근 징벌적 손해배상은 매우 드물게
인정되고 있으며, 또한 예측가능하게 부과되고 있으며, 그 배상액수의 근거
가 되는 전보배상과 비교하여 그다지 크지 않은 액수로 부과되고 있다고 한
다. A. J. Sebok, Punitive Damages: From Myth to Theory, Iowa L. Rev.
92, 2007, p. 957 f.

111) 김태선, "징벌적 손해배상제도에 대한 고찰," 민사법학, 제50권, 2010, 256
면. 이는 BMW of North American. Inc. v. Ira Gore. Jr. 사건[BMW of N.
Am. Inc. v. Gore. 517 U.S. 559, 583 (1996)]으로 연방대법원은 차량을 새로
도색하였음에도 그 사실을 알리지 않고 새 차로 판매한 BMW측에 대하여
200만 달러의 징벌적 손해배상액을 인정한 앨라배마 주 법원의 판결에 대하
여, 원고의 실제 손해액(4,000달러)의 500배에 이르는 200만 달러의 징벌적
손해배상액은 너무나 과도하여 위헌이라고 판시하면서 주 법원의 판결을 파
기하였다. 또한 State Farm Mutual Automobile Ins. Co. v. Campbell 사건
[tate Farm Mutual Automobile Ins. Co. v. Campbell. 538 U.S. 408, 425
(2003)]에서도 연방대법원은 징벌적 배상액 1억 4,500만 달러(실제 손해액은
100만 달러)에 대하여 위 사건(BMW of North American. Inc. v. Ira Gore.
Jr. 사건)의 판시를 원용하여 주 법원의 판결을 파기하였다. 동 판결문에서
Kennedy 대법관은 "single digit rule"을 적용하여, "실제로 징벌적 손해배상
과 보상적 손해배상 사이에 한 자리 수(single-digit) 비율을 넘어서는 평결이
유의미한 수준에서 적법절차를 만족시킬 수 있는 경우는 거의 없다"고 하였
다.

을 고려하여 배상액을 결정하고 있다.112) 향후 소비자관련법에 징벌적 손해배상제도가 도입되는 경우에는 막연한 배상제도보다는 일응의 기준이 제시되는 것이 바람직 할 것이다.113)

IV. 맺음말

고령소비자는 취약성을 가지는 대상이라는 점에서 그들의 피해발생을 사전에 예방하고 충실한 사후적 구제를 통해 보호해야 할 필요가 있다. 예방적 차원에서는 민법상 후견계약을 적극적으로 활용하여야 할 것이며, 고령소비자가 가지는 정보의 열위적 지위를 극복하기 위하여 상대방에게 적극적인 정보제공의무를 부과해야 할 것이다.

고령소비자를 미성년자와 같이 획일적으로 보호하는 것은 각각의 고령자의 스펙트럼이 매우 다양하다는 점에서 적절하지 않다.114) 왜냐하면 고령화의 정도나 경과가 사람마다 각양각색이고 사회적 경험 등을 갖춘 주체라는 점에서 획일적인 연령기준에 의하여 고령소비자를 보호하는 것은 한계가 있기 때문이다.115) 현행법이 침해의 형태 및 침해된 권리(지식재산 등)의 성격 등을 고려하여 특별한 구제방법을 규정하고는 있으나, 특정 보호주체를 구제하기

---

112) 이런 이유 때문에 미국에서의 징벌적 손해배상액이 생각보다 그렇게 크지 않다. 참고로 영미법 국가들이 이득토출의 법리와 징벌적 손해배상제도를 엄격히 구분하고 전자는 이득을 박탈시키는 것이 형평에 맞다는 형평법상의 시각에서 출발한 것이고 후자는 순전히 제재와 예방을 위해서 사용되는 보통법상의 법리로 본다.

113) 그런 의미에서 최근 개정되어 징벌적 손해배상제도를 도입한 제조물책임법(시행일: 2018.4.19)이 배상액으로 3배의 기준을 제시한 것은 타당하다.

114) 미성년자의 획일적 보호의 필요성에 대해서는 Larenz/Canaris, a.a.O., S. 312 f. 참조.

115) 河上正二, "民法学入門," 『日本評論社』, 2004, 232面 이하.

위한 특별법 제정에 소극적이라는 점을 감안하면, 고령소비자 보호는 고령자를 보호하기 위한 특별법의 제정보다는 소비자 전체를 위한 구제방안의 정비를 통해 실현시킬 수 있을 것이다. 특히 소비자의 보호는 손해보상보다는 이득의 토출 및 징벌적 손해배상제도를 통해 가해행위의 제재 및 억지를 통해 이루어지도록 하는 것이 바람직 할 것이다.

1. 이익토출을 인정하는 법률 신설

현행법상의 구제 수단만으로는 소비자의 피해 확산 방지에 충분한 기능을 하지 못한다.116) 즉 현행법에 의하면, 부당한 거래로 취득한 이익을 가해업자가 향유하게 하는 결과를 가져온다. 요컨대 현행법은 가해자가 가해행위를 멈추겠다고 생각할 만한 동기를 부여하지 못한다. 향후 소비자단체소송 제도가 마련된다고 할지라도, 소권의 대상이 계약조항의 사용금지에 한정될 뿐 이득의 토출로는 직접 연결되지 않을 것으로 예상된다. 따라서 소비자보호차원에서 일반규정으로 이득토출(disgorgement of profits)을 인정하거나 이득참조형 손해배상(gain-based damages)을 인정하는 방안이 적극적으로 모색될 필요가 있다.117)

---

116) 악덕사업자들은 자신의 수지에 맞는 한 부당거래행위를 계속할 것이며, 이는 결과적으로 소비자의 피해와 연결된다. 따라서 소비자피해를 야기하는 악질거래를 방지하는 유효한 대책은 그들이 수지에 맞지 않는 장사를 하도록 하는 것이다. 이를 위해서는 가해업자의 이득을 토출시키고 경제적으로 이득을 취할 수 없게 만드는 제도를 도입할 필요가 있다. 国民生活センター, "消費者取引分野の違法行為による利益の吐き出し法制に関する研究－損害賠償、不当利益吐き出し、金銭的制裁の日米比較－," 国民生活センター総務企画部調査室 編, 2004/3.

117) 개별규정으로 분산시키는 것은 수범자들을 혼돈(Chaos)으로 유도하여 법체계의 복잡성을 증가시킨다는 점에서 신중한 검토가 필요하다. Jeffrey Rudd, J.B. Ruhl's "Law-and-Society System": Burying Norms and

2. 징벌적 손해배상 제도나 중첩배상(2·3배액 배상) 제도의 도입

피해자가 손해배상소송에 있어서 실제로 입은 손실의 배상과는 별개로 징벌적인 성질의 손해배상을 청구할 수 있는 제도의 도입이 필요하다. 현행법상 위자료를 통해 제재가 실현되기도 하지만 위자료가 저액화되어 있는 현실상 큰 실효성은 없다. 징벌적 손해배상은 금전 지급이라는 제재가 야기하는 억지적 효과를 가지고 그와 같은 효과의 실현에 행정 이외의 피해자도 참가할 수 있는 제도로서 큰 의미를 가진다.118) 미국에서는 징벌적 손해배상 외에 실손해의 2배 내지 3배의 금액을 배상하도록 인정하는 중첩배상(2·3배액 배상) 제도가 마련되어 있으며, 중국의 소비자권익보호법과 대만의 소비자보호법에 이 제도를 도입하였다. 이에 우리의 경우에도 소비자 관련법 등(장기적으로 소비자 계약법 신설)에서 일정한 유형의 악질적인 행위(예를 들어 고령자 등의 약자를 노린 상법)에 대해서는 2·3배액 배상이 가능하도록 입법화가 이루어 져야 할 것이다.

Democracy Under Complexity Theory's Foundation, William & Mary Environmental Law and Policy Review vol. 29(3), 2005, 552 ff.; J.B. Ruhl, The Co-Evolution of Sustainable Development and Environmental Justice: Cooperation, Then Competition, Then Conflict, 9 DUKE ENVTL. L. & POL'y F. 161(1999); J.B. Ruhl, Complexity Theory as a Paradigm for the Dynamical Law-and-Society System: A Wake-Up Call for Legal Reductionism and the Modern Administrative State, 45 DUKE L. J. 849(1996), 857 ff.

118) 피해자가 실손해의 배상 이상의 이익을 취하는 것이 부당하다고 본다면 징벌적 손해배상 부분에 대해서는 소비자기금에 지급하도록 할 수도 있을 것이다.

3. 소비자 기금(fund)의 활용

소비자기금은 실제 피해자에게 직접 지급하는 것이 곤란한 손해배상금의 지급처나 위법하게 취득한 부당한 이익의 토출처가 되는 것으로, 재단법인, 공익신탁 내지는 NPO법인의 형태로 설립된다. 특히 소비자기금을 소비자단체에 의한 단체소송의 금전지급처 중 하나로 고려하는 이유는 원고와 관련이 없는 단체인 소비자기금이 지급처가 되는 편이 단체소송의 투명성에 기여하며 모럴 해저드(moral hazard) 방지의 기능도 기대할 수 있기 때문이다.

한편 이와 같은 소비자기금은 위법행위가 이루어진 이후에 부당거래사실을 깨달은 사업자의 자발적인 이익토출까지도 유도할 수도 있다. 예컨대 사업자가 소비자에게 부당한 이익을 반환하고자 하여도 소액·다수의 손해라서 피해자의 특정 및 분배가 곤란하여 이익의 반환이 어려운 경우가 있을 수 있는데, 이 경우 사업자는 소비자기금에 자신이 취득한 이익을 자발적으로 토출할 수 있다.

또한 징벌적 손해배상 제도는 소송을 제기할 수 없는 잠재적 피해자로부터 취한 부당한 이익을 손해배상소송에서 승소한 피해자가 대신 토출시킨다고 할 수 있다. 그 경우 원고인 피해자가 실손해 이상의 배상을 받는 것은 부당하므로, 징벌적 손해배상의 인수처로서 소비자기금을 활용하여 적절한 분배를 시도할 수도 있다.[119]

---

119) 금전의 지급처로서 소비자기금을 이용하는 경우 외에, 미국의 cy-pres distribution(정의실현을 위해 최선의 방법을 취할 수 없는 경우에 그와 유사한 효과를 내기 위해 차선책으로 배상금을 배분하는 방법)과 같이 피해자의 속성에 가까운 공익적 집단 혹은 피해자에 공헌할 수 있는 단체를 이용하는 방법을 생각해 볼 수 있다.

4. 집단소송제도의 도입

현행법으로도 민사소송법상 선정당사자 제도, 소비자기본법상 소비자단체소송(집단분쟁조정제도), 증권집단소송법상 증권집단 소송제도 등이 존재하지만, 그 제도만으로는 집단소비자피해의 효율적 구제에 한계가 있다. 이에 집단소비자피해구제를 위하여 미국식 집단소송제도(Class Action, Federal Rules of Civil Procedure)나 소비자단체 등을 통한 집단적 피해구제를 인정하는 일본 및 프랑스식의 소송제도를 참조하여 국내에서도 신속히 집단소송이 가능하도록 해야 할 것이다. 방법론상 양 국가제도 중 하나를 선택하거나 양자를 절충하는 것도 가능할 것이다.[120)]

---

120) 서희석, 앞의 논문, 113면 이하 및 서종희, 앞의 논문, 314면 이하는 후자 (일본 및 프랑스식)의 방법에 찬성한다.

참고문헌

[국내문헌]

곽윤직 편집대표, 민법주해 XVII, 채권(10), 박영사, 2005.

곽윤직 편집대표, 민법주해 XIX, 채권(12), 박영사, 2005.

곽윤직, 채권각론, 박영사, 2002.

곽윤직, 채권총론, 박영사, 2003.

김상용, 채권각론, 법문사, 2003.

김용담 편집대표, 주석민법(제4판) 채권총칙(1), 2013.

김주수, 채권총론, 삼영사, 2003.

김증한·김학동, 채권각론(제7판), 박영사, 2006.

김형배, 사무관리·부당이득, 박영사, 2003.

윤철홍, 채권각론, 법원사, 2001.

이은영, 채권총론, 박영사, 2006.

이은영, 채권각론, 박영사, 2004.

장경학, 채권총론, 교육과학사, 1992.

고세일, "대륙법에서 징벌적 손해배상 논의—민법의 관점에서," 법조 제688
　　권, 법조협회, 2014.

고형석, "집단적 소비자피해의 효율적 구제를 위한 소송제도의 개선방안에
　　관한 연구," 재산법연구 제32권 제4호, 2016.

김명엽, "징벌적 손해배상제도의 도입과 개선에 관한 연구," 일감법학 제34
　　호, 2016/6.

김미혜, "고령소비자 보호를 위한 법제개선방안," 법학논총 제40권 제1호,
　　단국대학교 법학연구소, 2016/3.

김상묵, "성년후견제도의 검토 및 향후 과제,"『법학연구』제50집, 한국법학
　　연구회, 2013.

김진우, "약관내용통제의 정당화사유," 부산대 법학연구 제53권 제1호(2013).

김태선, "징벌적 손해배상제도에 대한 고찰," 민사법학, 제50권, 2010.

김현수, "고령자의 신상보호를 위한 법제 개선방안," 법제논단(2015.9).

김현진, "고령화 사회의 대비책: 후견계약," 가족법연구 제29권 제1호(2015).

김형석, "민법 개정안에 따른 성년후견법제," 가족법연구 제24권 2호(2010).

김형석, "대상청구권－민법개정안을 계기로 한 해석론과 입법론," 서울대학교 법학 제55권 제4호(2014.12).

김형석, "피후견인의 신상결정과 그 대행," 가족법연구 제28권 2호(2014).

백경일, "약관규제법의 규범적 정당성에 관한 고찰," 고려법학 제74호(2014).

박시내/심규호, "베이비붐 세대의 현황 및 은퇴효과 분석," 『2010년 상반기 연구보고서』 제1권(2010, 상반기).

박인환, "개정민법상 임의후견제도의 쟁점과 과제," 가족법연구 제26권 2호 (2012).

서종희, "부당사무관리 및 부진정사무관리와 부당이득과의 관계," 민사법학 제63-1호(2013.6).

서종희, "독일의 집단적 피해자 구제를 위한 집단소송제도 도입에 관한 논의," 소비자법연구 제3권 제2호, 2017.

서종희, "침해부당이득에서 수익자의 초과수익반환," 저스티스 제151호, 2015.12.

서희석, "집단소송법의 제정방향－한국형 집단소송제도의 설계," 소비자법연구 제3권 제1호, 2017.

안병하, "인격권 침해와 부당이득반환," 민사법학 제68호(2014.9).

안춘수, "무권리자의 처분과 부당이득 및 사무관리," 법학연구 제24권 제1호, 연세대학교 법학연구원(2014.3).

엄동섭/김현수, "징벌배상제도의 부작용 방지대책 연구," 2013년도 법무부 연구용역 과제보고서, 2013.

윤태영, "실버타운 입주계약에서의 고령 소비자 보호," 재산법연구 제31권 제3호, 2014.11.

이규호, "미국 연방저작권법상 법정손해배상제도에 대한 연구," 정보법학,

제11권 제1호(2007.7).

이동진, "개정 정보통신망법 제32조의2의 법정손해배상: 해석론과 입법론," 서울대학교 법학 제55권 제4호, 2014.12.

이병준, 현대 시민사회와 소비자계약법, 집문당, 2013.

제철웅, "개정 민법상의 후견계약의 특징, 문제점, 그리고 개선방향: 후견대체제도의 관점을 중심으로," 민사법학 제66호(2014.3).

조영선, "저작권 침해로 인한 법정손해배상─개정 저작권법 제125조의2에 대한검토," 법조, 통권 제667호(2012.4).

최경진, "새로 도입된 법정손해배상에 관한 비판적 검토─개인정보보호 관련법에서의 법정손해배상을 중심으로," 정보법학회 발표문, 2015.

최현태, "소비자계약상 정보제공의무에 대한 일고찰," 한양법학 제24권 제4호, 한양대학교 법학연구소, 2013.

현소혜, "의료행위 동의권자의 결정," 홍익법학 제13권 제2호(2012).

홍천용, "자동차사고손해에 있어서의 과실상계문제," 손해배상법의 제문제: 성헌황적인박사화갑기념, 박영사(1990).

[외국문헌]

加藤雅信, 事務管理·不當利得·不法行爲(新民法大系 V), 有斐閣, 2009.

加藤一郞, 『不法行爲(增補版)』, 有斐閣, 1974.

谷口知平, 不当利得の研究, 有斐閣, 1949.

能見善久, "過失相殺の現代的機能," 淡路剛久ほか 編, 『不法行爲法の現代的課題と展開─森島昭夫教授還曆記念論文集』, 日本評論社, 1995.

淡路剛久, 『不法行爲法における権利保障と損害の評価』, 有斐閣, 1984.

藤原正則, 不當利得法, 信山社, 2002.

四宮和夫, 事務管理·不當利得·不法行爲(上), 現代法律學全集 10, 青林書院, 1981.

四宮和夫, 『事務管理·不当利得·不法行爲(中)』, 青林書院, 1983.

森田果/小塚壮一郎, "不法行爲法の目的 ─『損害塡補』は主要な制度目的

か," NBL 874号(2008).

森島昭夫, 『不法行爲法講義』, 有斐閣, 1987.

三島宗彦, "損害賠償と抑制的機能," 立命館法学 第105・106号, 1972.

石田文次郎, 債権各論, 早稲田大学出版部, 1947.

澤井裕, テキストブック事務管理・不当利得・不法行爲(第3版), 有斐閣, 2001.

我妻榮, 事務管理・不當利得・不法行爲, 日本評論社, 1988.

窪田充見, "不法行爲法と制裁," 石田古稀 『民法学の課題と展望』, 成文堂, 2000.

田村善之, 『知的財産権と損害賠償[新版]』, 弘文堂, 2004.

田中英夫/竹内昭夫, "法の実現における私人の役割(四・完)," 法協 第89巻 第9号, 1972.

川村泰啓, "返還さるべき利得の範囲(四)―フォン・ケメラーの不当利得論," 判例評論 65号(1964).

河上正二, "民法学入門," 『日本評論社』, 2004.

戒能通孝, "不法行爲に於ける無形損害の賠償請求権(一)(二・完)," 法協 第 50巻 第2号, 1932.

後藤孝典, 『現代損害賠償論』, 日本評論社, 1982.

Adams, "Ökonomische Analyse des AGB-Gesetzes – Verträge bei asymmetrischer Information –," BB 1989, 781 = Ökonomische Theorie des Rechts, 2. Aufl., 2004.

Akerlof, "The Market for Lemons : Quality Uncertainty and the Market Mechanism," 84 Q. J. Econ. 488 (1980).

Amelung, Ulrich, Der Schutz der Privatrecht im Zivilrecht (2002).

Barker, "Note. Grossly Excessive Penalties in the Battle Against Illegal File-Sharing: The Troubling Effects of Aggregating Statutory Damages for Copyright Infringement," 83 Tex. L. Rev. 525 (2004).

Berg, "Remedying the Statutory Damages Remedy for Secondary Copyright Infringement Liability: Balancing Copyright and Innovation in the Digital Age," 56 J. Copyright Soc'y 265 (2009).

Birks, "The Role of Fault in the Law of Unjust Enrichment," in The Search for Principle: Essays in Honour of Lord Goff of Chieveley(2000), in: W. J. Swadling/G. Jones (Hg.).

v. Caemmerer, Das Verschuldensprinzip in rechtsvergleichender Sicht, RabelsZ 42 (1978).

v. Caemmerer, Bereicherung und unerlaubte Handlung, Gesammelte Schriften I, 1968.

Canaris, Claus-Wilhelm, Gewinnabschöpfung bei Verletzung des allgemeinen Persönlichkeitsrechts, in: Festschrift für Erwin Deutsch (1999).

Edward Colless, Black Economy, Prova: Humanities Research Forum Journal, Royal College of Art, 2013.

Hugh Collins, *REGULATING CONTRACTS* (Oxford: Oxford University Press, 1999).

H. Dagan, "The Distributive Foundation of Corrective Justice," 98 Michigan Law Review 139(1999).

Dreier, Kompensation und Prävention; Rechtsfolgen unerlaubter Handlung im Bürgerlichen, Immaterialgüter- und Wettbewerbsrecht, 2002.

J. Edelman, "in Defence of Exemplaly Damages," in Charles E. F. Rickett ed., Justifying Private Law Remedies(Hart Publishing, 2008).

Ellger(Reinhard), Bereicherung durch Eingriff, Jus Privatum 63 Mohr Siebeck 2002.

Einer Elhauge, Disgorgement as an Antitrust Remedy, 76 ANTITRUST L.J. 79 (2009).

Emmerich, in Wettbewerbsrecht GWB-Kommentar zum Deutschen Kartellgesetz Bd. 2, 4. Aufl., 2007.

J. FLOUR/J.-L.AUBERT/É.SAVAUX, Les obligation/2. Le fait juridique, 14e éd., Sirey, 2011.

Goldmann, Gesetz gegen den unlauteren Wettbewerb(UWG)— Kommentar, 3. Aufl., 2013.

Hagen(H.), Funktionale und dogmatische Zusammenhänge zwischen Schadens- und Bereicherungsrecht, FS Karl Larenz zum 70. Geburtstag, 1973.

A. S. Hartkamp, Mr. C. Asser's Handleiding tot de Beoefening van het Nederlands Burgerlijk Recht, Verbintenissenrecht, Bd. III, 11. Aufl., 2002.

Helms(Tobias), Gewinnherausgabe als haftungsrechtliches Problem, Tübingen, 2007.

Jakobs(Horst Heinrich), lucrum ex negotiatione, Kondiktionsrechtliche Gewinnherausgabe in geschichtlichen Sicht, 1993.

H. Kelsen, What is Justice: Justice, Law and Politicsin of California Press, 1957).

Koppensteiner(Hans-Georg)/Kramer(Ernst), Ungerechtfertigte Bereicherung, 2. Aufl., 1988.

Koppensteiner(Hans-Georg), Probleme des bereicherungsrechtlichen Wertersatzes (I), (II), NJW 1971, 588ff., 1769ff.

Johannes Köndgen, Gewinnabschöpfung als Sanktion unerlaubten Tuns: Eine juristisch-ökonomische Skizze, RabelsZ 64 (2000).

Landes and Posner, *The Economic Structure of Tort Law* (Cambridge: Harvard university press, 1987).

Larenz, Zur Bedeutung des "Wertersatzes" im Bereicherungsrecht, FS Ernst von Caemmerer, 1978.

Larenz/Canaris, Lehrbuch des Schuldrechts, Zweiter Band: Besonderer Teil, 2. Halbband, 13.Aufl., 1994.

Lieb, "Sonderprivatrecht für Ungleichgewichtslagen? Überlegungen zum Anwendungsbereich der sogenannten Inhaltskontrolle privatrechtlciher Verträge," AcP 178 (1978).

Looschelers, Die Mitverantwortlichkeit des Geschädigten im Privatrecht, Mohr Siebeck(1999).

Looschelders, Schuldrecht Allgemeiner Teil, 3.Aufl., Cahl Heymanns Verlag, 2005.

W. Lucy, Philosophy of Private Law(Oxford University Press, 2007).

Lusina Ho/Rebecca Lee, Trust Law in Asian Civil Law Jurisdictions: A Comparative Analysis, Cambridge University Press, 2013.

Anthony M. Marino, "Monopoly, Liability and Regulation," *Southern Economic Journal* (April 1988).

Martinek(Michael), in: Staudinger/Eckpfeiler Des Zivilrechts, 2008.

Claudis Martin/Diego Rodriquez-Pinson/Bethany Brown, Human Rights of Older People: Universal and Regional Legal Perspectives, Springer, 2015.

Friedrich Nietzsche, Also sprach Zaratbustra, Kritische Gesamtausgabe, Abt.6, Bd.1, 1989.

van Raay, Gewinnabschöpfung als Präventionsinstrument im Lauterkeitsrecht: Möglichkeiten und Grenzen effektiver Verhaltenssteuerung durch den Verbandsanspruch nach § 10 UWG; Untersuchung unter vergleichender Heranziehung insbesondere der Verletzergewinnhaftung im Rahmen der dreifachen Schadensberechnung nach Immaterialgutsverletzungen, KIT Scientific Publishing, 2012.

Reuter(Dieter)/Martinek(Michael), Ungerechtfertigte Bereicherung, Handbuch des Schuldrechts, Bd.4, J.C.B.Mohr, 1983.

Rusch, Gewinnhaftung bei Verletzung von Treupflichten: Eine rechtsvergleichende Untersuchung zum englischen und deutschen Recht, 2003.

Russell G. Ryan, THE EQUITY FAÇADE OF SEC DISGORGEMENT, HARVARD BUSINESS LAW REVIEW ONLINE, Vol. 4, 2013.

Schiemann, Argumente und Prinzipien bei der Fortbildung des Schadensrechts, 1981.

CURAVIVA Schweiz, NEUES ERWACHSENENSCHUTZRECHT; BASISINFORMATIONEN, ARBEITSHILFEN UND MUSTERDOKUMENTE FÜR ALTERS- UND PFLEGEINSTITUTIONEN, 2012.

Smith(Lionel D.), "Disgorgement of the Profits of Breach of Contract : Property, Contract and 'Efficient Breach'," 24 Can.Bus.L.J. 121(1995).

Stoll(Hans), Vorteilsgleichung bei Leistungsvereitelung, FS Schlechtriem, 2003.

Tuveson, Earnest(ed.), Swift: A Collection of Critical Essays, Englewood Cliffs, N.J., Prentice-Hall, 1964.

A. Tversky & D. Kahneman, "Judgment Under Uncertainty; Heuristics and Biases," Science, New Series, Vol. 185, No. 4157(1974).

Thomas Ulen, "Rational Choice and Economic Analysis of Law," *Law and Social Inquiry* (spring 1994).

W. Kip Viscusi, *Reforming product liability* (Cambridge: Harvard university press, 1991).

Wagner, Gerhard, Neue Perspektiven im Schadensersatzrecht - Kommerzialisierung, Strafschadensersatz, Kollektivschaden, 2006.

Wagner, Gerhard, Geldersatz für Persönlichkeitsverletzungen, ZEuP 2000, 200 ff.

Frauke Wedemann, Ältere Menschen −eine besondere Herausforderung für Rechtsprechung, Gesetzgebung und Beratung, NJW 2014, 3419 ff.

E. J. Weinrib, "Restitution and Unjust Enrichment: Restitutionary Damages as Corrective Justice," Theoretical Inquiries in Law 1(2000).

Yankova/Hören, Besondere Schutzbediirl'tigkeit von Senioren nach dem WRP 2011.

| 저자 약력 |

배순영
한국소비자원 선임연구위원

한국소비자학회 상임이사, 한국소비자정책교육학회 상임이사, (전) 전주기전여자대학교 조교수

고령소비자 문제 종합대응체계 구축방안 연구, 통일 소비자정책 연구, 제3차 소비자정책 수립 방안 연구 등

김현수
한남대학교 법학부 교수

미국 뉴욕주 변호사, 한국소비자법학회 판례이사, 과학기술정보통신부 자문위원

미국 계약법의 현대적 이론(관계적 계약이론, 약속이론 등), 징벌적 손해배상제도에 관한 입법평가(공저), The Law of Contract in Korea(공저) 등

박신욱
경남대학교 연구중심교원

소비자법학회 상임이사

EU사법(III) (공저)

최병록
서원대학교 경찰행정학과 교수

한국소비자원 책임연구원 역임, 한국소비자안전학회 회장 역임, (현) 충청북도 행정심판위원, (현) 충북지방노동위원회 심판담당 공익위원

제조물책임법과 결함방지대책, 협동조합기본법

고형석

선문대학교 법경찰학과 부교수

한국소비자법학회 총무이사, 한국소비자단체협의회 자율분쟁조정위원회 조정위원, 대한상사중재원 스포츠중재자문위원회 위원. 한국무선인터넷 산업연합회 법제도개선위원회 위원 등

소비자보호법, 상조업과 소비자보호법, 디지털콘텐츠거래와 소비자보호법, 인터넷과 전자상거래법 등

이승진

한국소비자원 정책연구실 선임연구원

자본시장연구원 법제연구팀 선임연구원

부당성을 중심으로 한 공동행위 규제의 재검토 등

지광석

한국소비자원 정책연구실 법제연구팀장

국가기술표준원 제품안전혁신포럼 위원, 한국산업기술진흥원 포럼 운영위원, 한국행정학회/한국정책학회 총무위원

소비자권익증진기금 설치 및 운용방안, 지역소비자보호 거버넌스 활성화 방안 연구 등

서종희

건국대학교 법학전문대학원 부교수

법무부 민법개정특별분과위원회 위원, 한국소비자법학회 학술이사

민법의 이해(공저), 온라인플랫폼 기반 소비자거래에서의 소비자문제 연구(공저), 가족법 주요 판례 10선(공저)

고령소비자 보호

-

초판 인쇄 2017년 12월 20일
초판 발행 2017년 12월 30일

-

편   자 한국소비자법학회
발행인 이방원

-

발행처 세창출판사
신고번호 제300-1990-63호
주소 03735 서울시 서대문구 경기대로 88 냉천빌딩 4층
전화 723-8660 팩스 720-4579
이메일 edit@sechangpub.co.kr
홈페이지 www.sechangpub.co.kr

-

값 26,000원

ISBN 978-89-8411-731-0 93360

이 도서의 국립중앙도서관 출판예정도서목록(CIP)은 서지정보유통지원시스템 홈페이지(http://seoji.nl.go.kr)와
국가자료공동목록시스템(http://www.nl.go.kr/kolisnet)에서 이용하실 수 있습니다.
(CIP제어번호: CIP2017034931)